Christian Weisbach
Monika Eber-Götz
Simone Ehresmann

Zuhören und Verstehen

Eine praktische Anleitung mit Übungen

Rowohlt

Umschlaggestaltung Werner Rebhuhn
1.– 6. Tausend August 1979
7.– 9. Tausend Januar 1981
10.–12. Tausend November 1982
13.–15. Tausend August 1984
16.–18. Tausend November 1986

Gesamtherstellung Clausen & Bosse, Leck
Printed in Germany
ISBN 3 498 07288 9

Die Bücher sind nicht dazu da, unselbständige Menschen noch unselbständiger zu machen, und sie sind noch weniger dazu da, lebensunfähigen Menschen ein wohlfeiles Trug- und Ersatzleben zu liefern. Im Gegenteil, Bücher haben nur einen Wert, wenn sie zum Leben führen und dem Leben dienen und nützen, und jede Lesestunde ist vergeudet, aus der nicht ein Funke von Kraft, eine Ahnung von Verjüngung, ein Hauch von neuer Frische sich für den Leser ergibt.

Hermann Hesse

Inhaltsübersicht

Einleitung

Schnipsel: Bevor Sie hier die Einleitung lesen, muß ich Ihnen schnell noch einen Witz erzählen. Der ist unglaublich lustig; ich hab mich halb krank gelacht.

Murks: Hör doch auf! Du kannst doch gar keine Witze erzählen. Meiner ist viel besser. Also: . . .

Schnipsel: Immer mußt du mich unterbrechen; jetzt erzähle ich!

Murks: Also, stellen Sie sich vor: Da kommt ein Igel zum Friseur . . .

Schnipsel: Ach was, das stimmt doch überhaupt nicht! Das war doch eine Giraffe, die kommt in den Maulwurfshügel.

Murks: Was hat denn der Friseur mit dem Maulwurf zu tun?

Schnipsel: Eben! Weil du keine Witze erzählen kannst!

Die beiden haben das Gespräch so geführt, daß Sie jetzt immer noch nicht wissen, wie der Witz weitergeht. Gespräche dieser Art finden Sie nicht nur in diesem Buch, sondern tagtäglich zwischen Menschen. Es wird geredet, aneinander vorbeigeredet, es wird gestritten, ohne sich zuzuhören und vieles mehr. *Warum* dies so ist und wie Sie es möglicherweise anders machen können, davon handelt unser Buch.

Diese zwei vorwitzigen Figuren, die Ihnen im Laufe des Buches noch häufig begegnen werden, möchten wir Ihnen zuerst einmal vorstellen:

Der schlanke Wuschelkopf heißt *Schnipsel.* Er ist verspielt, manchmal vorlaut, eigensinnig, oft sehr schnippisch und von Zeit zu Zeit auch sehr hilflos.

Sein älterer Freund *Murks* ist ihm gegenüber oft altklug, besserwisserisch, überheblich und oft sehr von sich selbst eingenommen.

Diese beiden durchwandern das ganze Buch und machen auf diesem Weg Erfahrungen, an denen Sie teilnehmen können. Murks und Schnipsel haben uns immer wieder dazu angehalten, uns einfach und umgangssprachlich auszudrücken; denn die beiden wollen dieses Buch auch ohne Fremdwörterlexikon verstehen können.

Wie auch hier, unterhalten sich Murks und Schnipsel am Anfang jedes Kapitels. Die Einleitung zu jedem Kapitel ist immer sehr kurz und knapp, um Sie nicht mit trockener Theorie zu langweilen. Das jeweilige Thema wird im Anschluß daran an Hand einer Vielzahl von Beispielen (aus alltäglichen Lebenssituationen) beschrieben. Dabei zerlegen wir Alltagssituationen, indem wir Ihnen mitteilen, wie wir in solchen Situationen empfunden und reagiert haben. Danach erfahren Sie, welche anderen Möglichkeiten wir sehen und selbst ausprobiert haben. Den Abschluß jedes Kapitels bildet eine Reihe von Übungen.

Das gesamte Buch ist so angelegt, daß die Übungen kein Trainingsprogramm darstellen; wir wollen Ihnen die Möglichkeit offenhalten, Neues auszuprobieren, eigene (!) Erfahrungen zu machen und aufkommende Ideen zu verwirklichen. Vielleicht machen Sie ähnliche Erfahrungen wie wir – möglicherweise aber auch ganz andere. Darum ist dieses Buch auch keine Rezeptesammlung und keine Trickkiste, womit vorgegebene Verhaltensweisen antrainiert werden können, sondern stellt eine Ideensammlung dar, die Sie zum Ausprobieren ermutigen soll.

Wir haben entdeckt, daß wir die fruchtbarsten Erfahrungen dann gemacht haben, wenn wir einfach einmal etwas ausprobiert haben, wenn wir uns auf Neues eingelassen haben; sei es allein, sei es in Zweierbeziehungen, sei es in unseren Ausbildungskursen.

Dieses Buch versteht sich als eine Zusammenstellung unserer verschiedenen Erfahrungen in den Bereichen *Zuhören* und *Verstehen*. Dabei werden folgende Themenbereiche angesprochen:

- das erste Kapitel heißt «Zuhören», es geht darin um die Schwierigkeit zu schweigen, den «Mund zu halten», wenn andere reden;
- im zweiten Kapitel befassen wir uns mit Verhaltensweisen, die Gespräche behindern oder sogar beenden können;
- während im dritten Kapitel sogenannte Gesprächsförderer vorgestellt werden;
- im Kapitel vier schildern wir Ihnen das genaue Wahrnehmen von Gefühlen und Empfindungen, und wie wichtig dies ist;
- wenn wir uns gestört fühlen durch andere, gibt es verschiedene Formen, dies mitzuteilen. Die Ich-Aussagen bei derartigen Störungen behandeln wir im Kapitel fünf ausführlich;
- wie das Verhalten anderer bei uns angekommen ist, und wie wir ihm das mitteilen können, erfahren Sie im Kapitel «Rückmeldung»;
- im Kapitel sieben beschreiben wir an vielen Beispielen, wie wir uns auch ohne Sprache mitteilen können;
- auch Pausen gehören zu einem Gespräch. «Warum» erfahren Sie im Kapitel acht;
- über die verschiedenen Formen, ein Gespräch zu beginnen bzw. zu beenden, handelt das Kapitel neun;
- den Gesprächen in Gruppen haben wir das Kapitel zehn eingeräumt. Hier teilen wir Ihnen Regeln mit und weisen

Sie auf häufige Fehler auf der Seite des Sprechenden und des Zuhörenden hin;
- im Kapitel elf schildern wir die verschiedenen Möglichkeiten, eine Meinung darzustellen;
- Konflikte, wie wir sie alltäglich erleben, können auf verschiedene Weise ausgetragen werden. Das zwölfte Kapitel behandelt herkömmliche Verhaltensweisen im Konflikt und andere Möglichkeiten, diese zu lösen;
- im dreizehnten Kapitel stellen wir Ihnen in leicht verständlicher und gekürzter Form ein wissenschaftliches Verfahren zur Analyse von Gesprächen dar.

Somit wendet sich dieses Buch eigentlich nicht an einen bestimmten Leserkreis, weil Erfahrungen in diesen Bereichen nicht ausschließlich von bestimmten Gruppen gemacht werden; denn Zuhören und Verstehen erlebt jeder Mensch – unabhängig von seiner Umwelt – in jeder Situation, im Zusammensein mit anderen Menschen.

Vielleicht wollen Sie jetzt wissen, wer wir sind und wie wir auf die Idee gekommen sind, dieses Buch zu schreiben.

Wir haben Sozialwissenschaften studiert. Diese befassen sich hauptsächlich mit dem Erleben und Verhalten des Menschen. Wir wurden dazu ausgebildet, die Wirklichkeit (den Menschen und seine Umgebung) nach den Methoden der Wissenschaft zu zerlegen, um sie dadurch zu verstehen. Dabei haben wir erfahren, daß die Wirklichkeit, die sich in der wissenschaftlichen Literatur findet, mit unseren eigenen Erfahrungen oft nicht übereinstimmt. Uns wurde dabei klar, daß Wissenschaft mit Wirklichkeit genausoviel *und genausowenig* zu tun hat wie zum Beispiel eine Landkarte mit der Landschaft.

Diese Erkenntnis führte uns dazu (um im Bild zu bleiben), mit der Landkarte hinaus in die Landschaft zu gehen und nicht, wie bisher, die Papierblätter am Schreibtisch zu studieren; das heißt, die konkreten Menschen standen uns näher, als die Abstraktionen und Konstruktionen von «dem Menschen» in den Büchern der Wissenschaft. Das tägliche Miteinander, unsere alltäglichen kleinen Erlebnisse rückten nun in den Mittelpunkt unseres Interesses.

Unsere wissenschaftliche Ausbildung hat uns dabei geholfen, diese Alltagserfahrungen zu beschreiben, zu zerlegen und zu benennen. Auf diese Weise ist allmählich dieses Buch entstanden, in dem wir Ihnen unsere Erfahrungen beim Ausprobieren neuer Wege mitteilen. Unsere persönlichen Erfahrungen sind dabei aber niemals für Sie ausschlaggebend; immer nur Ihre eigenen Erfahrungen werden für Ihr Erleben und Verhalten bestimmend sein.

Wir haben dieses Buch zu dritt geschrieben und möchten uns deshalb an dieser Stelle einzeln vorstellen:

Nach einem hoffnungslosen Versuch, Lateinlehrer zu werden, begann ich Sozialwissenschaften (Pädagogik, Soziologie und Psychologie) zu studieren. Leider war dies nicht sehr befriedigend. Frühzeitig ging ich deshalb mit dem Frischgelernten in die «Landschaft» hinaus zu Eltern, Krankenschwestern, Betriebsräten, Ärzten usw. Im Laufe dieser Fortbildungskurse konnte ich feststellen, daß dabei nicht nur die Teilnehmer etwas gelernt haben, sondern daß auch ich mindestens ebensoviel von ihnen lernen konnte. Mein Hauptinteresse gilt neuen Möglichkeiten zu lernen und zu lehren sowie dem Zuhören, Sprechen und Beraten. In diesen Bereichen lehre ich seit einigen Jahren an der Universität Tübingen.

Christian Weisbach

Meinem Studium der Sozialwissenschaften ging eine Ausbildung als Grund- und Hauptschullehrerin voraus mit Zusatzausbildung als Realschullehrerin. Während meiner mehrjährigen Tätigkeit an verschiedenen Schulen konnte ich Erfahrungen sammeln. In alltäglichen Situationen, vor allem in der Schule, und dort in Gesprächen mit Schülern, Kollegen und Eltern, stellte ich immer wieder fest, daß die Landkarte, die ich im Studium mitbekommen hatte, nicht ausreichte. Das soll heißen, daß ich damit die Wirklichkeit unvollständig bzw. falsch erfassen mußte. Meine anschließende sozialwissenschaftliche Ausbildung gab mir neue Anstöße, die Gesetzmäßigkeiten zu verstehen, nach denen unsere Gesellschaft funktioniert bzw. eben nicht oder schlecht funktioniert.

Monika Eber–Götz

Im Verlauf meines Studiums habe ich festgestellt, daß die Psychologie mich zunehmend von dem alltäglichen Leben entfernt hat. Ich wurde zwar überhäuft mit Wissen über den in Teilbereiche zerlegten Menschen, aber über seine Vielgestaltigkeit, Ganzheit und Widersprüchlichkeit habe ich wenig erfahren. Als ich diese Einseitigkeit als Mangel erlebte, versuchte ich bewußter wahrzunehmen, was um mich herum an alltäglichen Selbstverständlichkeiten geschieht. Daneben bemühe ich mich, auch dann noch zu sehen, zu hören und zu fühlen, wo ich früher mehr oder weniger wissenschaftlich gedacht, meinen Verstand benutzt habe. (Das ist schwerer, als es sich anhört!) Die Humanistische Psychologie gab mir auf diesem Weg wesentliche Anstöße und Hilfen an die Hand. Simone Ehresmann (Mecki)

Erläuterungen zum Text

Da wir dieses Buch zu dritt geschrieben haben, werden Sie feststellen, daß der Stil nicht einheitlich ist. Jeder von uns hat eigene Erfahrungen gemacht, die er in seinem eigenen Stil schildert. Deshalb schreiben wir an einigen Stellen in der Ich-Form; wir haben in Klammern jeweils unseren Namen dazugefügt, damit Sie wissen, wer gerade seine Erfahrungen mitteilt.

Es war notwendig, jeden für sich sprechen zu lassen, weil unsere Erfahrungen derart unterschiedlich waren. Sobald wir übereingestimmt haben, haben wir in der Wir-Form geschrieben.

Wir haben uns viele Gedanken gemacht, ob wir in den Beispielsätzen Namen verwenden sollen. Wir haben uns dann entschlossen, das neutrale A und B zu verwenden, damit sich jeder von Ihnen in dem Gespräch wiederfinden kann, unabhängig vom Geschlecht. Wir glauben nicht, daß die aufgeführten Beispiele typisch männliche oder typisch weibliche Verhaltensweisen spiegeln. Auch hinter den Namen von Murks und Schnipsel verbirgt sich kein bestimmtes Geschlecht. Wir wissen bis heute nicht, ob es zum Beispiel der, die oder das Schnipsel heißt.

Wenn wir trotzdem häufig von «er» geschrieben haben, ist damit der Mensch gemeint.

Im Text tauchen bestimmte Wörter immer wieder auf, zu denen wir an dieser Stelle kurz etwas sagen möchten:

Der Begriff «Gespräch» bezeichnet alle Situationen, in denen zwei oder mehr Menschen miteinander sprechen; dazu zählt genauso der Streit, wie der Bericht oder der Plausch und das Sich-Aussprechen und anderes mehr.

Die in solchen Situationen Beteiligten nennen wir Gesprächspartner oder, um nicht immer dasselbe Wort zu benützen, Gegenüber.

Mit dem Begriff «Problem» meinen wir nicht nur Schwerwiegendes, sondern jede Situation, in der ein Gesprächspartner ein Anliegen hat.

Die Begriffe «Reaktion» und «reagieren» bezeichnen das Eingehen bzw. Nicht-Eingehen auf einen Gesprächspartner.

Und noch etwas vorweg, bevor es nun richtig losgeht: Wir sind neugierig auf Ihre Reaktion! Welche Erfahrungen haben Sie mit unserem Buch gemacht? Kritik, Vorschläge, Anregungen, Beispiele –, schreiben Sie bitte an

Rowohlt Verlag GmbH
Sachbuchlektorat
(Buchverlag)
Hamburger Straße 117
2057 Reinbek bei Hamburg.

1 Zuhören

Murks: Du, Schnipsel, stimmt das eigentlich, daß «Zuhören» «Schweigen» bedeutet?
Schnipsel: Ich denke schon.
Murks: Meinst du wirklich?
Schnipsel: Ja, weißt du, solange der eine redet, kann doch der andere nur zuhören und schweigen.
Murks: O Graus, ob ich dann je Zuhören lerne, wo ich doch so gerne rede.
Schnipsel: Du, Murks, weißt du, das Buch, in dem wir hier sind, heißt «Zuhören und Verstehen», vielleicht können auch wir das lernen??!!

Einleitung

Im vorangegangenen Gespräch zwischen Murks und Schnipsel kam zum Ausdruck, daß Zuhören etwas mit Schweigen zu tun hat. Sicherlich gehört zu einem verständnisvollen Zuhören sehr viel mehr, als lediglich zu schweigen; im Laufe des Buches werden wir Sie mit diesem Sehr-viel-Mehr vertraut machen.

In diesem Kapitel wollen wir Ihnen sogleich das Allerschwierigste darstellen; wir können sagen, es ist die Kunst, den Mund zu halten oder besser ausgedrückt: Die Kunst, im richtigen Augenblick zu schweigen.

Uns in einer bestimmten Angelegenheit verstanden zu fühlen, setzt in den meisten Fällen voraus, daß wir gehört werden, daß uns zugehört wird. Wonach bemißt sich nun das Zuhören?

In erster Linie danach, daß wir sprechen können oder dürfen, und zwar – und das ist das Wichtigste! – aussprechen, also zu Ende sprechen können. Wie wohl fühlen wir uns doch, wenn wir einen Gesprächspartner haben, der uns unsere Sätze zu Ende sprechen läßt, ohne gleich das Satzende vorzuformulieren, der uns nicht unterbricht, solange wir selbst noch reden, der uns nachdenken läßt, wenn es einmal nicht so schnell geht, der uns Gedanken aussprechen läßt, bei denen wir uns gehemmt fühlen, und der in der Lage ist, mit uns zu schweigen, wenn uns nach Nichtreden zumute ist.

Ja, so stellen wir uns im allgemeinen den idealen Gesprächspartner vor, bei dem wir uns wohl fühlen und so richtig aus uns herauskommen können.

Nur – was machen wir eigentlich, wenn wir jemandem zuhören? Können wir den Mund halten? Schweigen, wenn der andere noch denkt? Mitschweigen, wenn der andere schweigen möchte? Nicht unterbrechen, obwohl uns doch die Fragen unter den Nägeln brennen? Geduldig zu Ende zuhören, obgleich der andere so entsetzlich zögernd spricht?

Wir haben nun festgestellt, daß wir alle gern den idealen Gesprächspartner hätten, daß wir auch sehr genau wissen, wie dieser sich verhalten müßte, daß wir aber selbst eigentlich lieber reden möchten, anstatt zuzuhören.

Nun, dieses Kapitel will Ihnen helfen, an einigen Stellen das Zuhören, das heißt, das Schweigen zu lernen.

Beschreiben, Zerlegen und Benennen

Es gibt ein Kinderbuch von Michael Ende mit dem Titel ‹*Momo*›. Darin wird ein kleines Mädchen mit einer ungewöhnlichen Eigenschaft beschrieben. Wir wollen Ihnen hier eine Stelle wörtlich zitieren, weil darin Momo sehr genau beschrieben wird und sich so deutlich von Murks und Schnipsel unterscheidet:

«So wie man sagt: ‹Alles Gute!› oder ‹gesegnete Mahlzeit!› oder ‹weiß der liebe Himmel!›, genauso sagte man also bei allen möglichen Gelegenheiten: ‹Geh doch zu Momo!›

Aber warum? War Momo vielleicht so unglaublich klug, daß sie jedem Menschen einen guten Rat geben konnte? Fand sie immer die richtigen Worte, wenn jemand Trost brauchte? Konnte sie weise und gerechte Urteile fällen?

Nein, das alles konnte Momo ebensowenig wie jedes andere Kind. Konnte Momo dann vielleicht irgend etwas, das die Leute in gute Laune versetzte? Konnte sie zum Beispiel besonders schön singen? Oder konnte sie irgendein Instrument spielen? Oder konnte sie – weil sie doch in einer Art Zirkus wohnte – am Ende gar tanzen oder akrobatische Kunststücke vorführen?

Nein, das war es auch nicht.

Konnte sie vielleicht zaubern? Wußte sie irgendeinen geheimnisvollen Spruch, mit dem man alle Sorgen und Nöte vertreiben konnte? Konnte sie aus der Hand lesen oder sonstwie die Zukunft voraussagen?

Nichts von alldem.

Was die kleine Momo konnte, wie kein anderer, das war: Zuhören. Das ist doch nichts Besonderes, wird nun vielleicht mancher Leser sagen, zuhören kann doch jeder.

Aber das ist ein Irrtum. Wirklich zuhören können nur ganz wenige Menschen. Und so wie Momo sich aufs Zuhören verstand, war es ganz und gar einmalig.

Momo konnte so zuhören, daß dummen Leuten plötzlich

sehr gescheite Gedanken kamen. Nicht etwa, weil sie etwas sagte oder fragte, was den anderen auf solche Gedanken brachte, nein, sie saß nur da und hörte einfach zu, mit aller Aufmerksamkeit und aller Anteilnahme. Dabei schaute sie den anderen mit ihren großen, dunklen Augen an, und der Betreffende fühlte, wie in ihm auf einmal Gedanken auftauchten, von denen er nie geahnt hatte, daß sie in ihm steckten.

Sie konnte so zuhören, daß ratlose oder unentschlossene Leute auf einmal ganz genau wußten, was sie wollten. Oder daß Schüchterne sich plötzlich frei und mutig fühlten. Oder daß Unglückliche und Bedrückte zuversichtlich und froh wurden. Und wenn jemand meinte, sein Leben sei ganz verfehlt und bedeutungslos und er selbst nur irgendeiner unter Millionen, einer, auf den es überhaupt nicht ankommt und der ebenso schnell ersetzt werden kann wie ein kaputter Topf – und er ging hin und erzählte alles das der kleinen Momo, dann wurde ihm, noch während er redete, auf geheimnisvolle Weise klar, daß er sich gründlich irrte, daß es ihn, genauso wie er war, unter allen Menschen nur ein einziges Mal gab und daß er deshalb auf seine besondere Weise für die Welt wichtig war.

So konnte Momo zuhören!»

(Aus Michael Ende: Momo, Stuttgart 1973, S. 14–16)

Aus dieser kurzen Beschreibung der besonderen Fähigkeit des Mädchens Momo wird deutlich, daß Zuhören etwas mit Schweigen, mit Nicht-Reden zu tun hat. Ganz sicher bedeutet dies nicht so etwas wie Teilnahmslosigkeit oder Reglosigkeit; ganz im Gegenteil, Zuhören drückt sich gerade in einer regen Anteilnahme aus.

Doch genau dabei treffen wir auf die besonderen Schwierigkeiten, die sich beim Zuhören einstellen können. Ich (Christian) stand zum Beispiel lange Zeit unter dem Druck, meinen jeweiligen Gesprächspartnern auf irgendeine Weise zu vermitteln, daß ich ihnen auch wirklich zuhöre, daß ich Anteil nehme an dem, was sie sagen. Das hatte in fast allen Fällen zur

Folge, daß ich viele, viele Fragen stellte, daß ich meine Meinung zu bestimmten Angelegenheiten äußerte oder daß ich anfing, von mir zu erzählen, weil ich meinte, ähnliches schon einmal erlebt zu haben.

Sie können sich sicherlich vorstellen, daß meine Gesprächspartner dabei nie so richtig zum Zuge kamen, nie so ganz zu Wort kamen. Aber lange Zeit konnte ich mir nicht vorstellen, wie ich das anders bewerkstelligen sollte. Wenn ich in einem Gespräch einige Minuten nichts gesagt hatte, sondern mir nur schweigend das anhörte, was mein Gesprächspartner mir mitteilen wollte, fühlte ich mich stets unter einem Druck, wie: «Jetzt mußt du endlich mal wieder etwas sagen, sonst denkt der andere, daß du gar nicht richtig zuhörst.» Die Folge war klar: Ich stellte erneut Fragen, äußerte meine Ansichten dazu oder redete sonstwie drauflos.

Wir haben dieses Buch so aufgebaut, daß Sie jeweils am Ende eines Kapitels eine Reihe von Übungen finden, die Sie nach eigenem Gutdünken, so oft Sie wollen, durchführen können. An dieser Stelle müssen wir nun eine einzige Ausnahme machen. Wir möchten Sie bitten, die Fragen, die wir hier aufgeführt haben, zu beantworten. Wir sind sicher, daß Sie die folgenden Ausführungen mit mehr innerer Anteilnahme, aber auch persönlicher Betroffenheit lesen werden, wenn Sie sich zunächst einmal bemühen, die folgenden Fragen zu durchdenken.

- Wie erleben Sie sich als Gesprächspartner, wenn Ihnen jemand etwas erzählen möchte? Fällt es Ihnen auch so schwer, den Mund zu halten?
- Vielleicht können Sie sich an bestimmte Gespräche erinnern, die Sie in letzter Zeit geführt haben. Wie haben Sie Situationen erlebt, in denen Sie für eine Zeitlang geschwiegen haben?
- Wie fühlen Sie sich, wenn Sie Fragen stellen oder Vorschläge machen, wenn Sie Vermutungen über etwas äußern?

- Und umgekehrt gefragt: Wie erleben Sie Gespräche, in denen Ihnen so zugehört wird, daß Sie unbeeinträchtigt sprechen können?
- Wie erleben Sie Gespräche, in denen Sie unterbrochen werden, weil Ihr Gesprächspartner zum Sprechen ansetzt?
- Wie geht es Ihnen, wenn Ihnen in einem Gespräch, in dem Sie etwas mitteilen möchten, in dem Sie möglicherweise über ein persönliches Problem sprechen wollen, eine ganze Reihe von Fragen gestellt werden?
- Was läuft in Ihnen ab, wenn Ihnen Ihr Gesprächspartner Vorschläge für Ihr Problem oder Ihre Situation macht?
- Was empfinden Sie, wenn Ihr Gesprächspartner seine Vermutungen über Sie oder die Situation bzw. das Problem mitteilt, obgleich Sie noch gar nicht alles erzählt haben?

Wir möchten Sie bitten, jetzt einmal nicht weiterzulesen, sondern zunächst diese Fragen für sich zu durchdenken bzw. zu beantworten.

Unter Umständen haben Sie bei der Beantwortung festgestellt, daß Sie sich selbst als Gesprächspartner ganz anders verhalten, als Sie es von Ihren Gesprächspartnern erwarten.

Vielleicht haben Sie in Ihrem Bekanntenkreis Autofahrer, die sehr genau sagen können, was ein guter Fahrstil ist, und die, wenn sie Beifahrer sind, auch von anderen erwarten, daß sie entsprechend fahren; nur, sobald sie selbst am Steuer sitzen, reitet sie der Teufel und sie fahren wie eine gesengte Sau. Manchmal kann man dazu den Satz hören: «Ich möchte niemals mein eigener Beifahrer sein!»

Auf die Gesprächssituation übertragen heißt das: «Ich möchte niemals mein eigener Gesprächspartner sein und mir zuhören müssen!»

Hinter dem schneidigen Fahrstil steckt oft die Absicht zu zeigen, was man drauf hat; ähnliches gilt auch für Gespräche. Ich (Christian) habe sehr oft bei mir erlebt, daß Schweigen mir so schwerfällt, weil ich dann gar nicht mehr zeigen kann, wie schlagfertig, geistesgegenwärtig, klug, lebenserfahren usw. ich eigentlich bin. Mit anderen Worten, ich fühlte mich immer sehr bestätigt, sobald ich anfing zu sprechen. In übertriebener Form kann das darauf hinauslaufen: Seht doch mal, wie klug und lebenserfahren ich bin, daß ich schon nach zwei, drei Sätzen meines Gesprächspartners weiß, wo der Schuh drückt und welche Lösung dafür angemessen ist. Das kann dann aber so aussehen, daß ich meinem Gesprächspartner eine Lösung für ein Problem verpasse, ohne sein Problem überhaupt zu kennen.

Im folgenden führen wir Ihnen ein Gespräch zwischen zwei Personen (A und B) auf. Das Gespräch ist so angelegt, daß der Gesprächspartner B fast nichts sagt, eigentlich nur sehr aufmerksam zuhört und von Zeit zu Zeit durch ein «Mhm» zu verstehen gibt, daß er noch konzentriert dabei ist. Um Ihnen zu zeigen, wohin das Gespräch gelaufen wäre, wenn B gesprochen hätte, haben wir in Kursivschrift einige Bemerkungen von B aufgeführt und kurz erläutert.

A: Also, unser letzter Urlaub war schon ganz gut.
B: Mhm
B: *Der unsere war total verregnet. (B beginnt, auf seinen eigenen Urlaub zu lenken.)*
A: Also nicht nur so vom Wetter, sondern auch sonst. Wir haben uns eigentlich verstanden, so im großen und ganzen.
B: Mhm
B: *Wo wart ihr denn? (Das ergibt ganz sicher ein Gespräch über Urlaub im allgemeinen.)*
A: Nun ja, Spannungen gibt's ja immer wieder. Krach kommt in den besten Familien vor. Oder?
B: Mhm
B: Also, bei uns hat's in letzter Zeit auch wieder etliche

Scherben gegeben. (Jetzt muß A zunächst einmal B zuhören.)

A: Ich weiß gar nicht so recht, ob's nun eigentlich schon im Urlaub angefangen hat oder erst wieder hier zu Hause.

B: schweigt. A denkt nach.

A: Ja, wahrscheinlich erst hier. Denn da oben waren wir eigentlich noch ein Herz und eine Seele.

A: denkt erneut nach. B schweigt.

A: Weißt du, wir haben da ganz aufregende Situationen miteinander erlebt, das hat uns ganz schön aneinander gebunden.

B: Mhm

B: *Erzähl mal, was waren denn das für Situationen? (Jetzt kann A nicht mehr über sein Problem sprechen, sondern muß zunächst Bs Neugier befriedigen.)*

A: Und jetzt weiß ich eigentlich gar nicht, was ausschlaggebend war. Irgendwie ist das alles noch so unfaßbar.

B: Mhm

B: *Wieso? (Mit dieser Frage geht B zwar auf A ein, treibt ihn aber auch in eine bestimmte Ecke, indem er eine genaue Antwort erwartet.)*

A: Weißt du, wir haben uns nämlich getrennt. Vorgestern. Ganz plötzlich. Für mich kam das aus heiterem Himmel.

B: Oh!

B: *Das hast du nicht zuvor gemerkt? (Das gibts doch nicht. Mit dieser Bemerkung hätte A anfangen müssen, sich zu verteidigen.)*

A: Ich kann schon seit zwei Tagen nichts mehr essen, mir ist «kotzübel», richtig schlafen kann ich natürlich auch nicht mehr, ist ja klar.

B: Mhm

B: *Mensch, geh doch mal zum Arzt. (Mit diesem Ratschlag wird das Gespräch auf die Ebene: Arzt-Rezept-Medikamente gebracht.)*

A: Am liebsten möchte ich gar nicht mehr leben.

B: *Oh, das kenn ich, das ging mir damals auch so, als S. sich von mir trennte. (Mit diesem Beitrag wird A gezwungen, sich nun Bs Erfahrungen zu diesem Thema anzuhören.)*

A: Mir ist zum Heulen zumute.

B: Mhm

B: *Na, na, wird schon werden. Das passiert uns allen einmal! (Mit diesem Satz hilft B ganz sicher A nicht weiter, und dieser wird kaum noch bereit sein zu erzählen, wie ihm noch zumute ist.)*

A: Weißt du, eigentlich komisch, aber du bist der erste, dem ich das bisher erzählt habe. Ich kann das im Moment überhaupt nicht haben, wenn mir da jemand irgendwelche blöden Fragen stellt.

B: Mhm

B: *Ja, das ist schlimm, der G., der kann ja auch nicht zuhören, immer muß er von sich reden. (Mit einem derartigen Beitrag dreht sich das Gespräch jetzt um G.)*

A: Am meisten Sorgen mache ich mir über den Besuch meiner Eltern nächste Woche. Ich weiß überhaupt noch nicht, wie ich mich da verhalten soll.

B: Mhm

B: *Am besten wird es sein, du tust so, als wenn alles in Ordnung wäre, dann lassen sie dich in Ruhe. (B bringt das Gespräch damit in eine ganz bestimmte Richtung; er hat schon eine bestimmte Vorstellung, wie A sich verhalten sollte.)*

A: Mal sehen, vielleicht vertragen wir uns ja bis dahin wieder. Auf jeden Fall wünsche ich's mir. Und wenn nicht – ja –, dann muß ich sehen, wie's weitergeht. Es hat wahrscheinlich keinen Sinn, heute schon darüber zu klagen.

Bei diesem kurzen Gesprächsausschnitt haben Sie sehen können, wohin das Gespräch gelaufen wäre, wenn B nicht wirklich konzentriert zugehört hätte. Folgende Gespräche wären denkbar gewesen:

Urlaubsgespräch;
B und seine Beziehungsschwierigkeiten;
spannende Situationen im Urlaub;
B und frühere Erlebnisse;
A und Bs Ansichten über einen Bekannten G.;
Bs Vorstellungen, mit den Eltern umzugehen.

Wenn wir jemandem zuhören, der uns etwas mitteilt, müssen wir uns eigentlich ständig fragen: «Ist das, was ich gerade höre, wirklich das Hauptanliegen, das Problem meines Gesprächspartners?» Solange wir uns in der Beantwortung dieser Frage noch unsicher sind, werden wir durch Mundhalten, durch Zuhören unserem Partner Gelegenheit geben können, sich noch weiter zu äußern. Reagieren wir aber schon auf den ersten Satz mit einem Kommentar, mit einer Lösung oder ähnlichem, kann es allzuleicht geschehen, daß wir gar nicht mitbekommen, was das Anliegen unseres Gesprächspartners eigentlich war.

Ist es nicht eine arge Überheblichkeit, unserem Gegenüber eine Lösung seiner Probleme anzubieten, obgleich wir noch gar nicht zu Ende zugehört haben?

Sicherlich machen wir uns fortwährend Gedanken, wenn wir einem anderen zuhören. Wir deuten, interpretieren das, was wir hören, ziehen daraus irgendwelche Schlußfolgerungen oder verallgemeinern das Gesagte. Wir haben in den meisten Fällen bestimmte Ansichten und Vorstellungen und prüfen in Gedanken, wieweit sich das, was unser Gesprächspartner sagt, damit deckt.

Nur – dies alles müssen wir ja nicht immerzu auch gleich aussprechen. In vielen Gesprächen ist es allemal unwichtig, welche Vorstellungen *wir* zu einer bestimmten Angelegenheit haben oder welche Schlußfolgerungen *wir* aus bestimmten

Gegebenheiten ziehen; wichtig ist in erster Linie, was unser Gegenüber dazu denkt und sagt. Erst wenn wir das alles mitbekommen haben und dann immer noch der Ansicht sind, daß es jetzt wichtig ist, ihm auch unsere Vorstellungen mitzuteilen, sollten wir dies tun. Mit anderen Worten: Nicht das Schweigen um jeden Preis ist hier gefordert, sondern erst einmal das Zurückhalten vorschneller Äußerungen.

Nun gibt es sehr verschiedene Gespräche. In einer sachlichen Auseinandersetzung um tagespolitische Themen oder um Fußballergebnisse usw. ist die schweigsame Zurückhaltung sicher fehl am Platz, wenn wir wirklich etwas zu sagen haben. Ganz anders sieht es aber aus, wenn jemand zu uns kommt, wenn jemand mit uns ein Gespräch anfängt, sich bei uns einmal aussprechen möchte. In diesem Fall hat der andere ein Anliegen an uns. Oft heißt es: Ich möchte mir dir einmal reden. Nur, so wörtlich dürfen wir den Satz nicht nehmen. In den allermeisten Fällen verbirgt sich hinter diesem Satz die Formulierung: «Ich möchte gern, daß du mir einmal zuhörst.» Vielleicht stutzen Sie, wenn Sie diesen Satz so lesen und denken: So kann das doch nicht gesagt werden! Auf jeden Fall ist es sehr unüblich, jemanden so anzusprechen; das geht höchstens mit sehr guten Freunden und Partnern.

Wenn Sie sich nun in einer derartigen Situation bewußt machen, daß hinter der Aufforderung: «Ich möchte mit dir reden» unter Umständen: «Ich möchte, daß du mir einmal zuhörst» steht, können Sie doch eigentlich nur noch zuhören. Und Zuhören, das hat Murks schon richtig am Kapitelanfang erkannt, heißt in erster Linie Schweigen.

Vielleicht fällt es Ihnen leichter, einmal zu schweigen und den Mund zu halten, wenn Sie sich das bewußt gemacht haben. Ihr Gesprächspartner wird Sie schon entsprechend anschauen, wenn er von Ihnen erwartet, daß Sie auch einmal etwas sagen sollen. Er wird Sie möglicherweise sogar direkt ansprechen, Ihnen eine Frage stellen oder Sie sonstwie auffordern, sich am Gespräch zu beteiligen. Solange dies aber nicht geschieht, brauchen Sie eigentlich nichts zu sagen, können ganz und gar zuhören und versuchen, das, was Sie hören zu verstehen, nachzuvollziehen.

Auch eine entstehende Gesprächspause muß noch lange kein Startzeichen sein, nun einmal so richtig loszulegen. Solange Ihr Gesprächspartner noch nachzudenken scheint, erwartet er eigentlich von Ihnen nur, daß Sie ihm diese Möglichkeit geben.

Und das ergibt sich am allerbesten, wenn Stille ist, also wenn keiner redet. Schlußfolgerung: Auch eine Pause muß Sie nicht zum Sprechen verleiten. Zuhören bedeutet nicht nur zu schweigen, solange der andere spricht, sondern auch mit ihm zusammen schweigen zu können.

Nun kann es aber sein, daß ihr Gesprächspartner lange Ausführungen zu einem Problem macht. Es kann vorkommen, daß Sie nicht alles im Kopf behalten können und darum gleich einhaken wollen. So berechtigt dieses Anliegen ist, kommt hier wieder die vorhin gestellte Frage: Ist dieser Punkt meinem Gesprächspartner genauso wichtig wie mir? Wenn Sie sich dabei unsicher sind, wird es allemal besser sein, noch ein wenig zu warten, Ihren Partner weiterreden zu lassen. Möglicherweise landet das Gespräch an einem Punkt, den Sie zu diesem Gesprächszeitpunkt überhaupt nicht für möglich halten, und von dort aus betrachtet wird Ihr momentanes Anliegen, Ihr Einhaken-Wollen, unter Umständen gänzlich nichtig sein.

Darum ist es wichtig, nur die wichtigen Punkte im Hinterkopf zu behalten. Mehr als zwei, drei Punkte sind es in den meisten Fällen nicht, und so weit reicht unsere Erinnerung im allgemeinen. Es kann allerdings sein, daß im Laufe eines längeren Gesprächsbeitrags unseres Gegenübers diese Punkte wechseln. Wir erkennen, daß etwas unwichtig geworden ist und können es entsprechend fallenlassen. Es ist sozusagen nicht mehr nötig, an dieser Stelle noch einmal nachzuhaken; der Punkt hat sich erledigt.

Wenn wir versuchen, die wesentlichen Punkte im Hinterkopf zu behalten, wird uns das Zuhören leichterfallen; wir haben sozusagen einen inneren Rahmen, an dem wir uns fortlaufend orientieren können.

Bis jetzt haben wir Gespräche behandelt, in denen jemand ein Anliegen hat und gern möchte, daß ihm zugehört wird. Wie sieht es aber aus, wenn wir selbst betroffen sind? Wenn wir möglicherweise kritisiert oder gar angegriffen werden? Sollen wir dann etwa auch schweigen?

Ja!

Auch hier gilt, erst einmal bis zu Ende zuzuhören. Und solange wir zuhören, können wir eigentlich nur schweigen.

Was hilft uns unsere beste Verteidigung, wenn wir noch gar nicht wissen, weswegen wir eigentlich kritisiert werden?

Sicherlich läuft in unseren Gedanken eine ganze Menge ab, wenn uns jemand angreift. Wir ziehen eine Verteidigung oder Entschuldigung vor, manchmal basteln wir auch schon an einem Gegenangriff. Wir haben ein Urteil (bzw. ein Vorurteil) über unseren Gesprächspartner, bestimmte Ansichten und Vorstellungen usw. All diese Gedanken sind völlig natürlich und sollen keineswegs unterdrückt werden. Nur – wir müssen diese nicht immer auch gleich aussprechen.

Im folgenden haben wir Ihnen zwei Gespräche abgedruckt. Sie können sich selbst ein Urteil bilden.

A: Also, ich muß unbedingt mal mir dir reden. So wie du mich gestern abend bei K. fertiggemacht hast, das ertrage ich keinen Tag länger.

B: Das ist doch Blödsinn, ich und dich fertigmachen.

A: Doch! Du hast mich vor allen Leuten öffentlich kritisiert, hast dabei noch Witze über mich gemacht, so daß die anderen lachen konnten.

B: Nun hört aber alles auf. Du bringst mich in eine unmögliche Situation vor meinen Kollegen, ich versuche zu ret-

ten, was zu retten ist, indem ich auf deinen Alkoholspiegel hinweise, und jetzt kommst du mir so.
A: Ach was, es war ja ganz anders. Aber mit dir kann man ja nicht reden. Du weißt ja stets alles besser.

Es fällt nicht schwer, sich jetzt vorzustellen, daß A wutschnaubend den Raum verläßt und die Tür hinter sich zuknallt.

A: Also, ich muß unbedingt mal mit dir reden. So wie du mich gestern abend bei K. fertiggemacht hast, das ertrage ich keinen Tag länger.
B: Mhm.
A: Weißt du, ich hatte einfach das Gefühl, daß du dich auf meine Kosten mit deinen Kollegen über mich lustig machst.
B: Mhm.
A: Ich gebe zu, daß ich ein bißchen viel getrunken habe, aber das ist noch kein Grund, mich dann so bloßzustellen.
B: Mhm.
A: Außerdem weißt du ganz genau, warum ich so viel getrunken habe. Wenn du nicht vor meinen Augen angefangen hättest, mit L. zu flirten, wäre alles anders gekommen.
B: Mhm.
A: Kann sein, daß ich das jetzt maßlos hochspiele, aber ich bekomme dann immer gleich ganz idiotische Eifersuchtsgefühle. Seit dieser Geschichte von damals hängt mir das noch an.
B: Mhm.
A: Ich weiß, das ist bald zwei Jahre her, aber irgendwie glaube ich, daß ich das nicht ganz überwunden habe . . .

Daß dieses Gespräch noch lange weitergehen kann, leuchtet ein. Wohin das Gespräch geht, entscheidet im Moment noch A ganz allein. Solange A das Gefühl hat, daß B zuhört, besteht die Möglichkeit, über alles zu sprechen, was A belastet.

Vielleicht sprechen die beiden über As Eifersüchte oder über diesen dunklen Punkt in ihrer gemeinsamen Geschichte oder über noch etwas Weiteres. In jedem Fall sollte dieses Beispiel erneut deutlich machen, daß das Zuhören in erster Linie dazu dient, dem anderen die Gelegenheit zu geben, über etwas zu sprechen, woran ihm liegt.

Übungen

Im vorangegangenen Abschnitt hatten wir Ihnen einige Fragen gestellt, die Sie für sich beantworten sollten. An dieser Stelle wollen wir Sie noch einmal ermuntern, diese Fragen aufzugreifen und die Beantwortung im alltäglichen Zusammensein mit Menschen zu prüfen.

Gespräche beobachten

Versuchen Sie einmal in nächster Zeit, Gespräche, an denen Sie beteiligt sind, genauer zu beobachten. Denken Sie dabei an unsere Fragen! Wie erleben Sie sich als Gesprächspartner in diesen Situationen? Was empfinden Sie, wenn Ihnen zugehört wird bzw. wenn Sie unterbrochen werden?

Auf diese Weise werden Sie bald herausfinden, was Ihnen selbst am meisten liegt. Sie werden erfassen, welche Verhaltensweisen Ihnen beispielsweise an bestimmten Gesprächspartnern gefallen und bei anderen so mißfallen, daß Sie vielleicht nur ungern persönliche Gespräche führen. Vielleicht entdecken Sie auf diese Weise, warum mit bestimmten Menschen Ihrer Umgebung Gespräche reizvoll sind und mit anderen weniger anregend. Wenn Sie sich selbst beobachten, werden Sie möglicherweise herausfinden, daß Sie sich gegenüber verschiedenen Menschen auch unterschiedlich verhalten. Bei manchen Gesprächspartnern fällt es Ihnen leicht zu schweigen und zuzuhören, bei anderen außerordentlich schwer, sich zurückzuhalten. Ich (Moni) habe meist bei dieser Übung sehr schnell herausgefunden, was mir im Einzelfall das Nichtreden so erschwert hat.

Wie schon ausgeführt: Manchmal liegt es an uns, daß wir uns selbst so gern reden hören; aber manchmal liegt es auch am Gegenüber, das so zögernd spricht, so unpersönlich redet, sich so vorwurfsvoll äußert oder so abwegige Ansichten vertritt. Wichtig ist herauszufinden, warum wir uns so und nicht anders verhalten; erst wenn wir das erfaßt haben, können wir uns entscheiden, unser Verhalten zu ändern.

Gespräche abwürgen

In dieser Übung werden Sie aufgefordert, alles falsch zu machen. Suchen Sie sich einen Gesprächspartner.

Er hat die Aufgabe, mit Ihnen ein Gespräch über ein Thema, über ein persönliches Anliegen zu führen. Er soll Ihnen nicht sagen, worüber er mit Ihnen eigentlich sprechen will; seine Aufgabe besteht darin, das Gespräch nach und nach in eine ihm angenehme Richtung zu bringen, so daß er schließlich über sein Anliegen mit Ihnen sprechen kann.

Ihre Aufgabe besteht nun darin, dies zu verhindern. Mit anderen Worten: Ähnlich dem Gespräch im vorangegangenen Abschnitt versuchen Sie, auf jede Äußerung Ihres Gesprächspartners mit einer eigenen Äußerung einzugehen. Sie können zum Beispiel Fragen stellen, Ihre Ansichten äußern, anfangen, von sich zu erzählen, Gegenbehauptungen aufstellen, Ratschläge erteilen und vieles, vieles mehr.

Anschließend, etwa nach fünf Minuten, tauschen Sie die Rollen. Versuchen Sie nun, bei Ihrem Gesprächspartner ein Thema anzubringen, versuchen Sie, das Gespräch in eine Richtung zu bringen, die es Ihnen ermöglicht, über ein persönliches Anliegen zu sprechen. Ihr Gegenüber hat nun die Aufgabe, Sie abzuwürgen, Ihnen sozusagen die Suppe zu versalzen. Hier ein kurzes Beispiel:

A: Du, ich wollt gern mit dir mal reden.
B: Oh, das trifft sich gut, ich auch, weißt du, gestern war ich im Kino, ich muß dir unbedingt von dem Film berichten.
A: Gern. Aber vorher muß ich dich noch etwas fragen . . .
B: Apropos fragen: Hast du heute schon in die Zeitung geschaut?
A: Nein, warum?
B: Eben, habe ich mir schon gedacht; da steht drin, daß sie unsere Straße versuchsweise stillegen wollen, also nur noch Anliegerverkehr.
A: Aha. Ja, du sagst unsere Straße, da kommen wir der Sache schon näher, ich wollte dir nämlich sagen . . .
B: Du scheinst ja gar nicht begeistert zu sein. Komisch, ich bin hin- und hergerissen, endlich einmal Ruhe.

Nach dieser Übung sollten Sie sich unbedingt zusammensetzen und darüber sprechen, wie Sie die Situation erlebt haben, was Sie im einzelnen empfunden haben:

Ist es Ihnen schwergefallen, Ihren Partner abzuwürgen?
Was hat es Ihnen schwergemacht, Ihr Anliegen einzubringen?
Wie haben Sie Ihren Gesprächspartner wahrgenommen?
War diese Situation grundsätzlich verschieden von Gesprächen, die Sie sonst führen?
Gab es Ähnlichkeiten mit alltäglichen Situationen?
Und viele Fragen mehr . . .

Bei dieser Übung haben Sie wieder die Aufgabe, mit einem Partner ein Gespräch zu führen. Jetzt sollen Sie aber nicht unterbrechen oder sonst etwas sagen, sondern ganz konzentriert zuhören und versuchen, Ihren Gesprächspartner zu verstehen. Um zu kontrollieren, ob Sie auch wirklich zugehört und verstanden haben, sollen Sie nach jeweils zwei, drei Sätzen das, was Ihr Gegenüber gerade gesagt hat, wörtlich oder sinngemäß wiederholen; mehr nicht!

Es geht also darum, die Äußerungen Ihres Partners zu umschreiben, mit Ihren Worten wiederzugeben. Anschließend gibt Ihr Gesprächspartner Ihnen zu verstehen, ob er sich verstanden fühlt, ob er meint, richtig wiedergegeben worden zu sein und fährt dann fort. Für mich (Mecki) war dies meist sehr hilfreich. Beispiel:

A: Ich überlege mir gerade, ob ich heute abend doch noch ins Kino gehen soll oder nicht. Weißt du, der Film läuft nur noch heute. Die anderen haben alle gesagt, daß es sich lohnt, ihn anzusehen.

B: Du überlegst, ob du heute noch ins Kino gehen sollst, weil der Film zum letztenmal läuft und dir andere gesagt haben, daß er sich lohnt.

A: Ja. – Andererseits bin ich aber todmüde und möchte eigentlich nur noch entspannen und früh ins Bett. Morgen früh muß ich unbedingt fit sein. Ich bin wirklich unentschieden.

B: Eigentlich möchtest du vor lauter Müdigkeit früh zu Bett gehen, weil du fit sein mußt morgen früh und kannst dich nicht entscheiden.

A: Ja . . .

Wenn Sie etwa fünf Minuten ein derartiges Gespräch geführt haben, sollten Sie die Rollen tauschen. Jetzt erzählen Sie Ihrem Partner etwas, und dieser hat die Aufgabe, Ihnen kontrolliert zuzuhören, also Ihre Äußerungen mit eigenen Worten wiederzugeben.

Im Anschluß daran sollten Sie sich wiederum kurz mitteilen, wie Sie diese Übung erlebt haben:

Ist Ihnen das Wiederholen bzw. Umschreiben der Äußerungen schwergefallen?
War es anstrengend, selber keine Meinung zu äußern, sondern nur zu wiederholen?
Hat es Sie Mühe gekostet, die Sätze Ihres Partners im Kopf zu behalten, die Äußerungen im Gedächtnis zu speichern, bis Sie alles wiederholen durften?
Aber auch andersherum: Wie haben Sie es erlebt zu sprechen, ohne unterbrochen zu werden?
Wie empfinden Sie ein Gespräch, in dem Ihr Partner sich zunächst nur bemüht, Ihre Äußerungen zu verstehen?

Gespräche belauschen

In diesem Buch werden wir Sie bei verschiedenen Gelegenheiten ermuntern, fremde Gespräche einmal mitanzuhören. Achten Sie doch einmal in nächster Zeit auf Gespräche, die Sie ohnehin mitbekommen (sei es im Bus, in der Bahn, beim Mittagstisch in der Kantine, in der Kneipe oder sonstwo): Wie hören sich die Beteiligten eigentlich zu? Lassen sich die Gesprächspartner eigentlich ausreden? Hören sie sich bis zu Ende zu? Gehen die Gesprächspartner mit Ihren jeweiligen Äußerungen aufeinander ein, oder nutzen sie nur die entstehende Gesprächspause, um von sich zu erzählen?

Manchmal ist es leichter, andere Menschen in ihrem Gesprächsverhalten zu beobachten, als sich selbst einen «Spiegel» vorzuhalten. Vielleicht wird Ihnen manches bei anderen viel klarer und deutlicher, weil Sie selbst nicht direkt betroffen sind.

Ich (Christian) habe immer wieder großen Spaß, anderen Menschen einfach zuzuhören, ihre Gespräche zu belauschen. Sehr oft erschrecke ich dann dabei, weil ich plötzlich merke, daß dort Verhaltensweisen an den Tag gelegt werden, die ich ja selber ganz genauso verwende. Auf diese Weise wird mir oft sehr deutlich, wie ich mich eigentlich selbst verhalte, ohne es zu merken, oder auch vielleicht, ohne es merken zu wollen.

2
Die gängigen Gesprächsstörer

Schnipsel: Ich habe überhaupt keine Lust mehr, hier sitzen zu bleiben.

Murks: Ach was, es ist doch ganz lustig hier!

Schnipsel: Ich weiß nicht, ich langweile mich; ich möchte viel lieber wissen, was im nächsten Kapitel passiert.

Murks: Du bist immer so neugierig, das wird dir noch mal das Genick brechen.

Schnipsel: Das stimmt überhaupt nicht, ich langweile mich bloß, immer auf derselben Seite sitzen zu müssen.

Murks: Mhm. – Du fühlst dich wahrscheinlich nicht ausgefüllt und suchst deswegen nach Abwechslung.

Schnipsel: Vielleicht – vielleicht auch nicht.

Murks: Werd bloß nicht schnippisch! Wieso langweilst du dich eigentlich?

Schnipsel: Ach, Murks, weißt du, ich denke immerzu daran . . .

Murks: Ah, paß mal auf, das ist eine gute Idee, wir spielen etwas. Wir spielen Zuhören – das bringt dich auf andere Gedanken.

Schnipsel: Zuhören?

Murks: Klar, jeder muß dem anderen ganz genau zuhören und darf erst etwas sagen, wenn er ihn verstanden hat.

Schnipsel: Ich weiß nicht . . .

Murks: Eben! Weil du nicht zuhören kannst und mich laufend unterbrichst, es ist ja nicht zum Aushalten mit dir!

Einleitung

Wenn zwei Menschen miteinander ein Gespräch führen, ist es oftmals so, daß der eine ein Anliegen hat – zum Beispiel einen Ratschlag möchte, ein Problem hat oder sich ganz einfach einmal aussprechen will – und der andere dann in irgendeiner Form darauf eingeht, darauf reagiert.

Nun gibt es verschiedene Möglichkeiten, auf das Anliegen eines Gesprächspartners, auf seine erste Äußerung, einzugehen: Die eine Gruppe von Verhaltensweisen führt zu einem Gespräch, bei dem sich derjenige, der das Gespräch angefangen hat, wohl fühlt. Er nimmt in dem anderen einen Gesprächspartner wahr, der sich bemüht, ihn zu verstehen.

Die andere Gruppe von Verhaltensweisen läßt oft gar kein Gespräch aufkommen (es ist sozusagen schon zu Ende, bevor es angefangen hat); oder aber es entsteht ein Gespräch, dessen Richtung kaum noch von dem bestimmt wird, der das Anliegen hat, sondern ganz und gar von dem anderen, der darauf eingeht.

Diese zweite Gruppe von Verhaltensweisen haben wir in diesem Buch «gängige Gesprächsstörer» genannt und ihnen ein ganzes Kapitel gewidmet.

«Gesprächsstörer», weil das, was mit einem Gespräch eigentlich erreicht werden soll, durch diese Verhaltensweisen oftmals verhindert wird.

«Gängig», weil sie tagtäglich vorkommen. Denken Sie nur an das vorangegangene Gespräch von Murks und Schnipsel; das Anliegen hat Schnipsel, doch Murks bestimmt ganz deutlich den weiteren Gesprächsverlauf.

Wir wollen Ihnen nun in diesem Kapitel zeigen, wo und wie bestimmte Störungen im Gespräch entstehen können.

Ob Sie dann allerdings eine bestimmte Äußerung als Gesprächsstörer empfinden, müssen Sie selbst in der jeweiligen Situation entscheiden; denn nur Sie selbst können bestimmen, wann Sie sich gestört fühlen.

Beschreiben, Zerlegen und Benennen

In die folgenden Kurzgespräche zwischen A und B haben wir dreizehn gängige Gesprächsstörer eingebaut. Dabei haben wir uns überlegt, wie wir in der jeweiligen Situation fühlen und reagieren würden und haben dann Meckis Aussagen wiedergegeben.

1. Befehlen

A: Zieh die Schuhe aus!
B: Lohnt nicht, ich geh gleich wieder.
A: Ach was, zieh schon deine Schuhe aus!

Ob der andere tatsächlich seine Schuhe ausziehen wird oder nicht, ist in diesem Zusammenhang nicht entscheidend. Wir können nur sicher sein, daß über das eigentliche Anliegen keine weiteren Worte mehr gewechselt werden.

Warum? – Die Aussage von A ruft auch in mir (Mecki) Widerstand hervor, weil das starke Muß, das bei diesem Befehlston mitschwingt, mir nicht einsichtig ist. Hinter As Aussage stehen sicher bestimmte Gründe und Bedürfnisse, die jedoch nicht mitgeteilt werden. A stellt sie als unwiderrufliche Forderung hin, die B unbedingt, ohne Widerrede, zu erfüllen hat.

Mir fiele es leichter, dem Wunsch nachzukommen, wenn mir die Bedürfnisse benannt worden wären. Zum Beispiel:

A: Könntest du deine Schuhe ausziehen, ich hab heute mittag aufgewischt, sonst war das alles umsonst.
Oder:

A: Kannst du die Schuhe ausziehen? Mich stört es, wenn du soviel Schmutz hereinbringst.

Weitere Beispiele für Befehlsaussagen können wir im alltäglichen Leben in den verschiedensten Bereichen finden, zum Beispiel:

Nimm die Finger aus dem Mund!
Fahr nicht so schnell!
Trink nicht so viel!
Halt den Mund!

Sie merken selbst, daß wir diese Liste unendlich fortsetzen könnten. Es drängt sich uns deshalb die Frage auf, warum Menschen so häufig diese Gesprächsformen benutzen. Sicher spielt Bequemlichkeit eine große Rolle, weil es einfacher ist, Befehle zu erteilen, als sich mit sich selbst und mit anderen auseinanderzusetzen.

Daneben verstecken viele Menschen ihre Unsicherheit, die bei derartigen Auseinandersetzungen leicht aufkommt, hinter einem Befehlston. Dies wird am folgenden Beispiel nochmals deutlich:

A: Kannst du mir mal helfen?
B: Stör mich jetzt nicht!
Oder:
A: Ich bin völlig am Ende, ich weiß mir keinen Rat.
B: Mach erst einmal dies . . . und dann das . . .!
Oder:
A: Ich hab unheimliche Kopfschmerzen.
B: Rauch nicht so viel!

2. *Ursachen aufzeigen, Hintergründe deuten, in die «Schublade stecken»*

A: Ich bin in letzter Zeit immer so traurig und unausgeglichen.
B: Ja, ja – das sind Depressionen in den Wechseljahren.

Diese Feststellung ist sicherlich eine wohlgemeinte Erklärung, die mir auch hilft, mein Problem besser einzuschätzen. Gleichzeitig erschwert sie es mir aber, meine Schwierigkeiten und Gefühle weiter anzusprechen und zu benennen, da ich den Eindruck gewinne, daß hier nur etwas beim Namen genannt und damit auch schon der Endpunkt gesetzt wird.

Dies wäre mir leichtergefallen, wenn B zum Beispiel gesagt hätte: Kannst du das Gefühl etwas näher beschreiben – vielleicht an einem Beispiel?

Wir wollen hier noch einige weitere Beispiele anführen:

A: Du, ich habe angefangen zu rauchen.
B: Das wundert mich gar nicht, du hast ja als Kind sehr lange am Daumen gelutscht.
Oder:
A: Ich komm beruflich einfach nicht vorwärts.
B: Das erstaunt mich nicht – dein Vater hat es ja auch nicht weit gebracht.

Mich macht eine Erklärung dieser Art ärgerlich, weil ich das Gefühl bekomme, der andere will nur sein Wissen anbringen und mich mit meinem Problem in die passende «Schublade stecken». Ich habe dann wenig Lust, mit ihm weiterzureden, weil ich den Eindruck gewinne, daß er vor lauter Suchen nach dieser «Schublade» gar nicht zuhört.

Wieso tut er das? – Solange er mein Problem nicht einordnen kann, wird er sich vermutlich unsicher fühlen. Somit beschäftigt er sich aber mehr mit sich selbst, als mit meinen Schwierigkeiten.

An dieser Stelle sei besonders auf die Gefahr dieses Gesprächsverhaltens hingewiesen:

Es passiert leicht, allzuleicht, daß dieser B, mein Gesprächspartner, nicht mehr bereit ist, von seiner Erklärung abzuweichen; und das vor allem dann, wenn er für bestimmte Probleme eine Erklärung gefunden hat und meint, diese müsse auch auf mich anwendbar sein.

3. Herunterspielen

A: Ich hab Pech gehabt, ich bin durch die Fahrprüfung gefallen.

B: Ach, das geht vielen so, das nächste Mal wird's schon klappen.

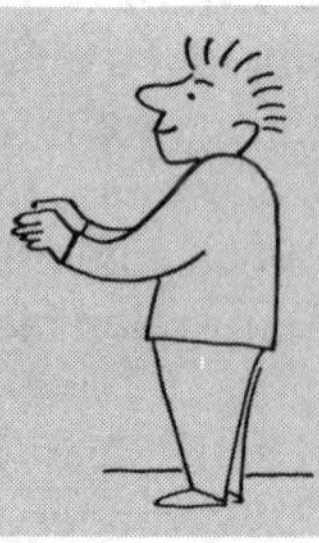

Mir ist durch diese Aussage von B wenig geholfen, weil es mir in diesem Augenblick gleichgültig ist, ob anderen das gleiche Mißgeschick widerfahren ist. Sicher hat B die ehrliche Absicht, mich zu beruhigen und zu ermutigen; trotzdem fühle ich mich in meiner Enttäuschung unverstanden und habe den Eindruck, daß er das Gespräch kurz abhandeln möchte. Es fällt mir schwer weiterzureden und meine Gefühle in das Gespräch einzubringen.

Dies wäre mir leichtergefallen, wenn B zum Beispiel gesagt hätte: «Das ist sicher schlimm für dich.»

Dieses Gesprächsverhalten «Herunterspielen» wird auch in folgenden Beispielen deutlich:

Mach dir nichts draus.
Es wird sich schon alles zum Guten wenden.
Das Leben wird schon irgendwie weitergehen.
Das war doch schon immer so.

Auch hier können Sie sicher genug eigene Erfahrungen anführen. Meist zeigen wir dieses Gesprächsverhalten in Situationen, in denen ein Gesprächspartner Hilfe erwartet, wir dies zwar merken, aber nicht helfen wollen oder können und das Gespräch schnell beenden.

Manchmal greifen wir auch auf diese Verhaltensweise zurück, wenn wir jemanden trösten wollen, aber nicht so recht wissen wie.

4. Ausfragen

A: Ich möchte so gerne aufhören zu rauchen und schaff es einfach nicht.
B: Wieviel rauchst du denn?

Wie das Gespräch weitergehen wird, können wir uns gut vorstellen, denn diese Frage lenkt es in eine bestimmte Richtung. A wollte sicher nicht mit B über seinen Zigarettenverbrauch reden, sondern über seine Schwierigkeiten beim Abgewöhnen. Wir können nicht entscheiden, ob B das Problem von A erkannt hat; zumindest drückt seine Frage für uns fehlendes Interesse am eigentlichen Problem aus. Sie stellt lediglich ein neugieriges Ausfragen dar, und ist somit allein für B wichtig, denn A weiß selbst, wieviel er raucht.

Dies wäre nicht der Fall, wenn B sich mit A auseinandergesetzt hätte und zum Beispiel gesagt hätte: «Macht dich das unzufrieden?»

An folgenden Beispielen soll das Ausfragen nochmals verdeutlicht werden:

A: Du, ich bin ganz am Boden zerstört, ich bin durch die Prüfung gefallen.
B: In welchem Fall denn? Oder: Bei wem denn?
Oder:
A: Du, ich hab einen Autounfall gehabt.
B: Was fährst du denn für ein Auto? Oder: Wo ist das denn passiert?
Oder:
A: Mein Zahnarzt hat mir verkündet, daß er mir einen Weisheitszahn ziehen muß.
B: Bei wem bist du denn in Behandlung? Oder: Wie oft gehst du denn zum Zahnarzt?

Dieses Ausfragen geschieht häufig in solchen Situationen, in denen der Gesprächspartner seine Neugierde und sein eigenes Interesse nicht zurückstellen kann. Er beschäftigt sich zwar mit dem angesprochenen Thema, aber ganz auf sich selbst bezogen, ohne auf das Gefühl des anderen einzugehen.

Mir, als Gesprächspartner, fällt es schwer, auf mein eigentliches Problem zurückzukommen, nachdem ich ausgefragt worden bin. So nimmt das Gespräch dann leicht eine von mir nicht gewollte Wendung, weg von meinem wahren Problem. Ich werde mich dann nicht des Eindrucks erwehren können, daß mein Gegenüber mir eigentlich nicht genau zugehört und mich mißverstanden hat.

5. Vorschläge, Lösungen anbieten

A: Ich hatte heute nacht einen Alptraum, wachte auf und konnte dann überhaupt nicht mehr einschlafen.
B: Geh doch einfach mal zum Arzt.

Dieser Ratschlag ist sicher gut gemeint, aber ich fühle mich damit ein wenig abgeschoben und habe den Eindruck, daß der andere sich nicht mit mir befassen will. Gleichzeitig werde ich auch ein wenig ärgerlich, weil B mir das Gefühl vermittelt, daß ich selbst nicht in der Lage bin, auf eine Lösungsidee zu kommen. Durch das sofortige Anbieten einer Lösung ist mir die Möglichkeit genommen, B noch mehr über mein Problem zu berichten und verschiedene Lösungsmöglichkeiten zu durchdenken. Obwohl ich sein Bemühen anerkenne, fällt es mir nach dieser Aussage sehr schwer, noch einmal auf meine Schwierigkeiten zurückzukommen.

Das Gespräch könnte anders weitergehen, wenn B gesagt hätte: «Dann bist du jetzt bestimmt ganz zerschlagen.»

Ähnliches Gesprächsverhalten können wir gehäuft im Alltag wiederfinden, zum Beispiel:

A: Ich bin in letzter Zeit so abgespannt, ohne richtigen Schwung.
B: Ja, dann mußt du eben früher ins Bett gehen.
Oder:
Dann solltest du halt mal wieder ein paar Tage freinehmen.

Rat- oder Vorschläge sind nicht grundsätzlich schlecht zu heißen, vor allem, wenn meinem Gegenüber bestimmte Informationen fehlen, er mich nach Rat fragt, oder ich nach einer längeren Unterhaltung den Eindruck gewinne, daß er selbst keine Lösung findet. Dann wird das Gespräch auch nicht abgeblockt; dies geschieht vielmehr bei den vorschnellen Lösungen, die vor allem aus der Ungeduld erfolgen, seine eigene Lösung sofort mitzuteilen.

Es ist für den anderen sicher hilfreicher, wenn ich erst noch mehr von ihm erfahre und prüfe, ob meine Lösungsidee überhaupt seinem Problem angemessen ist.

6. Vorwürfe machen

A: Die beruflichen Anforderungen, die an mich gestellt werden, kann ich einfach nicht erfüllen.
B: Du gehst auch viel zu weich mit dir um, du kannst dich einfach nicht zusammenreißen.

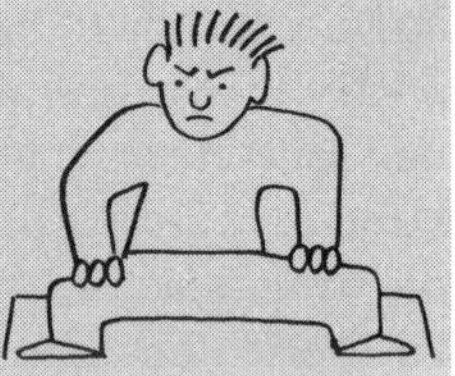

A gibt mir mit seiner Entgegnung lediglich zu verstehen, daß ich mich zusammenreißen soll. Jetzt mit ihm über meine Probleme weiterzureden, fällt mir schwer, weil er mich nicht so sein läßt, wie ich bin.

Vorwürfe rufen in mir immer das Gefühl hervor, daß mein Gegenüber will, daß ich anders bin.

Dieses Gefühl wäre nicht aufgekommen, wenn B zum Beispiel gesagt hätte: «Fühlst du dich dem Ganzen nicht gewachsen?»

Dieses Gesprächsverhalten, Vorwürfe machen, ist sicher sehr gängig, wie wir auch an weiteren Beispielen sehen können:

«Das ist doch immer wieder das gleiche mit dir.»

«Du denkst auch nie an die anderen, immer nur an dich.»

Ich (Mecki) konnte dieses Verhalten immer dann bei mir feststellen, wenn ein Mensch sich nicht so verhielt, wie ich es von ihm erwartet hatte.

So läßt sich jeder Vorwurf auf den einfachen Nenner bringen: «Warum bist du nicht so, wie ich dich haben will?!»

Wie stark ein Gespräch durch einen Vorwurf gestört werden kann, wird daran deutlich, daß der andere meist mit einer Rechtfertigung antwortet. Wir befinden uns damit in einem Teufelskreis, bei dem der Blick für das wahre Problem verstellt ist.

7. *Bewerten*

A: Stell dir vor, ich hab mich endlich überwunden, ich werde jetzt eine Tageszeitung bestellen.

B: Find ich sinnlos. Du hast doch schon eine Wochenzeitung.

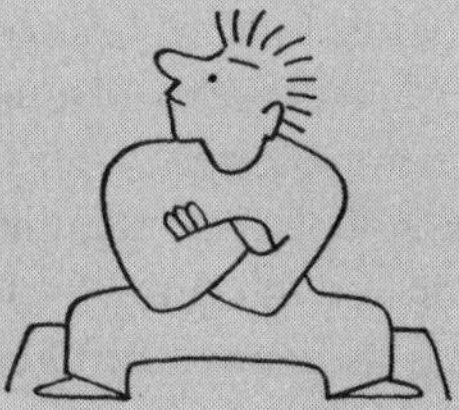

Mich interessiert es in dem Moment wenig, ob mein Gesprächspartner meine Handlungen gut oder schlecht findet, und es ärgert mich außerdem, daß er mich sofort angreift. Wenn ich überhaupt noch mit ihm weiterrede, dann höchstens, um zu erfahren, warum er mein Vorhaben so sinnlos findet. Aber eigentlich ist es doch meine Absicht, ihm mitzuteilen, wie lange ich gebraucht habe, meine Bequemlichkeit zu überwinden; und da ich mich nun so entschieden habe, ist mit dieser Aussage das Gespräch wahrscheinlich beendet.

Weitergegangen wäre es sicher, wenn B zum Beispiel gesagt hätte: «Hast du dich schon länger mit diesem Gedanken getragen?» Oder: «Erzähl mal, was war denn ausschlaggebend für dich?»

Dieser Gesprächsstörer «Bewerten» kann mehrere Gesichter haben, zum Beispiel:

A: Manchmal habe ich das Bedürfnis, mir so richtig was Gutes zu tun.
B: Du bist aber ganz schon ichsüchtig.
Oder:
A: Ich hab letztes Wochenende endlich wieder einmal meine Schwiegereltern besucht.
B: Das find ich ganz prima.

Gerade bei diesem letzten Beispiel fällt es mir nach Bs Bewertung sehr schwer, ihm noch mitzuteilen, mit welchem Widerwillen ich diesen Besuch hinter mich gebracht habe.

Uns kommt es so vor, als ob die Menschen, die den Gesprächsstörer «Bewerten» häufig anwenden, unter dem Zwang stehen, alles Gehörte gut oder schlecht heißen zu müssen. Dabei verwenden sie ihren eigenen Bewertungsmaßstab, den sie in dem Moment für allgemeinverbindlich halten. Solche Aussagen klingen deshalb oft moralisch und überheblich. Mit ihrer Bewertung beabsichtigen sie, uns zu beeinflussen, unsere Handlungen, Fähigkeiten und Eigenschaften entweder beizubehalten oder aufzugeben. Uns diesem Einfluß zu entziehen, also unsere eigene Ansicht weiter zu vertreten, fällt uns besonders bei lobender Bewertung (gut, klasse, prima) schwer.

A: Du, ich hab mir ein neues Auto gekauft.
B: So. Also, ich fahr immer noch mit meinem alten und kann nicht klagen.

Ich merke deutlich, daß B kein großes Interesse an meinem Autokauf hat. Wenn ich trotzdem weiter mit ihm darüber rede, kommt es mir so vor, als ob ich ihm ein Gespräch aufzwinge. Da ich dies aber nicht möchte, werde ich eher mit ihm über seine alte Rostbeule sprechen als über meinen neuerstandenen Wagen und die Freude darüber.

Dies wäre sicher nicht geschehen, wenn B sich beispielsweise so verhalten hätte: «Erzähl mal!» Oder: «Das hast du dir ja schon einige Zeit gewünscht.»

Dieser Gesprächsstörer «von sich reden» begegnet uns wohl am häufigsten; dies können Sie sicher auch aus eigener Erfahrung bestätigen, zum Beispiel:

A: Ich möchte so gern im Sommer nach Kärnten.
B: Wir fahren nie in die Berge, wir fahren immer nur an die See.
Oder:
A: Manchmal langweile ich mich abends fürchterlich.
B: Das kenn ich. Ich ruf dann meistens einen Freund an, dann geht's wieder.

Es scheint mir, daß mein Gegenüber mir gar nicht zuhören will, sondern auf eine Möglichkeit lauert einzuhaken, um mir seine eigenen Erfahrungen, seine Meinungen oder Ansichten mitzuteilen. Dabei kann es durchaus sein, daß er mir sein Verständnis und Mitgefühl vermitteln will, indem er von sich berichtet. Es ist mir in solchen Situationen jedoch erst einmal wichtig, daß ich mit meiner Mitteilung im Vordergrund stehe, daß der andere mir zuhört, und zweitrangig, was er darüber denkt und wie er an meiner Stelle handeln würde.

9. Überreden

A: Wenn ich ehrlich bin, hab ich am Wochenende gar keine Lust, in die Berge zu fahren.
B: Überleg doch mal, Sonne, Schnee, blauer Himmel . . .

Ich habe das Gefühl, daß der andere mir meine Unlust absprechen will. Er gibt mir zu verstehen, daß ich doch ganz anders empfinden muß, wenn ich nur recht überlege. Ich komme mir damit bevormundet vor, weil ich sehr wohl weiß, was ich will und immer noch dieselbe Unlust in mir verspüre.

Wenn B zum Beispiel gesagt hätte: «Woher kommt denn deine Unlust?» wäre sicherlich ein Gespräch entstanden und damit auch die Möglichkeit, meinen Entschluß noch einmal zu überdenken.

Es gibt wohl keinen Lebensbereich, der von diesem Gesprächsstörer verschont bleibt. Weitere Beispiele:

A: Ich mag nicht mehr weiteressen.
B: Ach, komm, du hast ja noch gar nicht die guten Nudeln probiert.
Oder:
A: Die Jacke gefällt mir nicht mehr.
B: Sie steht dir aber ungeheuer gut.
Oder:

A: Ich hab jetzt endlich Schluß gemacht mit der Beziehung zu G.
B: Überleg dir das lieber noch einmal, ihr habt doch so gut zueinander gepaßt.

Wir vermuten, daß dieses Gesprächsverhalten vor allem eingesetzt wird, um auf andere Einfluß auszuüben. Absicht ist, daß der andere sich so verhält, wie wir es erwarten. Lieber soll der andere sich ändern, als daß wir unsere Ansicht aufgeben.

Manchmal neigen Menschen auch deshalb zum Überreden, weil sie sich ihrer Meinung nicht ganz sicher sind; denn die eigene Ansicht wird glaubwürdiger, wenn sich andere davon überzeugen/überreden lassen.

10. Warnen, Drohen

A: Wenn du keine Lust hast, am Wochenende mitzufahren, fahr ich alleine.
B: Wenn du das tust, wirst du schon sehen, was du davon hast.

Diese Drohung ruft einerseits die Angst in mir hervor, daß sie verwirklicht wird, andererseits werde ich wütend, weil ich das Gefühl habe, daß ich erpreßt werde.

Das hat zur Folge, daß ich B auf die Drohung ansprechen werde und dabei die eigentliche Absicht des Gesprächs aus dem Auge verliere.

Wir wären eher zu einer Übereinkunft gekommen, wenn B beispielsweise gesagt hätte: «Ist dir die Reise sehr wichtig?»

Dieser Gesprächsstörer «Warnen, Drohen» muß nicht immer so deutlich geäußert werden, wie in unserem obigen Beispiel:

A: Ich hab keine Lust, meine Schularbeiten zu machen.
B: Dann darfst du nachher auch nicht fernsehen.
Oder:
A: Ich kann leider heute abend nicht kommen.
B: Dann streichen wir unser Treffen morgen am besten auch gleich.

Aus den Beispielen wird deutlich, daß hinter dem direkten oder indirekten Drohen die Absicht steht, den Gesprächspartner unter Druck zu setzen.

Wenn ich ihm drohe, habe ich nicht das Bedürfnis, ihm zuzuhören und ihn zu verstehen, sondern will, daß er meine Interessen wahrnimmt oder sich nach meinen Vorstellungen richtet. Dies geschieht vor allem dann, wenn ich mich übergangen fühle.

11. Gegenbehauptungen aufstellen

A: Ich bin wieder einmal völlig fertig und mit meinen Nerven am Ende.
B: Ja, aber du hast doch alles, was du wolltest, und allen Grund, zufrieden zu sein.

Ich sehe durch diese Behauptungen von B meine Empfindungen in Frage gestellt und fühle mich veranlaßt zu begründen, warum ich solche Empfindungen habe. In mir kommt gleichzeitig der Verdacht auf, daß mein Gegenüber mich nicht verstehen kann und/oder will.

Es bedarf jetzt einiger Anstrengung für mich, mit ihm über meine Schwierigkeiten weiterzureden, weil ich ihn erst einmal dazu bringen muß, mir meine Gefühle zuzugestehen.

Diese Störung im Gesprächsverlauf wäre nicht aufgekommen, wenn B etwa gesagt hätte: «Fühlst du dich ganz ausgelaugt?» Weitere Beispiele:

A: Das Wochenende zu Hause ist immer ziemlich nervenaufreibend für mich.
B: Ja, aber du magst doch deine Eltern.
Oder:
A: In meiner Firma fühle ich mich gerade sehr wohl.
B: Ja, aber ich glaube, du siehst das sehr einseitig.

Dieses Gesprächsverhalten hat sicher einen berechtigten Platz in Streitgesprächen, in politischen Diskussionen und Debatten oder wenn Entscheidungen getroffen werden müssen. Wir sehen aber Gegenbehauptungen dann als Störer an, wenn in einem Gespräch Gefühle, Empfindungen, Bedürfnisse angesprochen werden. Diese können wir unserem Gegenüber nicht absprechen, er wird sie trotz aller Gegenbehauptungen weiterempfinden.

Die Ursache dieses Gesprächsstörers liegt sicher darin, daß der Gesprächspartner nicht in der Lage ist, die Gefühle des anderen nachzuvollziehen. Er beschäftigt sich so stark mit seiner eigenen Meinung, daß er diese auch sofort einbringen muß, ohne dem anderen zuvor richtig zugehört zu haben.

12. Lebensweisheiten zum besten geben

A: Ich hab überhaupt keine Lust mehr zu arbeiten.
B: Jeder Mensch muß arbeiten.

Ich beginne dieses Gespräch sicher mit der Absicht, über meine Arbeitsunlust zu sprechen und vielleicht auch, um herauszufinden, wie diese zustande gekommen ist. Die Entgegnung meines Gesprächspartners erschwert mir dies aber, da ich jetzt wohl über den Rest der Menschheit nachdenken müßte. Weiterhin über meine Schwierigkeiten sprechen könnte ich, wenn mein Partner zum Beispiel gesagt hätte: «Macht dich das unzufrieden?»

Folgende Lebensweisheiten kommen häufig zur Anwendung:

«Das war schon immer so.»

«Das haben wir noch nie anders gemacht.»

«Da könnte ja jeder kommen.»

Warum neigen Menschen dazu, anderen Lebensweisheiten mit auf den Weg zu geben?

Wir glauben, daß es oft leichter ist, gängige Wertmaßstäbe oder die Ansichten einer Mehrheit zu übernehmen, als sich auf ein Gespräch einzulassen, bei dem die eigenen Meinungen möglicherweise ins Wanken geraten.

Manchmal kann sich aber auch reines Desinteresse dahinter verbergen.

13. Verspotten, Nicht-ernst-Nehmen, Ironisieren

A: Warum bist du denn in der Stadt so stur an mir vorbeigelaufen?

B: Ach, du meine Güte, das hat dich wohl wieder einmal aus der Bahn geworfen.

Eine solche Bemerkung verletzt mich, und ich fühle mich nicht ernstgenommen. Ich bin dadurch verärgert und greife den anderen entweder an oder ziehe mich zurück. Auf jeden Fall fällt es mir sehr schwer, an meine Eingangsfrage wieder anzusetzen.

Ganz anders würde dies aussehen, wenn B gesagt hätte: «Ich hab dich nicht gesehen. Warum hast du dich nicht bemerkbar gemacht?»

Bezüglich Ironie muß ich (Mecki) mich aber selbst an der Nase packen, denn ich lege oft dieses Gesprächsverhalten an den Tag und mache mir nur selten klar, daß ich da gerade einen gängigen Gesprächsstörer verwende, zum Beispiel: «Was hängst du denn so rum, hast du den gemeinen Weltschmerz?» Andere Beispiele:

A: Ich bin unheimlich wütend auf dich.
B: Ah, du wirst mich ja nicht gleich übers Knie legen.
Oder:
A: Stell dir vor, mein Chef hat mich zum Essen eingeladen.
B: Oh, da bist du aber gleich drei Zentimeter größer.

Sicher haben Sie auch keine Mühe, weitere Beispiele zu finden. Ich dachte oft, ich wäre witzig bei solchen Aussagen; nachdem aber mein Gegenüber meist nicht lachte, lag es kaum daran, daß er meinen Witz nicht verstanden hatte, sondern eher daran, daß er sich ziemlich verletzt fühlte.

Warum ironisieren wir trotzdem so häufig? Oft verbirgt sich dahinter Unlust, uns auf ein längeres oder ernstes Gespräch einzulassen, wobei wir dies dann über unsere ironische Rede zu verstehen geben. Daneben verbergen Menschen oft ihre Unsicherheit hinter Ironie, vor allem bei bestimmten Themen, wie zum Beispiel Gefühle, Sexualität, Politik . . .

Zusammenfassende Übersicht

1. Befehlen
2. Ursachen aufzeigen, Hintergründe deuten, in die «Schublade stecken»
3. Herunterspielen
4. Ausfragen
5. Vorschläge, Lösungen anbieten
6. Vorwürfe machen

7. Bewerten
8. Von sich reden
9. Überreden
10. Warnen, Drohen
11. Gegenbehauptungen aufstellen
12. Lebensweisheiten zum besten geben
13. Verspotten, Nicht-ernst-Nehmen, Ironisieren

Übungsgespräch

Versuchen Sie bitte im folgenden Übungsgespräch, so viele Aussagen wie möglich unseren auf den vorangegangenen Seiten dargestellten, gängigen Gesprächsstörern zuzuordnen. (Die Auflösung folgt nach dem Gespräch.)

A: Ich finde, wir sollten nicht zu der Einladung gehen. Wir kennen die Leute ja gar nicht.
B: Mach dir mal keine Sorgen, das wird sicher ganz nett. (1)
A: Nein, du, irgendwie habe ich keine rechte Lust dahinzugehen.
B: Das liegt nur daran, daß du dich vor fremden Leuten so leicht gehemmt fühlst. Dabei gibt es überhaupt keinen Grund – so wie du auftreten kannst. (2)

A: Ich weiß eigentlich gar nicht, was ich da soll.
B: Also, hör mal zu, was man zugesagt hat, muß man auch einhalten. (3)
A: Das ist doch Prinzipienreiterei.
B: Es ist doch blödsinnig von dir, mir jetzt Vorwürfe zu machen. Erzähl mir lieber mal, ist deine Unlust jetzt größer als letzte Woche bei Meiers? (4)

A: Nein, aber genau so groß.

B: Also, ich habe mich letztes Mal köstlich amüsiert, gerade der Meier war so witzig, und ich hab mal wieder alte Geschichten austauschen können. (5)

A: Ja, ja, du und der Meier.

B: Mensch, mach das doch wie ich. Heute abend kommt sicherlich Meier auch, setz dich zu ihm, erzähl ihm was, laß dir einen Witz erzählen, du wirst dich totlachen. (6)

A: Ich mag den Meier nicht so recht.

B: Das stimmt doch gar nicht, du mußt ihn nur richtig kennenlernen. (7)

A: Mhm. Ich weiß nicht . . .

B: Denk doch auch mal an das gute Essen, den Wein, dann gibt's sicher auch noch einen Film. (8)

A: Hmh.

B: Also, wenn du nicht willst, dann gehe ich ohne dich, und was das bedeutet, weißt du ja wohl. (9)

Also, komm, denk nicht mehr daran, ich bin ja auch noch da. Wir müssen uns jetzt wirklich beeilen, sonst kommen wir noch zu spät zur Bahn. (9)

Lösungsvorschlag

1. Herunterspielen
2. Ursachen aufzeigen, Hintergründe deuten
3. «Lebensweisenheiten»
4. Vorwürfe machen und Ausfragen
5. Von sich reden
6. Vorschläge, Lösungen
7. Gegenbehauptungen
8. Überreden
9. Warnen, Drohen, Befehlen, Herunterspielen

Übungen

Die Gesprächsstörer, die wir Ihnen auf den vorangegangenen Seiten dargestellt haben, laufen so – oder in leicht veränderter Form – tagtäglich zwischen Menschen ab. Vielleicht fragen Sie jetzt: «Kann man das denn überhaupt vermeiden?» Nun, ich (Christian) antworte Ihnen da mit einem ganz entschiedenen «Ja!»

Es mag sein, daß Sie sich mit meinem Ja nicht zufriedengeben, daß Sie mir vorhalten: «Das Wissen über derartige Gesprächsstörer hilft ja wohl wenig.»

Das trifft nur bedingt zu. Denn erst, wenn ich weiß, wo und wie etwas schiefläuft, kann ich etwas dagegen unternehmen, kann versuchen, mich anders zu verhalten. Mit anderen Worten, wir müssen erst einmal lernen zu sehen, besser gesagt zu hören, *was* in unseren Gesprächen abläuft und *wie* diese ablaufen. Auf jeden Fall kann ich Ihnen sagen, daß es mir mittlerweile kaum noch passiert, daß ich jemandem einen Vorschlag mache, ein Rezept oder eine Lösung vorgebe, mit dem dieser Jemand sein Problem lösen sollte. Im Gegenteil, ich bin sehr zurückhaltend geworden mit solchen Verhaltensweisen wie: Herunterspielen, In-die-Schublade-Stecken, Befehlen usw.

Wenn ich dann zum Beispiel doch einmal auf meinen Gesprächspartner mit einer ironischen Bemerkung reagiere (manchmal kann ich's halt nicht lassen!), merke ich dies wenigstens sofort, und das hilft mir schon weiter.

Die Übungen, die wir Ihnen hier vorschlagen, beabsichtigen also in erster Linie, Gesprächsstörer zu erkennen, sie möglichst genau benennen zu können, um dann gegebenenfalls auch angemessen darauf reagieren zu können.

Selbstgespräch

Zu Beginn wieder eine Übung, die Sie mit sich alleine, ohne weitere Hilfsmittel durchführen können:

Führen Sie doch einmal mit sich ein Selbstgespräch. Im Selbstgespräch reden Sie, als wenn Sie zwei Seelen in der Brust hätten, Sie sprechen sich auch mit Du an und können sich dabei auch rechthaberisch, streitsüchtig oder sonstwie verhalten. Wenden Sie dabei jeweils einen gängigen Gesprächsstörer an.

Zur besseren Veranschaulichung ein kurzes Selbstgespräch, das ich neulich unter der Dusche mit mir geführt habe:

Ich möcht schrecklich gern mal wieder 'ne Party machen.
Bei dir piept's ja wohl, du hast doch erst vor zwei Monaten eine gemacht.
Ja, schon, aber ich möcht halt das Haus mal wieder voller Leute haben.
Typisch, immer mußt du Leute um dich herum haben.
Das stimmt doch gar nicht, ich bin sehr oft allein.
Na ja, hast ja recht, am besten, du gehst mal auf 'ne Party irgendwohin.

Nun, das soll reichen!

Manchmal führe ich diese Selbstgespräche sehr ernsthaft, höre dann meiner Gegenstimme aufmerksam zu und kann das Für und Wider bestimmter Entscheidungen leichter abwägen. Von Zeit zu Zeit führe ich diese Selbstgespräche aber auch aus purem Spaß, ein bißchen, um mich über mich selbst lustig zu machen. Ich muß dann meistens lachen, wenn mir bewußt wird, mit welchen Reaktionen «Christian 2» bestimmte Wünsche auszutricksen versucht.

Jetzt probieren Sie's doch gleich einmal aus; fünf Minuten sind dafür vollkommen ausreichend. Wenn Sie fertig sind, können Sie sich überlegen, wie Sie sich bei den einzelnen Sätzen gefühlt haben. Welche der beiden Rollen ist Ihnen leichtergefallen? Was ist Ihnen besonders schwergefallen?

Gestörtes Zwiegespräch

Bei dieser Übung benötigen Sie einen Gesprächspartner. Am besten, Sie finden jemand, der dieses Kapitel auch gelesen hat.

Führen Sie zu zweit ein Gespräch, bei dem Ihr Gesprächspartner absichtlich so viele Gesprächsstörer wie nur möglich benutzt. Es ist viel, viel leichter, diese gängigen Reaktionen absichtlich zu verwenden als umgekehrt, sie zu vermeiden. Unsere Erfahrung mit dieser Übung hat aber gezeigt, daß Sie noch viel klarer erkennen, welche Folgen Gesprächsstörer haben, wenn Sie sie einmal bewußt einsetzen.

Nach etwa fünf Minuten sollten Sie die Rollen tauschen, damit Sie beide Erfahrungen machen können. Sprechen Sie nach dieser Übung miteinander und sagen Sie sich gegenseitig, wie Sie sich während des Gesprächs bzw. bei ganz bestimmten Äußerungen gefühlt haben.

Wir sind sicher, daß Sie gerade bei dieser Übung am besten erfahren, wohin Gesprächsstörer führen können. So werden Sie sicher wesentlich mehr entdecken und von Ihrem Gesprächspartner zu hören bekommen, als wir Ihnen in diesem Buch darstellen können.

Gesprächsstörer benennen

In einer Abwandlung können Sie die vorangegangene Übung nochmals durchführen. Der eine Gesprächspartner hat wieder die Aufgabe, mit einem oder gar mehreren der beschriebenen Gesprächsstörer auf seinen Partner einzugehen. Dabei soll dieser aber nun nicht mehr über sein Anliegen weitersprechen, sondern dem anderen zuerst einmal mitteilen, welchen Gesprächsstörer er gerade erkannt hat.

Zur Verdeutlichung wieder ein Beispiel:

A: Heute kommt mich Tom besuchen, ich kann's kaum noch abwarten.
B: Du bist viel zu nervös.
A: Du bewertest mich. Ich freu mich doch nur so wahnsinnig auf ihn.
B: Du solltest aber deine Freude nicht so zeigen, sonst zieht er sich gleich wieder zurück.
A: Du machst mir Ratschläge. Ich finde das völlig in Ordnung, mich zu freuen.
B: Sag mal, bist du verliebt?
A: Jetzt fragst du mich aus . . .

Bei dieser Übung werden Sie noch sicherer im Benennen und Unterscheiden der einzelnen Gesprächsstörer.

Ein Tip am Rande

Schreiben Sie sich die gängigen Gesprächsstörer auf ein Blatt Papier und hängen Sie dieses dort auf, wo Sie es täglich sehen können. Das kann genausogut am Herd sein wie über dem Schreibtisch. (Bei Mecki hing es eine Zeitlang auf der Toilette.)

Gespräche belauschen

Wenn Sie im Erkennen und Benennen der einzelnen Verhaltensweisen ein wenig Sicherheit gewonnen haben, können Sie einmal versuchen, Gespräche, die Sie zwangsläufig mitbekommen, daraufhin anzuhören.

Das kann im Wartezimmer sein, aber auch im Bus, in der U-Bahn, an der Haltestelle . . .

Neulich stand ich (Christian) in der Schlange vor der Kasse eines Supermarkts. Es hat mir Spaß gemacht, ein Gespräch mit anzuhören und genau aufzupassen, *was* da eigentlich im einzelnen ablief.

An den Anfang kann ich mich noch erinnern:

A: Wir wollen diesen Monat noch zehn Tage in Urlaub fahren.
B: Das ist gut! Fahren Sie aber bloß nicht in den Süden, da ist ja das Wetter so schlecht.
A: Eigentlich wollten wir nach England fahren.
B: Kenn ich nicht, aber da hört man ja auch nicht viel Gutes, was da so in den Zeitungen steht. Also, wir fahren immer nach Österreich, sehr günstig und immer ausgesprochen schön.

Es wird nicht lange dauern, bis Ihnen die hier aufgezeigten gängigen Gesprächsstörer so in Fleisch und Blut übergegangen sind, daß Sie sofort aufhorchen, wenn sich jemand auf diese Weise äußert; nach kurzer Zeit werden Sie dieses Verhalten auch benennen können – falls es Sie stört –, also Ihrem Gesprächspartner sagen können, welchen Gesprächsstörer er gerade anwendet; und eine weitere Folge kann sein, daß Sie selbst Gesprächsstörer nur noch sehr, sehr selten benutzen.

3
Die Gesprächsförderer

Murks: Du, Schnipsel, ich mach mir ziemlich große Sorgen. Ich weiß gar nicht, ob ich die Anforderungen erfülle, die an mich gestellt werden.

Schnipsel: Was meinst du mit Anforderungen?

Murks: Na ja, da gucken doch jetzt so viele Leute auf uns. Also, irgendwie erwarten die doch jetzt von uns, daß wir ganz toll zuhören und verstehen können.

Schnipsel: Du meinst, du mußt jetzt ein Vorbild sein.

Murks: Ja, genau. Und ich weiß gar nicht so recht, ob ich das bin. Weißt du, manchmal denke ich, daß ich im falschen Buch sitze.

Schnipsel: Du fragst dich, ob du hier am richtigen Platz bist.

Murks: Ja. Aber andererseits fühle ich mich hier ganz wohl. Schließlich habe ich auch schon 'ne ganze Menge gelernt in den letzten Kapiteln.

Schnipsel: Auf der einen Seite machst du dir also ziemlich große Sorgen und auf der anderen Seite fühlst du dich aber auch ganz wohl hier.

Murks: Haargenau. Vielleicht liegt es daran, daß ich nicht weiß, ob die Leute, die das hier lesen, etwas lernen sollen, oder ob ich hier was lernen soll.

Schnipsel: Du fühlst dich ganz unsicher.

Murks: Mhm. Wahrscheinlich beides. Ja! Die Leser lernen etwas von uns, weil wir hier etwas aus dem Buch lernen. Genau, das ist die Lösung.

Einleitung

Im vorangegangenen Kapitel haben wir versucht, Ihnen zu zeigen, welche Möglichkeiten es gibt, den Ablauf eines Gesprächs zu stören; ja, daß manchmal ein Gespräch gar nicht zustande kommen kann, weil gleich am Anfang mit einem so starken Gesprächsstörer geantwortet wird, daß der Partner sich daraufhin zurückzieht.

In diesem Kapitel wollen wir Ihnen nun einige Möglichkeiten vorstellen, die ein Gespräch ganz bestimmt zustande kommen lassen, es sozusagen fördern. Wir haben sie darum «Gesprächsförderer» genannt.

Gesprächsförderer sind Verhaltensweisen, die Interesse am anderen und dem, was er sagt, bekunden. Wenn wir solche Förderer benutzen, geben wir unserem Gesprächspartner in etwa zu verstehen:

Ich bin interessiert an dir und dem, was du sagst.
Erzähl mir noch mehr.
Ich möchte dich gern verstehen und noch besser erfassen, was du meinst.
Habe ich dich so richtig verstanden?

Nun, dies alles brauchen wir nicht jedesmal zu sagen; das Verwenden der im folgenden beschriebenen Förderer drückt genau das gleiche aus.

Eines ist allen Gesprächsförderern gemein: Es sind Äußerungen, die sich ganz und gar auf den Gesprächspartner beziehen. Ich selbst muß mich für einen Moment zurückhalten mit meiner Meinung, meiner Ansicht, meiner Bewertung, meinen Ratschlägen und was es sonst noch alles gibt.

Zu allererst versuche ich einmal zu verstehen, was der andere eigentlich will, was er mir mitteilen möchte, bzw. ich teile ihm mit, was ich bislang verstanden habe. Lesen Sie daraufhin noch einmal das Gespräch zwischen Schnipsel und Murks.

Beschreiben, Zerlegen und Benennen

Im folgenden führen wir, wieder in Kurzgesprächen zwischen A und B, sieben Gesprächsförderer auf. Dabei haben wir wieder die Beispiele gemeinsam überlegt und Monis Reaktionen aufgeschrieben.

1. Wiederholen, Umschreiben

A: Eigentlich will ich mir schon lange einen guten Plattenspieler kaufen, andererseits würde ich gern dieses Jahr eine größere Reise unternehmen. Ich bin mir da gerade sehr unschlüssig.

B: Du kannst dich also gerade nicht zwischen Plattenspieler und Reise entscheiden.

Sie werden jetzt sicher denken, was soll diese Entgegnung. B sagt damit ja nichts Neues, sondern wiederholt nur mit anderen Worten As Aussage.

Meine Erfahrung hat mir aber gezeigt, daß diese Art, den Gesprächsinhalt zu wiederholen, dem weiteren Gespräch förderlich ist. Wieso?

Durch das Umschreiben geben wir unserem Gesprächspartner zu verstehen, daß wir ihm zugehört haben, das Wesentliche seiner Aussage mitbekommen haben und bereit sind, weiter mit ihm darüber zu sprechen.

Auf Grund des vorangegangenen Kapitels über die gängigen Gesprächsstörer können Sie sicher viele eigene Beispiele für Aussagen finden, die den Gesprächsverlauf gestört oder in eine von B gewünschte Richtung gelenkt hätten. Zum Beispiel hätte B sagen können: «Also, ich könnte auf meinen Plattenspieler nicht mehr verzichten.» Oder: «Ich an deiner Stelle würde mir einen Plattenspieler kaufen.»

2. Zusammenfassen

Sicher kennen Sie Situationen, in denen der Gesprächspartner sein Anliegen sehr ausführlich beschreibt oder sich im Kreis dreht. Dann ist es oft hilfreich, das Gesagte zusammenzufassen. Diese Zusammenfassung ist sozusagen eine gekürzte Wiederholung. Sie zeigt nicht nur, daß zugehört wurde, sondern hilft beiden, sich das Wesentliche noch einmal bewußt zu machen und daran fortzufahren.

3. Klären

A: Nächste Woche habe ich bereits meine nächste Prüfung, und es ist vollkommen unmöglich, daß ich den ganzen Stoff noch bewältigen kann. Aber diesmal muß ich es einfach schaffen.

B: Wenn ich dich richtig verstehe, glaubst du, daß du es kaum noch schaffst.

Mein Gesprächspartner verdeutlicht mir mit seiner Aussage, wie meine Mitteilung bei ihm angekommen ist. Hat er mich nicht richtig verstanden, kann ich mich bemühen, mich noch verständlicher auszudrücken. Auf diese Weise vermeiden wir, aneinander vorbeizureden. Hat er mich richtig verstanden, können wir um so leichter unser Gespräch fortsetzen.

Dies wäre nicht der Fall gewesen, wenn B zum Beispiel gesagt hätte: «Was mußt du denn noch alles tun?» Oder: «An welchem Tag hast du denn Prüfung?»

4. Nachfragen

A: Bei uns im Betrieb herrscht seit einiger Zeit ein sehr schlechtes Arbeitsklima.
B: Ich kann mir das noch nicht richtig vorstellen, könntest du es mir etwas genauer ausführen.

B gibt mit seinem Nachfragen zu verstehen, daß er interessiert ist und mehr erfahren möchte. Es fällt mir leicht weiterzureden. Gleichzeitig werde ich dazu aufgefordert, mir genauer zu überlegen, warum ich das Arbeitsklima als störend empfinde.

Unserer Erfahrung nach wird dieser Gesprächsförderer seltener angewandt, als Sie vielleicht vermuten. Wir haben uns sehr oft dabei ertappt, daß wir zum Beispiel, anstatt nachzufragen (um das Anliegen unseres Gesprächspartners besser verstehen zu können), eine Vermutung ausgesprochen haben.

So hätte B dem Gespräch ein Ende setzen können, wenn er zum Beispiel gesagt hätte: «Das liegt doch sicherlich an deinem neuen Chef.» (Erinnern Sie sich noch, welcher Gesprächsstörer das war?)

5. Weiterführen, Denkanstoß geben

A: Mein Vater hat am Wochenende sechzigsten Geburtstag und ich wollte eigentlich nach Hause fahren. Jetzt hat sich aber ein Schulfreund angekündigt, der mich genau an diesem Wochenende besuchen möchte und den ich jahrelang nicht gesehen habe. Nun sitze ich richtig zwischen zwei Stühlen.
B: Ich frag mich gerade, wieviel dir an dem Schulfreund liegt.

Mir fällt es nicht schwer, ein Problem immer wieder von allen Seiten zu beleuchten und hin- und herzuwenden. Oft geschieht dies aus Bequemlichkeit, mir eine Lösung zu überlegen; manchmal ist es auch Hilflosigkeit, weil die Schwere des Problems mir den Blick für eine Lösung verstellt. Es ist dann meist sehr hilfreich für mich, wenn ich von meinem Gesprächspartner einen Denkanstoß bekomme. Er zeigt mir damit sein Interesse an meinem Problem und zwingt mich gleichzeitig dazu, nach einer Entscheidung zu suchen und nicht untergründig darauf zu hoffen, daß er mir diese abnimmt.

B hätte mir die Entscheidung ganz abgenommen oder sie zumindest stark beeinflußt, wenn er zum Beispiel gesagt hätte: «Dein Vater wird schließlich nur einmal sechzig.»

Eine andere Form des Weiterführens, die mehr das Gefühl meines Gegenübers anspricht, stellen Fragen dar wie:

«Wie erlebst du das?»

«Wie ist das bei dir angekommen?»

«Was bedeutet das für dich?»

6. Gefühle ansprechen

A: Ich habe mich so auf das Fest gefreut, und jetzt sitzen alle nur rum, und es ist langweilig.

B: Du bist jetzt ganz enttäuscht.

Dieser Satz mag Ihnen vielleicht sehr kurz erscheinen, aber B versucht damit, das Gefühl zu treffen, das hinter der Aussage steht.

Unsere Erfahrung hat gezeigt, daß viele Menschen eher Situationen beschreiben, als ihre Gefühle anzusprechen. (Darum im nächsten Kapitel mehr darüber . . .) Die Art und Weise, wie Menschen bestimmte Situationen beschreiben (der Tonfall, der Gesichtsausdruck, die Gestik, die Wortwahl) kann uns allerdings über ihre Empfindungen Auskunft geben (vgl. Kapitel 7).

Warum ist es dem Gespräch förderlich, ein Gefühl in Worte zu fassen? Wir haben in solchen Situationen den Eindruck, daß unser Gesprächspartner sich mit uns und unserem Problem beschäftigt. Vor allem hilft es uns dann weiter, wenn wir bis dahin nicht in der Lage waren, unser Gefühl auszusprechen.

Es kann auch vorkommen, daß B ein Gefühl benennt, das in der Aussage von A gar nicht enthalten ist, weil er vielleicht nicht genau zugehört hat. Dies wäre der Fall, wenn B zum Beispiel oben gesagt hätte: «Das ist dir jetzt peinlich.»

Obwohl er damit das Gefühl von A nicht trifft, zeigt er mit dieser Aussage, daß er sich bemüht, ihn zu verstehen. A kann jetzt das Gespräch trotzdem fortführen und sich über seine Gefühle äußern, indem er beispielsweise sagt: «Nein, peinlich ist mir das nicht – ich bin enttäuscht.»

7. In-Beziehung-Setzen

A: Ich hab die Möglichkeit, zwei Wochen zum Skifahren zu gehen und weiß, daß ich Erholung dringend nötig hätte; aber es ist ein ziemlich kostspieliges Vergnügen mit Unterkunft, Liftkosten usw.

B: Einerseits benötigst du also wieder einmal Erholung, möchtest aber andererseits auch nicht soviel Geld ausgeben.

Mein Gesprächspartner zeigt mir mit seiner Aussage, daß er zugehört und mich verstanden hat.

Er versucht, das Wesentliche meiner Aussage, die zwei sich

widersprechenden Bedürfnisse, zu erfassen und zueinander in Beziehung zu setzen. Damit wird mir mein Problem deutlicher, und ich komme nicht so sehr in Versuchung, vom Kern der Sache abzuschweifen.

Dies wäre eher eingetreten, wenn B zum Beispiel gesagt hätte: «Du siehst wirklich schlecht aus.» Oder: «Ja, wie teuer wird denn der Urlaub voraussichtlich werden?»

Zusammenfassende Übersicht

1. Wiederholen, Umschreiben
2. Zusammenfassen
3. Klären
4. Nachfragen
5. Weiterführen, Denkanstoß geben
6. Gefühle ansprechen
7. In-Beziehung-Setzen

Übungsgespräch

Versuchen Sie bitte im folgenden Übungsgespräch, so viele Aussagen wie möglich unseren, auf den vorangegangenen Seiten dargestellten Gesprächsförderern zuzuordnen. Die Auflösung folgt am Schluß.)

A: Mir hat die Party gar nicht gefallen. Ich hab mich überhaupt nicht wohl gefühlt.

B: Irgendwie hast du dich unwohl gefühlt. (1)

A: Ja. Weißt du, der Meier mit seinen schmierigen Witzen war ja nicht zum Aushalten.

B: Was meinst du mit schmierig? (2)

A: Na ja, du weißt ganz genau, daß der nur «Zoten» reißen kann, und auf die Dauer wird mir so etwas eben zuviel.

B: Das ekelt dich dann auf die Dauer an. (3)

A: Ja, genau. Weißt du, wenn man dann wenigstens hätte tanzen können. Aber nicht einmal das war möglich. Außerdem fand ich das Essen nicht gut, und zu trinken gab's ja auch nicht viel.

B: Für dich war das alles ganz unbefriedigend. Nicht nur Meiers Zoten, sondern dann auch noch kein Tanz, kein gutes Essen und zuwenig zu trinken. (4)

A: Mhm. Und als du mit G. auf den Balkon gegangen bist, das hat mir irgendwie den Rest gegeben.

B: Damit habe ich dich ziemlich getroffen. (5)

A: Ja, weißt du, ich fühlte mich dann ganz allein gelassen, konnte auch mit den anderen nichts weiter anfangen.

B: Ich überleg mir gerade, wieso du dich so allein gelassen fühltest. (6)

A: Ich weiß auch nicht so recht. Es liegt vielleicht daran, daß ich mich schon die ganze Zeit so unsicher gefühlt hatte. Gleichzeitig merke ich aber jetzt, nachdem ich dir das alles erzählt habe, daß ich mich wesentlich wohler fühle.

B: Du fühlst dich einerseits immer noch etwas unwohl, andererseits hat dir das Sprechen darüber weitergeholfen. (7)

Lösungsvorschlag

1. Wiederholen, Umschreiben
2. Nachfragen
3. Gefühle ansprechen
4. Zusammenfassen

5. Klären und Gefühle ansprechen
6. Weiterführen, Denkanstoß geben
7. In-Beziehung-Setzen

Übungen

Um die in diesem Kapitel besprochenen Gesprächsförderer ganz sicher und unverkrampft verwenden zu können, bedarf es der Übung, denn auch hier gilt: Übung macht den (Gesprächs-)Meister!

Formulieren

Zuerst einmal eine Übung, die Ihnen helfen soll, verschiedene Formulierungen auf ein und dieselbe Äußerung zu finden. Hier ein Beispiel:

A: Also, das Benehmen meiner Tochter wird in letzter Zeit immer schlimmer, sie ist frech und vorlaut und tut nur noch, was sie will. Ich weiß wirklich nicht mehr, wie ich mich verhalten soll.

Es gibt für B eine Reihe verschiedener Möglichkeiten, auf diesen Satz einzugehen. Nehmen wir einmal an, daß B wirklich ein Gespräch möchte, daß er versucht, A zu verstehen. Er kann dann einmal die Aussage umschreiben, indem er sagt:

B: Das Verhalten deiner Tochter gefällt dir gar nicht, und du weißt nicht, was du unternehmen sollst.

Eine andere Möglichkeit ist das Klären:

B: Du meinst, daß sie in letzter Zeit zunehmend frecher und vorlauter wird, nur noch ihren eigenen Willen durchsetzt.

Oder zum Beispiel das Nachfragen:

B: Was meinst du mit frech und vorlaut?
Kannst du das einmal an einem Beispiel erklären?
Du sagst, in letzter Zeit, was heißt das?

Er kann die Aussage auch weiterführen, indem er sagt:

B: Ich frag mich gerade, was das für dich bedeutet?
Ich überlege mir gerade, was das Verhalten deiner Tochter in dir bewirkt?

Schließlich gibt es noch die Möglichkeit, die Gefühle und Empfindungen von A zu formulieren; B kann beschreiben, wie er A wahrnimmt, zum Beispiel:

B: Du bist ganz ratlos.
Die Probleme mit deiner Tochter beunruhigen dich.

In diesem Beispielsatz ist es nicht möglich, auch noch die Gesprächsförderer «Zusammenfassen» und «In-Beziehung-Setzen» unterzubringen; denn wie schon erwähnt, bedarf es zum Zusammenfassen eines längeren Gesprächsabschnitts und zum In-Beziehung-Setzen zweier gegensätzlicher Aussagen.

Nun haben wir Ihnen im folgenden einige Übungssätze abgedruckt. Versuchen Sie bitte, zu jeder Aussage möglichst mehrere verschiedene, fördernde Reaktionen zu finden.

1. Ich bin mal wieder fix und fertig. Wenn ich eine Stunde unterrichtet habe, bin ich völlig heiser. Die Schüler machen mich noch ganz krank. Manchmal frag ich mich, ob ich den richtigen Beruf gewählt habe.

2. Meine Mutter ist wahnsinnig streng. Wenn ich mal nicht

pünktlich abends nach Hause komme, dann kann ich ganz schön was erleben. Aber sie kann auch unheimlich nett sein; wenn ich zum Beispiel was von ihr will, dann hat sie eigentlich immer Zeit für mich.

3. Mein Mann arbeitet in letzter Zeit so viel, daß er kaum noch Zeit für die Familie hat. Er sagt, es sei alles für unseren großen Urlaub. Aber ich weiß jetzt eigentlich gar nicht mehr, ob ich mich noch auf den Urlaub freuen kann.

4. Eigentlich möchte ich schon seit zehn Tagen zum Chef gehen und ihm meine Vorschläge unterbreiten. Ich glaub schon, daß er sich dafür interessieren würde. Aber ich habe doch Bedenken.

5. Meine Freundin will unbedingt mit mir ein paar Tage wegfahren; aber ich kann mich dafür im Moment überhaupt nicht begeistern. Weißt du, irgendwie läuft unsere Beziehung in letzter Zeit nicht mehr so richtig.

6. Mein Sohn kam gestern mit ein paar Schulfreunden nach Hause, ich bin fast aus allen Wolken gefallen. Also, wie die Kinder heute so rumlaufen. Ich bin nur froh, daß meiner wenigstens halbwegs anständig zur Schule geht.

Wenn Sie sich bis hierher vorgearbeitet haben, sind Sie sicher ziemlich ermüdet. Darum jetzt eine mehr entspannende Übung: Nehmen Sie sich noch einmal diese sechs Übungssätze vor, und finden Sie zu jedem Satz mindestens einen gängigen Gesprächsstörer. Sicher werden auch Sie feststellen, daß es wesentlich leichter ist, Gesprächsstörer als Gesprächsförderer zu finden.

Zwiegespräche führen

Sie benötigen hierzu einen Gesprächspartner, der dieses Kapitel möglichst auch gelesen haben sollte.

a) In einem ersten Durchgang können Sie das Wiederholen

oder Umschreiben üben. Die Spielregel lautet: Sie führen miteinander ein Gespräch, bei dem Sie Ihrem Gesprächspartner erst etwas erwidern dürfen, wenn Sie das Gesagte wörtlich oder sinngemäß wiederholt haben, wenn Sie es mit Ihren eigenen Worten umschrieben haben.

Also: Ihr Gesprächspartner sagt irgend etwas. Sie geben dieses mit Ihren eigenen Worten wieder, erst dann nehmen Sie dazu Stellung, äußern Ihre eigene Meinung oder sonst irgendeine Form der Erwiderung.

Und nun umgekehrt: Zuerst muß Ihr Gesprächspartner umschreiben, was Sie gerade gesagt haben, ehe er selbst darauf eine Erwiderung bringen darf.

b) In einem zweiten Durchgang können Sie das Klären üben. Sie führen wieder mit einem Partner ein Gespräch. Jetzt lautet die Spielregel: Versuchen Sie, jede Aussage erst zu klären, auf einen Nenner zu bringen, bevor Sie sich weiter dazu äußern. Beispiel:

A: Mein Bruder bringt mich noch zur Weißglut, immer hat er an meinen Freunden etwas auszusetzen.
B: Diese Nörgelei stört dich.
A: Mhm. Das ist mir mindestens schon bei fünf Freunden so gegangen, und es vergeht kein Tag, wo er nicht etwas zu kritisieren hat.
B: Sein Kritisieren bezieht sich also auf alle deine Freunde.
A: Mhm . . .

c) Bei diesem dritten Durchgang können Sie das Nachfragen üben. Jetzt lautet die Spielregel: Versuchen Sie einmal, bei jeder Äußerung Ihres Gesprächspartners nachzufragen, lassen Sie sich das Gesagte genauer erklären, mit Beispielen verdeutlichen und so weiter. Beispiel:

A: Also mit meinem Schwiegersohn komme ich in letzter Zeit überhaupt nicht mehr zurecht.
B: Was meinst du mit zurechtkommen?
A: Na ja, es ist eben überhaupt kein Verlaß mehr auf ihn.
B: Kein Verlaß – kannst du dafür vielleicht ein Beispiel geben?

d) Die weiteren Übungsdurchgänge können Sie sich wahrscheinlich schon denken. Versuchen Sie also, auch die anderen Gesprächsförderer auf diese Weise einmal anzuwenden.

Vielleicht halten Sie uns jetzt entgegen, daß die angeführten Gespräche doch sehr künstlich und nicht mehr der Wirklichkeit entsprechend seien. Ja, das müssen wir zugeben. Aber zuerst müssen wir ja einmal üben, und zum Üben halten wir sie für durchaus gut geeignet.

Wenn Sie nach einiger Zeit an das Verwenden dieser Gesprächsförderer gewöhnt sind, können Sie die Übungen auch miteinander vermischen und alle Förderer je nach Möglichkeit einsetzen.

Rundgespräche

In einem unserer Kurse berichtete eine Teilnehmerin, daß sie diese Übungen auf langen Autostrecken mit ihrer Familie durchführe:

«Bei unserer Fahrt in den Urlaub habe ich meinem Mann und meinen beiden Kindern, die vierzehn und sechzehn sind, vorgeschlagen, uns mit diesen Übungen die Zeit während der langen Autobahnfahrt zu verkürzen. Dabei entwickelten wir folgende Übungsform: Ich fing mit meinem Mann ein Gespräch an. Er ging mit irgendeiner fördernden Formulierung auf mich ein. Anschließend antwortete mein Sohn mit einem ‹gängigen Gesprächsstörer› auf meinen Satz. Zuletzt war meine Tochter an der Reihe; sie mußte sagen, welcher Gesprächsförderer und -störer jeweils verwendet wurde. Anschließend kam eine zweite Runde; jetzt fing mein Mann mit unserem Sohn an. So haben wir immer wieder in allen möglichen Formen gespielt und geübt.»

Selbstgespräche

Hier einmal ein Selbstgespräch durchzuführen, wollen wir Ihnen lieber nicht vorschlagen; denn wir haben selbst die Erfahrung machen müssen, daß wir uns dabei leicht etwas vormachen.

Aber, was uns Schwierigkeiten bereitet, muß Ihnen ja noch lange nicht schwerfallen. Im Gegenteil, es ist durchaus möglich, daß Sie dabei zu einer Form finden, die Ihnen ausgesprochen gefällt und Spaß bringt. Also, versuchen Sie doch einfach einmal, ein Selbstgespräch zu führen, bei dem Sie mit weiterführenden Fragen auf sich selbst eingehen. Fragen wie:

«Was löst das in mir aus?»
«Was bedeutet das für mich?»
«Was will ich damit?» usw.

Dieses Selbstgespräch könnte beispielsweise so aussehen:

«Es fällt mir oft schwer, mit meinem Kollegen ins Gespräch zu kommen.»
«Was meinst du mit schwerfallen?»
«Na ja, wir reden schon miteinander, aber ich bring's halt nicht fertig, ihm zu sagen, daß mir die jetzige Arbeitsaufteilung nicht paßt.»
«Du bist darüber unzufrieden.»
«Mhm. – Ich möchte nicht immer nur die mir zugeschobenen Schreibarbeiten ausführen, sondern auch von mir aus einmal entscheiden, was ich tun muß.»
«Ist das so ein Gefühl von bevormundet werden?»
«Ja, genau, ich fühle mich da bevormundet.»
«Was löst das denn in dir aus, wenn du so behandelt wirst?»

4
Gefühle wahrnehmen und ausdrücken

Murks: Sag mal, Schnipsel, was hast du denn?
Schnipsel: Ich weiß nicht.
Murks: Aber irgend etwas scheint dich doch zu bedrücken.
Schnipsel: Mhm. Ich bin so irgendwie . . .
Murks: Was meinst du mit irgendwie?
Schnipsel: Das kann ich nicht sagen, ich weiß es nicht.
Murks: Schnipsel! Ich habe eine Idee. Wir wandern gemeinsam durch dieses Kapitel.
Schnipsel: Wie kommst du denn darauf?
Murks: Weil da oben steht: «Gefühle wahrnehmen und ausdrücken».

Einleitung

In den vorangegangenen Kapiteln ging es uns darum zu zeigen, wie wir uns verhalten, wenn jemand mit einem Anliegen auf uns zukommt.

Wir konnten dabei zwischen Verhaltensweisen unterscheiden, die das Gespräch stören und solchen, die es fördern.

Wie Sie inzwischen wissen, werden mit folgenden Einleitungen Gesprächsabläufe gefördert (siehe Kapitel 3!):

«Ich habe den Eindruck . . .»
«Mir scheint . . .»
«Ich frag mich gerade . . .»

«Versteh ich dich richtig . . .»

Gleichzeitig teilt der Gesprächspartner dadurch mit, welche Gefühle das Gesagte in ihm hervorgerufen hat. Aber: Gefühle wahrnehmen und benennen ist nicht nur für denjenigen wichtig, der zuhört, sondern auch für denjenigen, der das Anliegen vorträgt. Bevor dieser es nämlich mitteilen kann, muß auch er die Bedürfnisse und Gefühle wahrnehmen und benennen können, die hinter seinem Anliegen stehen. Das folgende Kapitel betrifft deswegen beide Gesprächsteilnehmer.

In einer unserer Gruppen erzählte ein Arzt von einem schwierigen Fall: «Eine meiner Patientinnen wird mir richtig lästig. Sie hat eine übertriebene Krebsangst; laufend fragt sie mich, ob sie wirklich gesund sei. Ich habe gesagt, daß alles in Ordnung ist, aber sie glaubt es mir nicht. Wie soll ich mich da nur verhalten?» Nun, wir können das Problem dieses Arztes bei seiner Patientin festmachen oder bei ihm. Da er gerade da war, fragten wir ihn, ob er bereit wäre, mit Moni als Patientin die Situation kurz durchzuspielen. Gesagt, getan! Die ganze Szene dauerte keine drei Minuten: «Herr Doktor, Sie können es mir doch sagen, wirklich, sagen Sie, bin ich völlig gesund?» «Ja.» «Und da ist wirklich auch kein . . . Krebs?» «Nein, Sie sind vollkommen gesund.» Soweit diese Szene.

Anschließend meinte dieser Arzt, daß die Unterhaltungen mit der Patientin ganz ähnlich abliefen. Er bat uns nun, uns zu dieser Szene zu äußern. Einige der Teilnehmer meinten daraufhin:

«Also wissen Sie, ich weiß nicht wieso, aber ich hätte Ihnen auch nicht geglaubt.»

«So scharf würde ich das nicht sagen», meinte ein anderer Teilnehmer, «aber irgend etwas war an Ihnen nicht ganz echt . . .»

Im Laufe des Gesprächs konnten wir den entscheidenden Punkt herausarbeiten: Der Arzt hatte sich während der Unterhaltung mit der Hand über die Stirn gestrichen und dabei an der Patientin vorbei aus dem Fenster gesehen. «Das ist doch klar, ich bin müde. Das war eine für mich typische Geste, wenn ich müde bin, und zum Fenster habe ich geschaut, weil ich mich gelangweilt habe.» Einer entgegnete darauf: «Wissen Sie, als Sie sich da so über Stirn und Augen gefahren sind und zum Fenster hinausgesehen haben, habe ich sofort gedacht, Sie können Ihrer Patientin nicht in die Augen schauen. Die Frau hat Krebs, und Sie trauen sich nicht, es ihr zu sagen.»

Nun, dieser Fall soll hier nicht weiter ausgeführt werden. Deutlich ist daran geworden, daß wir manchmal etwas ausdrücken, das wir nicht so meinen, und umgekehrt, wir deuten bestimmte Äußerungen und liegen damit grundverkehrt. Im vorangegangenen Beispiel hat die Patientin das Ausdrucksverhalten ihres Arztes falsch gedeutet und kam deshalb zu der Annahme, der Arzt sei nicht ehrlich zu ihr. Auf der anderen Seite hat der Arzt seine Ungeduld bzw. seinen Ärger nicht wahrgenommen; er hat diese Empfindungen verleugnet. Kein Wunder, daß es zu diesem Mißverständnis gekommen ist.

In diesem Kapitel wollen wir nun aufzeigen, wie wichtig es ist, seine eigenen Gefühle wahrzunehmen und gegebenenfalls auszudrücken, mitzuteilen.

Beschreiben, Zerlegen und Benennen

Das folgende Gespräch soll einige Probleme zu diesem Bereich deutlich machen. Es ist sicherlich stellenweise übertrieben, macht dafür aber die Probleme um so augenfälliger.

A ist seit zehn Minuten zu Hause und ziemlich verärgert. Das Auto ist in der Stadt stehengeblieben, der Bus war überfüllt, und zu allem Unglück regnete es auch noch in Strömen; A ist bis auf die Haut durchnäßt. Da kommt B nach Hause.

B: Du, stell dir vor, da treff ich doch vorhin in der Stadt den Peter, den habe ich seit sieben Jahren nicht mehr gesehen. Ich habe mich richtig gefreut. Er kommt uns am kommenden Mittwoch besuchen, wie findest du das?
A: Fein.
B: Und wie war es bei dir heute?
A: Auch ganz gut.
B: Ach, eh ich's vergesse, die Fahrt übers Wochenende müssen wir leider ausfallen lassen. Ich muß am Samstag im Betrieb einige Überstunden machen.
A: Mhm –.
B: Gibst du mir mal das Fernsehprogramm rüber.
A: Wie immer – wenn du verärgert bist, willst du fernsehen.
B: Ich bin doch gar nicht verärgert. Ich will nur den Krimi sehen.
A: Gib's doch zu, daß du schlechte Laune hast, das fühl ich doch.
B: Was willst du denn; du bist wohl schlechter Laune.
A: Jetzt wird's mir aber zu bunt. Jetzt unterstellst du mir, daß ich schlecht gelaunt bin.

Betrachten wir dieses Gespräch einmal genauer, überlegen, wo und warum hier einiges schiefgelaufen ist:
B: Du, stell dir vor, da treff ich doch vorhin in der Stadt den Peter, den habe ich seit sieben Jahren nicht mehr gesehen. Ich habe mich richtig gefreut. Er kommt uns am kommenden Mittwoch besuchen, wie findest du das?

Wir haben den Eindruck, daß B recht guter Laune ist und dies A auch zu verstehen gibt. B bringt sein Gefühl offen zum Ausdruck.
A: Fein.

Bei As Antwort können wir uns nur fragen, wo bleibt hier der ganze Ärger, denn diese Antwort paßt nicht zu scinem

Gefühl. Er hat sich der guten Laune von B scheinbar angepaßt und das eigene Gefühl «in den Keller gestellt». Warum verhält A sich so?

Vielleicht mißt er der guten Laune von B mehr Bedeutung zu als der eigenen schlechten Stimmung. Vielleicht befürchtet er, daß B mißgelaunt wird, wenn er von seinem Ärger erfährt.

Auf jeden Fall wird deutlich, daß A seine Gefühle zurückstellt und nicht zum Ausdruck bringt. B muß auf Grund seiner Antwort annehmen, daß es ihm gerade ganz gutgeht.

B: Und wie war es bei dir heute?

Nachdem B von sich erzählt hat, richtet er dementsprechend die Frage an A. – A hat jetzt die Gelegenheit, von dem mißglückten Tag und damit von seinem Ärger zu berichten.

A: Auch ganz gut.

Aber wiederum läßt A seine Gefühle nicht zu und verleugnet sie B gegenüber. B muß jetzt wirklich annehmen, daß A mit dem Tag ganz zufrieden ist.

B: Ach, eh ich's vergesse, die Fahrt übers Wochenende müssen wir leider ausfallen lassen. Ich muß am Samstag im Betrieb einige Überstunden machen.

Da B annimmt, daß es A gerade recht gutgeht, nutzt er die Gelegenheit, ihm eine unerfreuliche Mitteilung zu machen.

A: Mhm –.

Mit dieser Antwort wird nicht deutlich, wie A die Nachricht von B aufgenommen hat und was er jetzt empfindet. Ist es ihm gleichgültig? Ist er enttäuscht? Oder ist er wütend?

B: Gibst du mir mal das Fernsehprogramm rüber.

B weiß offensichtlich auch nicht, wie er As Reaktion einschätzen soll. Er geht auch nicht weiter darauf ein und scheint sich auf einen gemütlichen Fernsehabend einzurichten.

A: Wie immer – wenn du verärgert bist, willst du fernsehen.

Plötzlich aber bricht As Ärger doch noch durch. Das abgesagte Wochenende ist sicher mit ausschlaggebend. Anstatt jetzt aber die Enttäuschung und den Ärger mitzuteilen, unterstellt er hier B diese Gefühle und macht ihm gleichzeitig noch einen Vorwurf daraus.

B: Ich bin doch gar nicht verärgert. Ich will nur den Krimi sehen.

B läßt sich durch As Vorwurf nicht aus der Ruhe bringen und teilt nochmals mit, wie er sich fühlt und was er jetzt gern tun möchte.

A: Gib es doch zu, daß du schlechte Laune hast, das fühl ich doch.

A steht zwar jetzt zu einem Gefühl, «steckt» es aber schon wieder in B hinein.

B: Was willst du denn; du bist wohl schlechter Laune.

Obwohl B die schlechte Stimmung von A erkannt hat, ist er inzwischen selbst so wütend, daß er einen Konflikt nicht mehr verhindern kann.

A: Jetzt wird's mir aber zu bunt. Jetzt unterstellst du mir, daß ich schlechter Laune bin.

A hat sich jetzt festgefahren. Es ist ihm damit unmöglich geworden, seinen Ärger noch einzugestehen.

Bei genauerer Betrachtung des Gesprächs können wir feststellen, daß A seine tatsächlichen Gefühle überhaupt nicht zuläßt. Dies führt dazu, daß A zu Beginn des Gesprächs nicht seine eigenen Gefühle empfindet, sondern die von B (sich identifiziert), im weiteren Verlauf seine Empfindungen gänzlich nicht mitteilt (verleugnet) und dann am Ende des Gesprächs seine Empfindungen auf B überträgt (projiziert).

Überlegen wir uns deshalb, wie das Gespräch hätte auch ablaufen können:

B: Du, stell dir vor, da treff ich doch vorhin in der Stadt den Peter, den habe ich seit sieben Jahren nicht mehr gesehen. Ich habe mich richtig gefreut. Er kommt uns am kommenden Mittwoch besuchen. Wie findest du das?

A: Das scheint ja für dich ein erfreulicher Tag gewesen zu sein, im Gegensatz zu meinem.

B: Ja, was ist dir denn passiert?

A: Ach, mir ist das Auto in der Stadt stehengeblieben, ich mußte im überfüllten Bus nach Hause fahren und dann noch ohne Schirm im Regen gehen. Das hat mir so ziemlich die Laune verdorben.

B: Das war wohl wirklich ein schlimmer Tag für dich – das kann ich ganz gut verstehen. Zieh dir erst einmal ein paar warme Sachen an, du siehst ja ganz verfroren aus.

Wenig später . . .

B: So, setz dich mal zu mir. Ich muß dir nämlich etwas erzählen: Mit der Fahrt übers Wochenende wird's leider nichts. Ich muß am Samstag unbedingt einige Überstunden machen. Tut mir wirklich leid.

A: Schade! Ich bin jetzt ziemlich traurig, weil ich mich schon so darauf gefreut hatte.

B: Als ich davon erfahren habe, war ich auch ziemlich verstimmt, weil ich das Wochenende gern mit dir verbracht hätte.

A: Vielleicht können wir die Fahrt am nächsten Wochenende unternehmen, das wär doch was!

B: Das ist eine gute Idee! Ich finde es nämlich schade, daß wir so selten etwas zusammen unternehmen können.

Während wir im ersten Beispiel zeigen wollten, wohin das Nichtzulassen von Gefühlen führen kann, wollen wir in einem weiteren Beispiel verdeutlichen, daß auch das Zulassen von Gefühlen nicht frei von Problemen ist.

A hat sich in der Stadt mit einer Bekannten verabredet und wartet seit knapp fünf Minuten. Trotzdem ist er ein wenig ungeduldig und leicht verärgert, weil er bis jetzt immer derjenige war, der bei Verabredungen zu spät kam. Da entdeckt ihn plötzlich B.

B: Grüß dich, was stehst du denn hier so auf der Straße rum?

A: Ach, laß mich in Ruhe. Ich hab mich mit einer Bekannten verabredet, die bis jetzt nicht gekommen ist; das macht mich gerade unheimlich wütend.

B: Ach was, Frauen! Was soll's. Komm, wir gehen ein Bier trinken.

A: Eigentlich hast du recht, es lohnt doch gar nicht, sich über Frauen aufzuregen.

B: Also, wo gehen wir jetzt hin?

A: Ach du, wenn ich's mir recht überleg, hab ich gerade überhaupt keine Lust auf ein Bier.

Was können wir nun feststellen, wenn wir das Gespräch einmal zerlegen.

B: Grüß dich, was stehst du denn hier so auf der Straße rum?

B gibt seinem Freund zu verstehen, daß er erstaunt ist, ihn allein anzutreffen.

A: Ach laß mich in Ruhe. Ich habe mich mit einer Bekannten verabredet, die bis jetzt nicht gekommen ist. Das macht mich gerade unheimlich wütend.

Hier übertreibt A maßlos. Diese Aussage über seine Empfindungen steht in keinem Verhältnis zu seinem wahren Gefühl. B muß annehmen, daß A schon sehr lange wartet, daß ihm an seiner Bekannten sehr viel gelegen ist und daß er nun allen Grund hat, so wütend zu sein.

B: Ach was, Frauen! Was soll's? Komm, wir gehen ein Bier trinken.

Entweder will B seinem Gesprächspartner die Berechtigung für seine Empfindungen absprechen oder er sucht nur einen Bierkumpel.

A: Eigentlich hast du recht, es lohnt doch gar nicht, sich über Frauen aufzuregen.

Es ist unwahrscheinlich, daß As Wut so schnell verflogen ist. Entweder, er hat oben übertrieben, oder er spielt seine Gefühle jetzt herunter. Auf jeden Fall scheint er Schwierigkeiten zu haben, diese angemessen auszudrücken.

B: Also, wo gehen wir jetzt hin?

Bs Frage läßt kein Interesse an As Ärger erkennen. Er beschäftigt sich gedanklich nicht mit A, sondern mit sich selbst.

A: Ach du, wenn ich's mir recht überleg, hab ich gerade überhaupt keine Lust auf ein Bier.

Eigentlich meint A hier mit «keine Lust» seinen Ärger. Er hat zwar Gefühle bei sich wahrgenommen, sie aber falsch gedeutet.

Wie das Gespräch statt dessen hätte auch laufen können, soll im folgenden dargestellt werden:

B: Grüß dich, was stehst du denn hier so auf der Straße rum?

A: Ich bin etwas verärgert, weil ich mich mit einer Bekannten verabredet habe, die bis jetzt nicht gekommen ist.

B: Wenn du willst, können wir uns auf ein Bier zusammensetzen, ich habe gerade Zeit.

A: Eigentlich möchte ich lieber noch ein wenig warten, weißt du, ich bin schon etwas verletzt, weil mir das noch nie passiert ist. Aber wenn sie nicht mehr kommen sollte, sehen wir uns vielleicht noch.

B: Ist klar, versteh ich. Ich bin im Lokal nebenan.

Im Gegensatz zum ersten Gespräch ist hier der Gesprächspartner zwar in der Lage, seine Gefühle wahrzunehmen, hat aber Schwierigkeiten, sie treffend und angemessen auszudrücken. So konnten wir sehen, daß er zu Beginn des Gesprächs seinen Ärger übertrieben zum Ausdruck gebracht hat

(Überinterpretation), um ihn anschließend herunterzuspielen (Abschwächung). Zum Schluß ist er nicht mehr in der Lage, seine Empfindungen richtig zu interpretieren und gibt ihnen deshalb einen unpassenden Namen (falsche Interpretation).

Zusammenfassende Übersicht

Nichtzulassen von Gefühlen
Projektion
Verleugnung
Identifikation

Zulassen von Gefühlen
Überinterpretation
Abschwächung
falsche Interpretation

Übungen

Sinneswahrnehmung

Alles, was mit uns und um uns herum passiert, nehmen wir über unsere Sinne wahr. In dem Satz: «Du hast wohl deine fünf Sinne nicht zusammen» wird schon deutlich, wie viele wir haben.

Unsere Wahrnehmung läuft über die Augen, die Ohren, die Nase, die Haut und den Mund, aber nicht um zu reden, sondern um zu schmecken.

Viele Menschen bedienen sich meistens nur eines oder zweier ihrer Sinne, der Rest ihrer Wahrnehmung wird ihnen gar nicht bewußt. Je bewußter, ausgeprägter und genauer aber unsere Sinneswahrnehmung ist, um so besser nehmen wir uns selbst und unsere Umwelt wahr; wir lernen uns selbst besser zu verstehen und damit natürlich auch die anderen.

Wir können unsere Sinneswahrnehmung durch Übung verbessern. Wir schlagen Ihnen eine ganz einfache Übung vor. Sie brauchen dazu etwa fünf Minuten. Versuchen Sie einmal, ganz bewußt wahrzunehmen, was Sie gerade direkt vor sich sehen, was Sie im Moment hören, was Sie riechen, schmecken und was Sie fühlen.

Ich (Christian) habe gerade meine Pfeife zur Seite gelegt und selbst noch einmal die Übung durchgeführt:

Zuerst habe ich die Augen geschlossen, das hilft mir, mich zu konzentrieren: Zuerst höre ich unten auf der Straße Schritte, sehr schnelle Schritte. Meine Heizung summt etwas, außerdem brummen irgendwo die Neonröhren, gelegentlich knackt es im Fußboden. Ich rieche plötzlich meinen überfüllten Aschenbecher – kalter Rauch und Asche. Aber da riecht es noch anders, jetzt, wo ich die Augen öffne, merke ich, daß es meine Blumen sind – es riecht nach Astern. Ich schaue die Blumen in der Vase an, blicke auf meinen unordentlichen Schreibtisch, mein Blick fällt auf Bücher, Zettel, Buntstifte, Büroklammern und Staub . . . Ich schlucke, es schmeckt noch nicht nach Staub – es schmeckt nach – Tee; der letzte Schluck haftet noch auf der Zunge.

Ich bin erstaunt, wieviel mir aufgefallen ist, wieviel ich wahrgenommen habe, Dinge, die mir so noch nie bewußt geworden sind. Und während ich das jetzt schreibe, merke ich, daß ich ganz vergessen habe, darauf zu achten, was ich gerade fühle. Ich kann mich aber noch gut daran erinnern, was ich gefühlt habe, als ich gestern im Wartezimmer meines Zahnarztes die Übung durchführte:

Mein Rücken ist verspannt, irgendwie ist die Stuhllehne schief. Das Polster ist so weich, daß ich kaum merke, wie ich sitze. Meine Beine fühlen sich schwer an, mein linker Fuß droht gleich einzuschlafen. Die Hände sind trocken und ganz heiß. Meine Ohren jucken, und die Nase ist irgendwie verstopft . . .

Ich mache diese Übung gern und sehr oft. Meistens, wenn ich irgendwo warten muß, zum Beispiel in Wartezimmern, im Bus und in der Bahn oder an Haltestellen, gelegentlich auch auf dem Weg ins Büro.

Obwohl ich diese Übung nun schon seit langer Zeit durchführe, bin ich immer wieder erstaunt, was ich alles wahrnehme, wenn ich mich bemühe, darauf zu achten.

Körpergefühle wahrnehmen

In dieser Übung fragen wir uns: «Was fühle ich gerade?» Diese Frage meint nicht: «Wie fühle ich mich?», darauf können wir zum Beispiel antworten: «Ich fühle mich traurig, lustig, nervös, abgespannt . . .»

In dieser Übung geht es darum herauszufinden, was uns unser Körper alles mitteilt, also «Was fühle ich?»

Am Anfang empfehlen wir Ihnen, sich zu Hause einmal fünf Minuten zurückzuziehen und sich hinzulegen; am besten mit einer Decke auf den Fußboden (je härter, um so besser!). Es geht nun darum, bei geschlossenen Augen (um nicht abgelenkt zu werden) jeden Körperteil einzeln zu erfühlen. Versuchen Sie einmal, nur die rechte Hand zu spüren, und dort nur den Daumen. Wenn Sie ihn spüren, jeden weiteren Finger.

Am Anfang kann das noch sehr ungewohnt und schwierig sein; ich (Christian) helfe mir dann zumeist damit, den entsprechenden Muskel anzuspannen:

Ich liege auf dem Rücken mit geschlossenen Augen. Ich versuche, mein rechtes Bein zu fühlen, zuerst die rechte Wade, dann den Oberschenkel. Um zu prüfen, ob ich richtig gefühlt habe, spanne ich den Wadenmuskel (und nur den!) ganz stark an und entspanne; anschließend den Oberschenkelmuskel. Auf diese Weise entdecke ich nach und nach meine Beine, meine Füße, die Arme und Hände. Bauch und Gesäß kann ich immer ganz direkt spüren; anschließend konzentriere ich mich auf den Rücken, besonders auf die Schultern, zum Schluß das Gesicht. Bei den Ohren habe ich immer Schwierigkeiten, da ich sie nicht bewegen oder anspannen kann, dafür rümpfe ich dann um so stärker die Nase und Stirn, so daß ich mein Gesicht ganz genau erfühle.

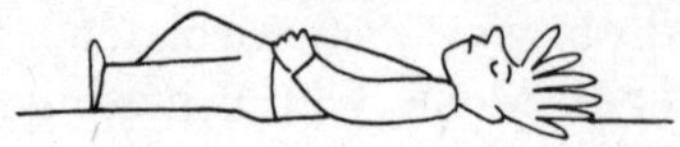

Nach dieser Übung empfinde ich jedesmal ein wohliges Gefühl von Entspannung. (Ich mache sie übrigens manchmal bei Einschlafstörungen, komme allerdings selten bis zum Bauch, weil ich schon vorher schlafe.)

Diese Übung läßt sich – wie die vorangegangene – überall ausführen, nicht nur im Liegen, sondern ebenso im Bus, in der Bahn, in Wartezimmern etc., eigentlich überall dort, wo Sie ohne Anspannung sitzen können.

Gefühle und Stimmungen wahrnehmen

In den vorangegangenen Übungen ging es um die Frage: «*Was* fühle ich?» – Bei dieser Übung geht es um die Frage: «*Wie* fühle ich mich?»

Gefühle können in Blitzesschnelle wechseln und sind selten gleichbleibend.

Wenn ich (Christian) auf die letzten zehn Minuten zurückschaue, so fühlte ich mich anfangs träge und hatte keine Lust weiterzuarbeiten. Dann habe ich mit Mecki telefoniert und wurde ganz hoffnungsvoll und froh. Jetzt arbeite ich ganz zufrieden weiter. Doch da schleicht sich schon ein weiteres Gefühl ein, ich werde unsicher, ob ich noch rechtzeitig fertig werde.

Ehe wir nun lernen, die Gefühle anderer zu verstehen, müssen wir erst einmal unsere eigenen Gefühle kennenlernen.

Versuchen Sie, jetzt einmal zu beschreiben, wie Sie sich gerade im Moment fühlen, wenn Sie dieses Kapitel lesen.

Mit dieser Übung entdecken Sie wahrscheinlich, daß Sie viel, viel mehr Empfindungen haben, als Sie vermuten. Sie können versuchen, sich so oft wie möglich die Frage zu stellen: «Was denke und fühle ich gerade diesem oder jenem Menschen bzw. einer Sache gegenüber?»

Nach kurzer Zeit werden Sie vielleicht feststellen, daß Sie sich selbst entdecken, Gefühle kennenlernen, die Ihnen möglicherweise fremd sind, Empfindungen haben, die Ihnen bislang unbekannt waren.

In der letzten Woche saß ich in einer Arbeitsgruppe mit neun Leuten zusammen, die ich kaum kannte. Irgendwie fühlte ich mich seltsam; doch das ist ja noch kein richtiges Gefühl. Ich bat darauf alle Teilnehmer, für kurze Zeit die Augen zu schließen und sich darauf zu konzentrieren, wie jeder sich im Moment fühlt. Anschließend sollte jeder einmal umherschauen und sich bewußt machen, wie er einzelne Gruppenmitglieder wahrnimmt.

In diesen drei Minuten entdeckte ich, daß ich ängstlich war, ich hatte das Gefühl, nichts leisten zu können. Als ich in die Runde schaute und mich fragte, was ich bei jedem Teilnehmer fühlte, wurde mir bewußt, daß mir ein junger Mann gegenübersaß, bei dessen Anblick ich Beklemmung verspürte. Bei dem Teilnehmer daneben merkte ich, daß ich Neugier spürte, ihn kennenzulernen. Das Mädchen daneben machte mich richtig sinnlich. Und bei der Teilnehmerin direkt neben mir fühlte ich mich ausgeglichen . . .

Dieser kurze Ausschnitt soll verdeutlichen, daß wir weit mehr Empfindungen haben, als uns bewußt ist. Aber erst wenn wir wissen, wie und was wir fühlen, können wir entsprechend reagieren.

Eine Parallelübung hierzu ist das Umkehren. Jetzt frage ich mich: «Wie und was fühle ich gerade *nicht*.» Oft passiert es, daß Ihnen dann erst klarwird, was und wie Sie tatsächlich fühlen.

Sobald ich feststelle: «Ich fühle mich jetzt *nicht* entspannt», merke ich, daß ich mich angespannt fühle.

Bei dieser Übung kann ich irgendein Gefühl herausgreifen, zum Beispiel sehnsüchtig, lahm, gelöst usw., und mit der Formulierung «Ich fühle mich jetzt nicht lahm» entdecke ich, daß ich mich gerade als sehr arbeitssam, emsig und aktiv empfinde.

Gefühle beschreiben

In diesem Abschnitt wollen wir das genaue Beschreiben der wahrgenommenen Gefühle üben.

Sicher können wir auch viele Gefühle ohne Worte ausdrükken und erkennen; oft brauchen wir aber die Sprache, um uns eindeutig mitzuteilen.

Zu Beginn eine einfache Übung, die uns verdeutlichen soll, daß ein und dieselbe Situation von verschiedenen Menschen auch sehr unterschiedlich erlebt werden kann.

Nehmen Sie sich einmal die Zeit, zu zweit oder mit mehreren eine Schallplatte/Tonband mit einem Musikstück anzuhören, das möglichst unbekannt ist. Brechen Sie nach etwa fünf Minuten ab. Versuchen Sie jetzt, den anderen zu beschreiben, was Sie beim Anhören der Musik empfunden haben, wie Sie sich gefühlt haben. Und lassen Sie sich anschließend umgekehrt schildern, was die anderen zu berichten haben.

Ich (Mecki) bin immer wieder verdutzt, wie unterschiedlich ein und dieselbe Situation aufgenommen werden kann. Und gerade deswegen ist es so wichtig, daß wir uns angemessen und genau ausdrücken können. Wenn mein Gesprächspartner bei der Schallplatte zum Beispiel etwas anderes empfunden hat als ich, so kann ich das nur erfahren, wenn ich genau beschreibe, was in mir abgelaufen ist.

Wenn ich sage: «Einfach toll, nicht wahr?» und zur Antwort erhalte: «Ja, echt stark», heißt das noch lange nicht, daß wir die Musik gleich empfunden haben. Wenn ich aber sage: «Die Musik hat mich am Anfang ganz melancholisch gestimmt, eigentlich schon fast traurig, im zweiten Teil wurde ich dann ganz leer und benommen», dann drückt das wesentlich mehr aus, als die Formulierung «toll». Wenn nun mein Gesprächspartner erwidert: «Seltsam, ich empfand die Musik ganz sinnlich, fühlte mich direkt erotisiert», so entdecke ich mehr am anderen, beginne ihn auch zu verstehen.

Eine zweite Übung zum Beschreiben von Gefühlen besteht darin, daß Sie einem Partner ein bestimmtes Gefühl, eine Empfindung so umschreiben, daß er diese erraten kann.

«Also, wenn ich mir dieses Gefühl vor Augen rufe, denke ich an unruhige, wippende Füße, Beine, die laufend wechselseitig übereinandergeschlagen werden, ständiger Blick auf die Uhr, Magenziehen, Fingertrommeln, rasches Umherblicken . . .»
«Aha! Du meinst Nervosität.»

Bei dieser Übung lernen Sie anschaulich beschreiben, lernen, daß Gefühle feine Abstufungen haben und sehr genau ausgedrückt werden können.

Eine dritte Übung, eigentlich mehr eine Abwandlung zur zweiten Übung, soll Ihnen helfen, Ihre eigenen Gefühle zu umschreiben. Sie kennen eine ganze Reihe von Gefühlen, die bei Ihnen mit jeweiligen Begleitempfindungen verbunden sind. Versuchen Sie einmal, statt des direkten Gefühls, diese zu beschreiben.

«Also, ich schaue dich dann an, habe dabei ein sehr konzentriertes Gesicht, meine Füße sind zusammengepreßt übereinandergeschlagen, von Zeit zu Zeit schaue ich im Raum umher, vielleicht auch verstohlen auf die Zeitung, manchmal verkneife ich mir ein Gähnen. Von Zeit zu Zeit nicke ich dir zu und mache ‹Mhm› . . .»

«Tritt das auf, wenn du gelangweilt bist und dich nicht traust, es mir zu sagen?» – «Ja, so ist das.» – «Meine Güte, jetzt weiß ich endlich, was das ist, wenn du so schaust, mhm.»

«Ich versuch, dir jetzt einmal meine Gefühle zu umschreiben, wenn du dieses Verhalten mir gegenüber zeigst. Ich fange an, unheimlich viel und schnell zu reden, schaue dich kaum an und beiße mich dann meistens an einem Thema fest. Meine Hände umschließen dann ganz fest meine Unterarme, die Beine sind zusammengepreßt, im Magen habe ich so ein unruhiges Zucken, und mein Rücken ist ganz steif.» – «Meinst du verkrampft?»

Gefühle darstellen

Bisher haben wir uns damit befaßt, Gefühle wahrzunehmen, sie auch zu beschreiben; jetzt geht es darum, diese Gefühle auch einmal darzustellen.

Wenn Sie ärgerlich sind, eine Wut haben, sich freuen oder

gelangweilt sind, drücken Sie diese Empfindungen stets mit Ihrem ganzen Körper aus. Vorausgesetzt, Sie wollen, daß man Ihnen Ihre Gefühle anmerkt.

Meine (Christian) Erfahrung geht nun dahin, je deutlicher ich meine Gefühle ausdrücken kann, um so eher werde ich verstanden, ohne viele Worte verwenden zu müssen.

Ziehe ich meine Stirn in ganz bestimmte Falten (zwei senkrechte Falten zwischen den Augen), dann brauche ich überhaupt nichts mehr zu sagen, wer mich kennt, weiß jetzt, daß ich sauwütend bin.

Versuchen Sie mit einem Partner zusammen, abwechselnd irgendwelche Empfindungen und Gefühle zu spielen. Der andere muß raten, welches Gefühl Sie jeweils dargestellt haben und umgekehrt.

Ich habe mich zur besseren Darstellung an meinen Schreibtisch gesetzt. Mein Kopf ruht auf der rechten Hand, der Ellbogen ist aufgestützt. Ich schiele zum Fenster raus und abwechselnd auf die Uhr, mit der linken Hand kritzele ich auf ein Papier und kaue ab und zu am Bleistift . . .

«Du scheinst gerade mit dir nichts anfangen zu können, bist unschlüssig, was du jetzt wie tun sollst, stimmt's?»

«Ja, so kann man das sagen.»

Wir tauschen die Rollen.

Ich sehe sie ebenfalls am Schreibtisch sitzen, aufrecht, beide Hände flach vor sich, einen Filzstift zwischen den Fingern beider Hände. Sie starrt auf das weiße Blatt Papier vor sich und bewegt sich nicht.

«Du bist ganz starr, erst habe ich gedacht, daß du dich unheimlich konzentrierst, aber ich hab in deinem Gesicht was anderes gesehen, kann es sein, daß du dich wie gelähmt fühlst anzufangen?»

«Haargenau!»

Diese Übung, zu der Sie nichts außer einen «Mitspieler» benötigen, können Sie überall, und so kurz oder lange, wie Sie Lust haben, machen.

Seit ich die Übung durchführe, habe ich gemerkt, daß ich mich selbst viel deutlicher darstellen kann.

Ich hatte mich oft gewundert, daß man mir nicht ansah, wenn ich ungeduldig wurde, und das hat fast jedesmal zu Konflikten geführt. Mittlerweile kann ich mich dabei wesentlich besser ausdrücken, das heißt, wenn ich wirklich ungeduldig bin, sieht man mir das ganz gut an, und ich merke bei mir selbst dadurch viel schneller, wann ich ungeduldig werde.

Außerdem habe ich festgestellt, daß ich andere Menschen viel genauer anschaue, ihre Gefühlsäußerungen viel unterschiedlicher wahrnehme und sie vielleicht auch deswegen etwas besser und leichter verstehe.

Wir möchten Ihnen raten, machen Sie diese Übung so oft es geht. Wenn Sie können, beobachten Sie einmal Kinder. Nirgendwo können Sie so ungefiltert den Ausdruck von Gefühlen wahrnehmen wie bei Kindern. Freude, Mißmut, Ängstlichkeit . . . all das spiegelt sich in der gesamten Haltung. Sie können dabei ins Gesicht schauen, genausogut werden Sie aber die jeweiligen Gefühle auch aus der ganzen Körperhaltung herauslesen können.

Gefühle falsch darstellen

Eine mehr witzige, zur Entspannung aufgeführte Übung ist das «Gefühle verdrehen».

Auch hier benötigen Sie wieder einen Partner zum Mitmachen.

Sie versuchen, Ihrem Partner ein Gefühl darzustellen, das dieser raten soll. Dabei begleiten Sie aber dieses Gefühl mit widersprüchlichen Worten.

«Ich bin völlig ruhig, ganz entspannt, fühle mich ausgeglichen und wohl. Im Moment könnte ich mich nirgendwo wohler fühlen.» Gleichzeitig trommle ich mit meinen Fingern auf der Schreibtischplatte, kreise mit meinen Füßen unruhig, verändere laufend meine Sitzposition, kratze mich im Nacken usw.

Bei dieser Übung wird deutlich, wie schwer es ist, bewußt verwirrende, sich widersprechende Informationen zu geben.

Als Zuschauer werden Sie aber merken, daß Sie täglich etwas sehen, das dem widerspricht, was Sie gerade hören. Denken Sie nur an eine Situation wie:

Es klingelt, die Tür wird einen Spaltbreit geöffnet: «Ach, das ist ja ganz reizend, daß Sie mich auch einmal besuchen, nein, wirklich nett.» Und dabei geht die Tür kein Stück weiter auf.

Ganz leicht abgewandelt können Sie die Übung auch rein sprachlich durchführen. Sie bemühen sich, Ihre Mitteilung so auszudrücken, daß Ihre Stimme oder das Sprechtempo der Mitteilung völlig widerspricht.

«Ich mag dich fürchterlich gern!» Dabei ist die Stimme hoch und schnell, ziemlich abgehackt und kurz, die Betonung liegt nur auf «mag» und «gern».

Oder umgekehrt, die Übung ohne Verwendung von Sprache. Sie versuchen sich in ihrer Körperhaltung zu widersprechen.

Langsames, ruhiges Wippen mit dem Schaukelstuhl, Hände liegen gefaltet im Schoß, der Kopf zuckt hin und her, der Blick irrt im Raum umher.

Alle weiteren Abwandlungen fallen Ihnen ganz sicherlich von selbst ein!

Gefühle umschreiben

Beim Schreiben und Ausprobieren dieser Übungen haben wir festgestellt, wie begrenzt unser Sprachschatz ist, um Gefühle auszudrücken. Wir haben zwar in der deutschen Sprache eine große Anzahl an Worten, mit denen Empfindungen ausgedrückt werden können, aber in den meisten Fällen sind uns nur ganz wenige und meist immer die gleichen eingefallen. Wir sind aber der Ansicht, daß es ausgesprochen wichtig ist, sich genau auszudrücken und dabei entsprechende Abstufungen tatsächlich auch deutlich zu machen.

Denken Sie nur einmal an den Unterschied zwischen den Worten: «hoffnungsvoll» und «zuversichtlich».

Und weil es in keinem Fall damit getan ist, unsere Empfindungen stets gleich auszudrücken (zum Beispiel bei allen passenden und unpassenden Gelegenheiten, bei denen uns etwas stört zu sagen: «Ich bin jetzt ärgerlich»), haben wir Ihnen hier eine ganze Liste von Wörtern aufgeführt, die Ihnen helfen sollen, sich noch besser auszudrücken. Versuchen Sie, sich diese Begriffe anzueignen, Ihren eigenen Sprachschatz zu bereichern!

erfreut	unbequem
herausgefordert	glücklich
bequem	matt
aufgeregt	angeregt

feige	befangen
befriedigt	witzig
gelangweilt	unentschlossen
begeistert	überrascht
fasziniert	eifrig
unzufrieden	verärgert
zufrieden	ungeduldig
froh	abgelenkt
dumm	apathisch
vorsichtig	ängstlich
verspielt	wagemutig
hoffnungsvoll	zuversichtlich

Eine weitere Möglichkeit, Ihren Sprachschatz zu erweitern, besteht darin, daß Sie in ganzen Sätzen versuchen, Ihre Empfindungen auszudrücken. Hier einige Beispiele:

Ich nehme dich ärgerlich wahr.
Ich fühle mich geborgen.
Ich bin ängstlich.
Ich fühle mich betrogen.
Ich fühle mich allein.
Ich fühlte mich zurückgewiesen.
Ich war mutig.
Heute bin ich stolz.
Gestern war ich bedrückt.
Ich war unsicher.
Ich fühle mich so, als ob ich nichts leisten könnte.
Ich bin zärtlich.
Ich war hoffnungsvoll.
Ich bin völlig leer.
Ich verspüre Schmerz.
Ich bin träge.
Ich fühle mich ausgelacht.
Ich fühle mich unbeweglich.

An diesen Beispielsätzen erkennen Sie, daß Empfindungen nur in der Ich-Form ausgedrückt werden können. Setzen Sie an die Stelle der Ich-Form ein Du, merken Sie sogleich, daß Sie in den Bereich der Vermutung kommen. Sie können *niemals* für einen anderen fühlen, sondern immer nur Ihre eigenen Gefühle erleben. Diese können Sie nur in der Ich-Form ausdrücken.

Wir können immer nur für uns sprechen! Dies wird besonders deutlich und wichtig, wenn Störungen vorliegen, wenn andere uns beeinträchtigen. Davon soll das nächste Kapitel handeln.

5
Ich-Aussagen

Schnipsel: Du, Murks, ich habe Lust, mit dir zu spielen.
Murks: –
Schnipsel: Sag doch mal etwas. Was hältst du davon?
Murks: Man sollte niemals Leute stören, die gerade arbeiten.
Schnipsel: Ich will keine Moralpredigten hören, will lieber spielen.
Murks: Dann spiel doch. Es wäre gut für dich zu lernen, auch einmal allein zu spielen.
Schnipsel: Du bist doof.
Murks: Im Gegenteil, ich versuche nur, dir deutlich auszudrücken, was ich empfinde und was ich will. Wenn dir das zu hoch ist, dann solltest du das letzte Kapitel noch einmal lesen.
Schnipsel: Ist das dein Ernst?
Murks: Ja, sicher, schau mich doch an!

Einleitung

Wenn das Verhalten eines anderen Menschen uns stört, haben wir verschiedene Möglichkeiten, auf ihn einzuwirken. In diesem Kapitel wollen wir Ihnen die verschiedenen Formen darstellen, die alle ein Ziel gemein haben, nämlich das Verhalten eines anderen Menschen zu verändern.

Wenn Sie gerade noch einmal an das vorangegangene Gespräch zwischen Murks und Schnipsel denken, ist Ihnen sicher deutlich geworden, daß Murks sich von Schnipsel gestört fühlt. Nur – das erfahren wir nicht. Statt dessen erfahren wir, was «man» tun bzw. nicht tun sollte, Schnipsel wird belehrt, wie er sich verhalten soll usw.

Im folgenden unterscheiden wir deshalb zwischen Aussagen, in denen wir über uns selbst sprechen. Wir nennen sie «*Ich*-Aussagen». Auf der anderen Seite gibt es Aussagen, in denen wir nichts oder kaum etwas von uns mitteilen; diese haben wir «*Du*-Aussagen» genannt. Hierher gehören auch die «Man-» und die «Wir-Sätze».

Wir wollen Ihnen im weiteren aufzeigen, wie stark die «Man-», «Wir-» und «Du-Aussagen» ein Gespräch stören können und es oft in eine Richtung lenken, die beide Gesprächspartner nicht befriedigt.

Das Ziel dieses Kapitels ist, Sie für die «Ich-Aussagen» zu gewinnen, denn sie stellen nach unserer Ansicht eine erstrebenswerte Form von Gesprächsförderern dar.

Es ist sicher hilfreich für Sie, wenn Sie sich vor der Lektüre dieses Kapitels noch einmal einen kurzen Überblick über die Gesprächsstörer und die Gesprächsförderer (vgl. Kapitel 2 und 3) verschaffen. Sie bilden sozusagen die Grundpfeiler dieses Kapitels.

Beschreiben, Zerlegen und Benennen

Die am meisten verbreitete Form, auf das Verhalten eines anderen einzuwirken, besteht darin, ihm zu sagen, wie er sich verhalten soll, was er falsch gemacht hat, was er im weiteren unternehmen darf usw.

Verdeutlichen wir uns dies an einem Beispiel: A ist mit B verabredet und wartet bereits seit zwanzig Minuten im

Schneeregen. A macht sich Sorgen, daß B etwas zugestoßen sein könnte. Da kommt B um die Ecke.

A: Immer mußt du dich verspäten.
Warum gehst du nicht mal früher aus dem Haus, dann wärest du sicher pünktlich.
Du bist rücksichtslos mit deiner Unpünktlichkeit.
Du willst nur ausprobieren, wie weit du es mit mir treiben kannst.
Was würdest du sagen, wenn ich mich dir gegenüber so verhielte.

Nun, diese Liste von Äußerungen läßt sich sicher noch eine Weile fortführen. Vielleicht haben Sie schon beim Lesen die Beispielsätze den gängigen Gesprächsstörern zugeordnet, denn das sind sie ja jeweils.

Unabhängig davon, wie B reagieren wird, fragen wir uns, ob A sich jetzt wohler fühlt. Wie wir sehen können, ist er ja ziemlich verärgert über Bs Unpünktlichkeit und hat sich außerdem noch Sorgen gemacht. Ist er aber mit diesen Äußerungen seinen Ärger losgeworden? Ist seine Beunruhigung angesprochen worden?

Versuchen wir einmal, uns diesen Ablauf bildhaft zu machen:

A erlebt bei sich:
kalte Füße
tropfende Nase
Ungeduld
Ärger
Sorgen

A teilt mit:
«Du bist rücksichstlos mit deiner Unpünktlichkeit.»

B erfährt:
Ich bin unpünktlich.
Ich bin ein rücksichtsloser Mensch.

B erlebt sich jetzt:
schlechtes Gewissen
peinlich berührt
abgestempelt als rücksichtsloser Mensch
ich bin jemand, den man nicht mögen darf

Wir können sicher sein, daß A sich nach diesen Äußerungen kaum wohler fühlt. Außerdem hat er damit B nicht verdeutlicht, daß er sich Sorgen gemacht hat. Warum sagt A nicht einfach:

A: Ich habe mir schon Sorgen gemacht, daß dir etwas zugestoßen ist bei diesem Schneeregen.
Ein Glück, daß nichts passiert ist.
Ich bin in den letzten Minuten zusehends unruhiger geworden, weil ich dachte, dir könnte etwas passiert sein.

Wir glauben, es liegt auf der Hand, daß A und B nach diesem Gesprächsanfang anders miteinander umgehen werden.

Halten wir fest: Jemand verhält sich uns gegenüber auf eine bestimmte Art und Weise, wir empfinden dabei ein mehr oder weniger bestimmtes Gefühl (zum Beispiel Ärger) und haben jetzt zwei Möglichkeiten: Entweder wir teilen mit, was in uns vorgeht, oder wir teilen dem anderen mit, wie wir über ihn denken, was wir von ihm halten, was er tun sollte usw.

Die erste Form nennen wir *Ich*-Aussagen, die zweite Form *Du*-Aussagen.

Wenn wir Ich-Aussagen verwenden, zwingen wir den anderen dazu, sich mit uns auseinanderzusetzen. Gleichzeitig stellen wir ihm vollkommen frei, wie er sich nun verhalten möchte. Wir geben ihm sozusagen nur die Möglichkeit zu erkennen, was sein Verhalten in uns bewirkt.

Nehmen wir noch einmal die letzte der oben angegebenen Ich-Aussagen von A: «Ich bin in den letzten Minuten zusehends unruhiger geworden, weil ich dachte, dir könnte etwas passiert sein.»

A hat B mitgeteilt, wie er sich fühlt (zusehends unruhiger). B erfährt auf diese Weise: Durch meine Unpünktlichkeit ist A unruhig geworden, er hat sich Sorgen gemacht, mir könnte etwas zugestoßen sein. B braucht sich in dieser Situation ganz sicher nicht zu verteidigen, zu rechtfertigen. Außerdem wird er jetzt in einer ähnlichen Situation wissen, daß A sich möglicherweise Sorgen macht.

Zwei weitere Formen von Ich-Aussagen, bei denen allerdings die eigenen Gefühle nicht angemessen ausgedrückt werden, sind die untertreibende und die übertreibende Ich-Aussage.

Bei der untertreibenden Ich-Aussage sagt A zum Beispiel: «Ich bin etwas unruhig, ob wir noch pünktlich ins Theater kommen.» «Ich mag nicht so lange im Schneeregen warten.»

A verkleinert hier seine Gefühle. Es ist kaum anzunehmen, daß B in Zukunft wesentlich pünktlicher kommen wird, geschweige denn, sich mit As Sorgen und Ärger auseinandersetzen wird. (Die untertreibende Ich-Aussage haben wir im letzten Kapitel dargestellt im Abschnitt: «Abschwächen von Gefühlen».)

Bei der übertreibenden Ich-Aussage könnte A zum Beispiel sagen: «Ich habe mich zu Tode geängstigt, hatte entsetzliche Sorgen, dir könnte etwas zugestoßen sein.»

(Die übertreibende Ich-Aussage entspricht dem Abschnitt «Übertreiben von Gefühlen».)

Setzen wir wiederholt übertreibende Ich-Aussagen ein, kann es leicht vorkommen, daß unsere Gesprächspartner uns nicht mehr ganz ernstnehmen, uns möglicherweise für überspannt oder gar neurotisch halten.

Beide Formen, die untertreibende und die übertreibende Ich-Aussage, verhindern, daß B unsere wirklichen Gefühle erkennt. Wir nehmen ihm auch hier die Möglichkeit zu erfahren, was sein Verhalten in uns auslöst, um dadurch unsere Reaktion verstehen zu können.

Nun ist es allerdings nicht immer so, daß jede Ich-Aussage mit Ich anfängt, und umgekehrt fängt auch nicht jede Du-Aussage mit einem Du an.

Nehmen wir als Beispiel den Satz: «Du tust mir weh.»

Obgleich diese Aussage deutlich mit einem Du anfängt, sich auch direkt an den anderen wendet, ist dies eine klare Ich-Aussage. Warum? Nun – hier wird mitgeteilt, wie ich mich fühle, was ich empfinde, wenn sich jemand so oder so verhält.

Dagegen ist der Satz: «Du bist gemein» ganz eindeutig eine Du-Aussage. Ich sage dem anderen damit nur, wie ich ihn einschätze, gebe ihm dabei aber keinerlei Auskunft über meine Gefühle. «Ich finde dich brutal.» Dieses Beispiel stellt eine «verkappte Du-Aussage» dar. Sie fängt zwar mit «Ich finde ...» an, wertet den anderen aber ganz entschieden ab. Was ich fühle, wie ich empfinde, was der andere in mir ausgelöst hat, all das teile ich in dieser Aussage nicht mit. Ich sage ihm wiederum nur, wie sein Verhalten in meinen Augen ankommt.

Bis jetzt haben wir nur Situationen besprochen, in denen wir uns durch das Verhalten unserer Mitmenschen irgendwie gestört oder beeinträchtigt fühlen. Hier die Ich-Aussagen einzusetzen ist einsichtig, denn nur mit ihnen können wir dem anderen genau mitteilen, was sein Verhalten in uns bewirkt, ohne ihm gleichzeitig Vorwürfe zu machen.

Nun gibt es aber auch eine ganze Reihe von Situationen, in denen wir uns nicht direkt durch andere beeinträchtigt fühlen, trotzdem bestimmte Absichten vertreten und den Wunsch hegen, daß sich die anderen nach uns richten.

Nehmen wir wieder ein Beispiel: A sitzt mit Kollegen in einer Besprechung, die schon gut zwei Stunden dauert. A merkt, daß er zusehends müde wird und dringend eine Pause benötigt. Er könnte sagen: «Man sollte mal eine Pause machen.»

Mit dieser Aussage versteckt A seinen Wunsch nach einer Pause hinter einer unbestimmten Allgemeinheit, die er mit «man» bezeichnet.

Ähnlich verhält er sich, wenn er sagt: «Wir sollten mal eine Pause machen.»

Hier spricht A gleich für die ganze Gruppe. Das ist insofern kritisch, als er schlecht beurteilen kann, ob der Rest der Gruppe auch eine Pause möchte. Warum sagt A nicht:

«Ich werde zusehends unkonzentriert und müde, mir ist im Moment sehr nach einer Pause zumute.»

«Würde es euch etwas ausmachen, eine Pause einzulegen, ich werde gerade recht müde.»

«Mir ist gerade nach einer Pause zumute. Geht es den anderen auch so?»

In allen diesen Äußerungen gibt A sein Anliegen unmißverständlich zu verstehen. A kann sicher sein, daß der Rest der Gruppe sofort auf ihn eingehen wird. Das muß nicht heißen, daß sie deswegen gleich eine Pause einlegen, vielleicht einigen sie sich auch auf eine bestimmte Uhrzeit, vielleicht wird A auch vorgeschlagen, allein eine Pause zu machen. Was auch immer, in jedem Fall erfährt die Gruppe eindeutig, wie A sich gerade fühlt und was er möchte.

Wenn Sie einmal darauf achten, werden Sie merken, daß Sie «Man»- und «Wir»-Sätze sehr häufig gebrauchen, vor allem dann, wenn Sie nicht ganz sicher sind. Beispiele, die Ihnen sicher sehr bekannt sind:

«Wir sind doch alle der Ansicht, daß . . .»

«Wir müssen jetzt unbedingt . . .»

«Man muß . . .», «Man soll . . .», «Man tut . . .» usw.

In all diesen Sätzen verstecken wir uns hinter einer Mehrheit, wir stehen nicht zu unserem Gefühl, zu unserer Ansicht, unseren Vorstellungen, unseren Wünschen und Absichten, sondern machen sie zu den Vorstellungen einer Allgemeinheit.

Ich (Christian) kann Ihnen an dieser Stelle sagen, daß ich inzwischen ganz empfindlich reagiere und schnell eine Gegenposition beziehe, wenn mich jemand ungefragt auf diese Weise in seine Vorstellungen mit einbezieht. Mir fällt dazu ein Beispiel ein: Neulich abends habe ich mich mit Freunden getroffen. Einer wollte die Getränke mitbringen. Nicht nur, daß er eine halbe Stunde zu spät kam, nein, er hatte auch die Getränke vergessen. Einer sagte daraufhin: «Du, wir sind alle von dir gewaltig enttäuscht.» Meine erste Reaktion war: Wie kommt der dazu, von «wir» und «alle» zu sprechen? Ich bin doch gar nicht enttäuscht. Gesagt habe ich daraufhin: «Es mag sein, daß du gewaltig enttäuscht bist, für mich gilt das aber nicht.»

Mit anderen Worten – wir können immer nur für uns sprechen. Wir können nur unsere eigenen Gefühle mitteilen. Für alle oder mehrere zu sprechen beinhaltet immer die Gefahr, daß wir Widerspruch ernten. Dieser Widerspruch muß nicht immer offen formuliert werden wie in meinem Beispiel. Manchmal schweigen die anderen auch und denken sich ihren Teil, zum Beispiel: «Der ist ganz schön arrogant.»

Wenn wir also Ich-Aussagen verwenden, verhindern wir:
Widerspruch,
Rechtfertigung,
Gegenbehauptung,
Protest und Gegenkritik.

Aber auch, daß andere sich durch uns herabgesetzt, bevormundet oder belehrt fühlen.

Nun kann es leicht vorkommen, daß Sie beim Anwenden der Ich-Aussagen nicht immer gleich positive Erfahrungen sammeln. Manchmal liegt der Grund darin, daß es für Ihr Gegenüber zuerst einmal sehr ungewöhnlich ist, von Ihnen zu erfahren, was Sie tatsächlich fühlen und empfinden, und er deshalb verständnislos reagiert. Auch hier wieder ein Beispiel:

In einem unserer Kurse kamen die Teilnehmer wiederholt bis zu zwanzig Minuten zu spät. Ich (Christian) sagte daraufhin einmal: «Ich mag es nicht, wenn Sie so unpünktlich sind.» Erst später ist mir bewußt geworden, daß ich damit meine Empfindungen ziemlich untertrieben hatte. Bei nächster Gelegenheit – es waren wieder fünf Teilnehmer zu spät erschienen –, äußerte ich meinen Unmut deutlicher: «Ich bin ärgerlich, wenn ich fortwährend erlebe, daß ich warten muß. Ich bin dann enttäuscht, weil ich das Gefühl habe, daß Ihnen der Kurs, so wie ich ihn abhalte, gleichgültig ist. Ich hab dann schon fast keine Lust mehr.» Die Reaktion war im Moment gleich Null. Aber nach dem Kursabend kamen einige Teilnehmer auf mich zu und meinten: «Ich habe gar nicht gewußt, daß Ihnen das soviel bedeutet.» – «Vorhin war ich ganz erstaunt, das von Ihnen zu hören. Ich hatte immer gedacht, daß Ihnen das egal ist, daß das halt Ihr Job ist, für den Sie bezahlt werden.»

Nun laufen viele Situationen nicht so beispielhaft ab. Es kann vorkommen, daß wir zwar sehr deutlich sagen, was in uns vorgeht, unser Gegenüber aber trotzdem nicht auf uns eingeht. In solchen Fällen möchten wir Ihnen empfehlen, die Ich-Aussage noch einmal zu wiederholen, vielleicht um einiges deutlicher. Wenn auch daraufhin keine Reaktion erfolgt, bleibt Ihnen nur noch, Ihren Unmut darüber zur Sprache zu bringen. Teilen Sie Ihrem Gegenüber mit, was Sie empfinden, wenn er sich taub stellt und Sie nicht beachtet.

Nun, dies wird der Inhalt des nächsten Kapitels sein.

Zusammenfassung

In diesem Kapitel haben wir besprochen:

Ich-Aussagen, Mitteilungen über unsere Absichten, Wünsche, Empfindungen und Gefühle;

Du-Aussagen, Mitteilungen, wie wir den anderen sehen, wofür wir ihn halten, was er tun soll;

Wir-Aussagen, Mitteilungen, bei denen wir uns hinter der ganzen Gruppe verstecken;

Man-Aussagen, Mitteilungen, bei denen wir eine große Mehrheit, manchmal die Menschheit, vorschieben.

Übungsgespräch

Im folgenden haben wir wieder ein kurzes Übungsgespräch erfunden. Versuchen Sie bitte, die verschiedenen Ich-Aussagen zu benennen, und unterscheiden Sie zusätzlich zwischen über- oder untertreibenden Ich-Aussagen sowie versteckten Du-Aussagen.

A: Ich finde, daß du in letzter Zeit zunehmend nachlässiger wirst. (1)

B: Du kannst das überhaupt nicht beurteilen. (2)

A: Ich will dir ja nur sagen, was ich denke. Weißt du, ich habe nur den Eindruck, in letzter Zeit wesentlich mehr zu tun als du, und dabei fühle ich mich irgendwie ausgenutzt. (3)

B: Oh, das wußte ich nicht. Ich hab immer gedacht, daß du die Arbeit gern machst. (4)

A: Nein, wirklich nicht. Man könnte wesentlich zeitsparender arbeiten, wenn man die anfallenden Aufgaben zusammen besprechen und aufteilen würde. Weil man dann jedenfalls wüßte, was zu tun wäre. (5)

B: Huh. Ich hab mich zurückgezogen, weil ich mich bei der Aufgabenverteilung nicht verständlich machen konnte, ich hab mich da leicht bevormundet gefühlt. (6)

A: Gut. Dann sind wir uns ja jetzt einig. Wir sollten nun die Arbeit der nächsten Woche besprechen. (7)

B: Ich fühl mich aber jetzt ganz an die Wand gedrängt. (8)

A: Wieso? Man kann doch nicht ewig darüber reden. Man muß doch auch mal wieder etwas arbeiten. (9)

B: Du bist immer so schnell bei der Hand, das ist ja fürchterlich. (10)

A: Typisch, wenn du nicht mehr weiter weißt, machst du Vorwürfe. (11)

B: Ich habe nur das Gefühl, daß du ganz schön egoistisch bist. (12)

Lösungsvorschlag

1. Versteckte Du-Aussage
2. Du-Aussage
3. Ich-Aussage
4. Ich-Aussage
5. Man-Aussage
6. Ich-Aussage, untertreibende Form
7. Wir-Aussage
8. Ich-Aussage, übertreibende Form
9. Man-Aussage
10. Du-Aussage
11. Du-Aussage
12. Versteckte Du-Aussage

Übungen

Wir haben Ihnen hier einige Übungen zusammengestellt, bei denen Sie das Erkennen der verschiedenen Aussageformen üben können. Daran schließen sich Übungen an, die das Formulieren von Ich-Aussagen trainieren.

Umformulieren

Sie haben eben im vorangegangenen Übungsgespräch die verschiedenen Aussageformen bestimmt. Versuchen Sie jetzt einmal, alle Aussagen, die keine eindeutigen Ich-Aussagen waren, so umzuformulieren, daß es solche werden. Sie können dabei Ihre ganze Phantasie einsetzen, das heißt, sie können A und B sagen lassen, was Sie gerade wollen.

Erkennen und Formulieren

Im weiteren geben wir Ihnen einige kurze Situationen vor. Versuchen Sie bitte, sich in die jeweilige Situation hineinzuversetzen und jeweils mit einer Man-, Wir-, Du- und einer Ich-Aussage zu reagieren.

Beispiel: Sie kommen abends nach Hause, sind ziemlich erschöpft, freuen sich, im bequemen Sessel zu sitzen und die Tageszeitung zu lesen. Da kommt Ihr fünfjähriger Sohn, springt auf Ihren Schoß und will mit Ihnen spielen.

Man-Aussage: «Man sollte artig sein, und niemals die Eltern stören, wenn sie Zeitung lesen.»

Wir-Aussage: «Wir wollen jetzt schön leise sein.»

Du-Aussage: «Du bist ein alter Quälgeist, stör nicht immer.»

Ich-Aussage: «Du, ich bin müde und erschöpft, ich möchte jetzt eigentlich nur noch die Zeitung lesen.»

1. Sie haben Ihr Auto verliehen. Als Ihr Freund den Wagen zurückbringt, teilt er Ihnen zu seinem größten Bedauern mit, daß im vorderen Kotflügel eine Beule ist.

2. Auf einem Winterspaziergang begegnen Sie Freunden. Sie werden in eine Schneeballschlacht verwickelt, zu der Sie im Moment überhaupt keine Lust haben.

3. Sie sind in einem großen Warenhaus. Ihre Tochter versteckt sich plötzlich zwischen den Mänteln. Ihnen ist das Ganze sehr peinlich.

4. Ihre Freundin ist zu Besuch und läßt versehentlich Zigarettenglut auf den neuen Teppich fallen.

5. In der Wohnung über Ihnen wird seit vier Stunden in unverminderter Lautstärke gefeiert. Es ist nachts um halb drei, und Sie wachen immer wieder auf. Sie beschließen darum, nach oben zu gehen.

6. In der Stadt treffen Sie zufällig einen alten Schulfreund, dem Sie vor Monaten ein Buch geliehen haben, das Ihnen schon sehr fehlt. Sie beschließen, das zur Sprache zu bringen.

7. Im Urlaub haben Sie sich mit Ihrer Familie eine Strandburg gebaut. Am nächsten Morgen entdecken Sie, daß gerade eine andere Familie dort Einzug halten will.

8. Sie hatten sich sehr auf den Hochzeitstag gefreut und wollten mit Ihrer Frau ganz groß ausgehen. Am Spätnachmittag ruft sie an, um mitzuteilen, daß sie noch mit Kollegen eine Besprechung führen müsse.

9. Ihr Freund teilt Ihnen mit, daß er vom gemeinsamen Urlaubskonto Geld abgehoben hat, weil er sehr günstig einen Plattenspieler erwerben konnte.

In der folgenden Übung benötigen Sie wieder einen Gesprächspartner. Vielleicht finden Sie jemanden, der dieses Kapitel ebenfalls gelesen hat.

Führen Sie miteinander ein kurzes Gespräch, in dem Sie möglichst nur Man-Sätze verwenden. Anschließend unterhalten Sie sich darüber, wie Sie sich dabei gefühlt haben, wie Sie die Atmosphäre zwischen Ihnen wahrgenommen haben. Darauf führen Sie ein Gespräch, in dem möglichst nur Wir-Aussagen vorkommen; anschließend nur mit Du-Aussagen; zum Schluß dann mit möglichst vielen Ich-Aussagen. Jedesmal danach teilen Sie sich Ihre Beobachtungen und Empfindungen mit.

Bei dieser Übung lernen Sie nicht nur die verschiedenen Aussageformen genau zu unterscheiden und Ich-Aussagen zu formulieren, Sie haben darüber hinaus noch die Möglichkeit zu erfahren, wie Sie sich in solchen Situationen fühlen, was Sie empfinden, wenn Sie in Du-Form angeredet werden und wenn Sie sich mit Man- und Wir-Sätzen auseinandersetzen müssen.

Wie schon in den vorangegangenen Kapiteln wollen wir Ihnen auch jetzt wieder vorschlagen, Gespräche, die Sie ohnehin überall mithören, zu «belauschen». Das soll heißen, achten Sie doch einmal darauf, mit welchen Aussagen sich Menschen, die miteinander sprechen, unterhalten. Ich (Christian) kann Ihnen gerade einmal ein Gespräch wiedergeben, daß ich heute morgen beim Bäcker erlebt habe:

Vater: «Jetzt quengel nicht immer, wir kommen ja gleich dran.»
Tochter (etwa sieben Jahre): «Aber das dauert so lange.»
Vater: «Ich finde, du bist unartig. Jetzt halt schön den Mund, nachher bekommst du auch 'nen Lutscher.»
Tochter: «O ja, den will ich.» (Greift zu den Lutschern.)
Vater: «Jetzt reicht's, nun bleibst du bei mir an der Hand.»

6
Rückmeldung

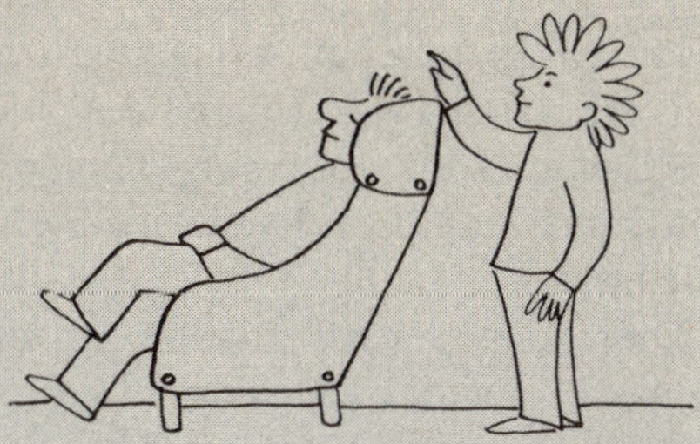

Schnipsel: Eh, Murks, du sitzt ja in meinem neuen Ohroklapp.

Murks: In was?

Schnipsel: Ja, toll was? Das ist ein zusammenklappbarer Ohrensessel, den kann ich durch alle Kapitel mitnehmen. Habe ich selbst gebaut.

Murks: Komischer Name.

Schnipsel: Schade, daß er dir nicht gefällt, der Name. Aber ist er nicht bequem?

Murks: Weiß nicht.

Schnipsel: Du, ich fühl mich jetzt unsicher, einerseits räkelst du dich wohlig in meinem Ohroklapp, andererseits sagst du's aber nicht.

Murks: Aha.

Schnipsel: Warum sitzt du dann überhaupt noch da?

Murks: Weil ich mich wohl fühle.

Einleitung

In den vorangegangenen Abschnitten haben wir versucht darzulegen, wie ein Mensch seine Gefühle besser wahrnehmen kann und wie er diese seinem Gesprächspartner mitteilen kann, wie er von sich sprechen kann.

In diesem Kapitel wollen wir nun einen Sonderfall betrachten. Haben wir bis jetzt über Gefühle und Empfindungen jeglicher Art gesprochen, wollen wir nun Empfindungen betrachten, die durch das Verhalten des Gesprächspartners und/oder die Gesprächssituation aufgekommen bzw. früher einmal aufgekommen sind; und welche Möglichkeiten bestehen, diese mitzuteilen.

Dieses Gesprächsverhalten, im folgenden «Rückmeldung» genannt, gewinnt vor allem in konfliktbeladenen Situationen an Bedeutung. In derartigen Situationen ist es wichtig, daß die Störung nicht nur empfunden, sondern auch dem Gesprächspartner mitgeteilt wird. Beide haben durch dieses Wissen die Möglichkeit, die Störung besser angehen zu können.

Im weiteren werden wir zwischen zwei Formen der Rückmeldung unterscheiden, die kurze und die lange Rückmeldung.

Kurze Rückmeldung: Eine Rückmeldung bezeichnen wir dann als kurz, wenn wir während eines Gesprächs unserem Gegenüber mitteilen, wie wir die Situation und/oder das Gesagte bzw. sein Verhalten erleben, wie es bei uns angekommen ist, was wir dabei empfinden. Wichtig ist, daß wir anschließend sogleich zum eigentlichen Gesprächsthema zurückkommen.

Lange Rückmeldung: Bezieht sich die Rückmeldung auf eine vergangene Situation oder auf eine gegenwärtige Situation, die schon längere Zeit andauert, sprechen wir von langer Rückmeldung. Diese wird, im Gegensatz zur kurzen Rückmeldung, ausführlicher und grundsätzlicher ausfallen und dementsprechend zum eigentlichen Gesprächsthema werden.

Beide Formen der Rückmeldung können sich auf das gesamte Verhalten des Partners beziehen (nicht nur auf das Gesprächsverhalten), das dieser in einer bestimmten Situation zeigt, bzw. gezeigt hat.

Lange Rückmeldung

Im vorangegangenen Kapitel wurde die Frage angeschnitten, wie wir uns verhalten sollen, wenn wir uns durch das Verhalten unseres Gesprächspartners weiterhin beeinträchtigt fühlen, obwohl wir ihm dies in einer Ich-Aussage mitgeteilt haben.

Stellen Sie sich dazu folgende Situation vor: Sie haben einem Bekannten vor längerer Zeit ein Buch geliehen. Sie haben ihm mehrmals mitgeteilt, daß Sie dieses gerne zurückbekommen würden, aber ohne Erfolg. Was tun? Eine wiederholte Ich-Aussage, zum Beispiel «Ich vermisse das Buch sehr, ich hätte es gern zurück», wird sicher nicht zum erhofften Ziel führen, denn das haben Sie ja schon mehrmals geäußert. Sie haben jedoch nun die Möglichkeit, diese Situation zum Thema zu machen und Ihrem Bekannten eine Rückmeldung über sein Verhalten zu geben, so wie es bei Ihnen angekommen ist. Beispielsweise: «Ich habe den Eindruck, daß in letzter Zeit irgend etwas in unserer Beziehung nicht ganz in Ordnung ist. Ich fühle mich dir gegenüber sehr unsicher, wenn ich dich vergeblich um etwas bitte.»

Sie können uns sicherlich zustimmen, daß dieses Gesprächsverhalten, Rückmeldung zu geben, sehr selten angewendet wird. Sehr viel häufiger können wir beobachten, daß wir unsere Gefühle, die durch das Verhalten anderer oder die Situation hervorgerufen werden, überhaupt nicht oder nur versteckt mitteilen. Wie groß dabei die Gefahr von Mißverständnissen ist, wird deutlich, wenn wir folgende Situation betrachten: Zwei Personen leben gemeinsam in einem Haushalt. A hat sich angewöhnt, morgens eine viertel Stunde früher aufzustehen, um das Frühstück zu richten. A glaubt, daß es für B wichtig ist, sich an einen gedeckten Tisch setzen zu können. In letzter Zeit fühlt sich jedoch A von B zunehmend ausgenützt, teilt ihm dies aber nicht mit. B ist dagegen der Ansicht, daß A gerne das Frühstück richtet; er selbst legt auf einen gedeckten Tisch nicht besonders viel Wert. Seit einigen Tagen aber verhält sich A auffallend gereizt und versteckt sich häufig hinter der vorgehaltenen Zeitung. B kann jetzt dieses Verhalten auf verschiedene Arten deuten; vielleicht erlebt er A als unausgeschlafen und deshalb redefaul.

Sicher ist, daß dieses Mißverständnis zwischen A und B so lange bestehen bleiben wird, bis sie sich gegenseitig Rückmeldung über ihr Verhalten geben und dabei ihre Gefühle benennen.

Wir konnten im obigen Beispiel sehen, daß A seine Gefühle dem Partner gegenüber nur versteckt ausgedrückt hat. Dies kann durch den Gesichtsausdruck, durch Körperbewegungen, aber auch mit Hilfe der Stimme geschehen. Häufig können wir auch beobachten, daß sich Gefühle hinter Vorwürfen und hinter Hochspielen unwichtiger Vorkommnisse verstecken.

Wie wirken sich nun fehlende oder versteckte Rückmeldungen bei uns aus? Erhalten wir für unser Verhalten von unserem Gegenüber keine Rückmeldung, müssen wir davon ausgehen, daß er keine Einwände dagegen hat und wir es beibehalten können. Dies ist aber dann problematisch, wenn er es nicht gut findet, uns dies jedoch nicht mitteilt. Ein Mißverständnis wird dadurch unvermeidbar. Gleichzeitig kann in uns ein Gefühl der Unsicherheit auftauchen, vor allem, wenn wir gerne wissen würden, wie unser Verhalten bei ihm angekommen ist; ob es ihm zum Beispiel gleichgültig ist, ob er es gut – oder nicht gut findet. Wir befinden uns dann in einem Zwiespalt, weil wir nicht wissen, ob wir es beibehalten oder ändern sollen. Diese Unsicherheit tritt vor allem aber bei versteckten Rückmeldungen auf. Wir merken dann sehr wohl, daß sich unser Gegenüber durch irgend etwas gestört fühlt. Da er jedoch sein Gefühl nicht benennt, ist es uns unmöglich, mit einer Verhaltensänderung darauf zu reagieren. Macht unser Partner uns jedoch unser Verhalten zum Vorwurf, können wir bei uns häufig beobachten, daß wir anfangen, uns zu rechtfertigen und zu verteidigen. Auch dies blockiert eine Verhaltensänderung und damit eine Beseitigung der Störung. In diesem Moment versuchen nämlich beide Gesprächspartner, durch besonders gute Argumente ihre Meinung, ihren Standpunkt zu festigen. Dadurch aber wird die Störung nicht beseitigt, im Gegenteil, der Konflikt wird erst recht verstärkt.

Kurze Rückmeldung

Um Rückmeldung geben zu können, müssen wir nicht immer grundsätzlich werden und Aussagen über die gesamte Person machen so wie dies bei der «langen Rückmeldung» der Fall ist. Wir haben auch die Möglichkeit, eine momentane Situation oder ein momentanes Verhalten des anderen zurückzumelden. Folgendes Beispiel soll dies verdeutlichen: Wir haben einen Gesprächspartner gefunden, mit dem wir über unsere Schwierigkeiten im Beruf reden können. Wir haben den Eindruck, daß er uns interessiert zuhört und versucht, uns zu verstehen. Nach einiger Zeit lassen wir während des Gesprächs kurz einfließen, wie gut es uns tut, mit ihm darüber reden zu können, weil er sich für unser Problem interessiert zeigt. Wir können anschließend weiterhin über unser Problem sprechen, unser Partner weiß jedoch jetzt, wie sein Verhalten bei uns angekommen ist.

Zur Verdeutlichung ein weiteres Beispiel: Ich komme von einer weiten Reise zurück und bin voll von Erlebnissen, die ich gerne meinem Partner mitteilen möchte. Während ich rede, bemerke ich, daß er nervös mit den Fingern auf dem Tisch trommelt. Ich könnte jetzt sagen: «Mich macht das ganz unruhig, wenn du mit den Fingern so auf dem Tisch trommelst.» Oder: «Ich bin unsicher, weil ich dein nervöses Trommeln sehe und nicht weiß, ob du dich vielleicht langweilst.»

Fassen wir kurz zusammen: Wir haben versucht, Ihnen aufzuzeigen, wie notwendig es ist, unseren Mitmenschen Rückmeldung über ihr Verhalten zu geben. Dies ist um so nötiger, je weniger wir den anderen Menschen kennen. Durch Rückmeldung machen wir es uns gegenseitig möglich, uns kennenzulernen. Wir teilen uns mit, wie wir uns oder eine jeweilige Situation erleben oder erlebt haben. Dadurch beseitigen wir gleichzeitig Mißverständnisse, Unsicherheiten und Konflikte. Teilen wir unseren Mitmenschen unser Erleben nicht mit, können sie unser Verhalten nur deuten. Aber bevor sich andere auf Grund dieser Deutungen ein Bild von uns machen, ist es sicher besser, wir benennen selbst unsere Gefühle.

Im folgenden wollen wir uns überlegen, *wie* und *wann* wir Rückmeldung geben können.

Grundsätzlich sollten wir darauf achten, daß wir nicht einseitig reagieren, das heißt, daß wir dem anderen nicht nur dann eine Rückmeldung geben, wenn wir mit seinem Verhalten nicht einverstanden sind, sondern auch, wenn wir es gutheißen. Weiterhin sollten wir versuchen, offen und ehrlich zu sein, ohne das Verhalten des anderen in irgendeiner Weise zu bewerten. Vor allem aber müssen wir bedenken, daß wir nur über unser Erleben, unser Empfinden berichten können. Unser Anliegen ist also, dem anderen mitzuteilen, wie wir ihn erleben, was wir empfinden, und dies, ohne ihn zu verletzen oder ihm Vorwürfe zu machen. Das heißt auch, daß wir für Rückmeldungen unbedingt Ich-Aussagen verwenden müssen.

So ist es zum Beispiel besser zu sagen: «Ich fühle mich vernachlässigt.» Als: «Du vernachlässigst mich.»

Oder: «Mir war es peinlich, daß du die Kartoffeln mit dem Messer geschnitten hast.» Als: «Du hast dich unmöglich verhalten; die Kartoffeln mit dem Messer zu schneiden!»

An dieser Stelle sei jedoch darauf hingewiesen, daß wir bei positiver Rückmeldung keinen «Kuhhandel» betreiben sollten, im Sinne von: Ich sage dir etwas Nettes, sag du mir dafür auch etwas Nettes. Wir wollen dem anderen mitteilen, wie wir ihn erleben; es ist jedoch seine eigene Entscheidung, ob er dies gleichfalls tun will oder nicht.

Wenn wir gern eine Rückmeldung über unser Verhalten von unserem Gegenüber bekommen möchten, so können wir direkt danach fragen, können den anderen zur Rückmeldung auffordern, zum Beispiel: «Ich bin mir nicht sicher, wie du mein Verhalten gerade erlebst.» Oder: «Ich würde gerne wissen, wenn ich mich so verhalte, wie das bei dir ankommt.»

Wenn wir unser Gegenüber zur Rückmeldung auffordern, müssen wir auch damit rechnen, daß er unser Verhalten nicht gutheißt. In diesem Fall sollten wir erst einmal versuchen, dem anderen zuzuhören. Fühlen wir uns dadurch verletzt, sollten wir tunlichst vermeiden, in Rechtfertigungen zu verfallen, sondern dies lieber mitteilen. Die Entscheidung, was wir an unserem Verhalten ändern wollen und was nicht, treffen wir ja sowieso selbst.

Zum Schluß sei noch vermerkt, daß vor allem lange Rückmeldungen nicht in jeder Situation und zu jedem Zeitpunkt angebracht sind. Wie an anderer Stelle schon erwähnt, sind lange Rückmeldungen ausführlich und oftmals grundsätzlich. Wir müssen also darauf achten, daß unser Partner und wir genügend Zeit haben, dieses Thema zu besprechen; also nicht gerade, wenn wir uns bei einlaufendem Zug auf dem Bahnsteig verabschieden, oder wenn einer von beiden in Mantel und Hut in der Tür steht, bereit zu gehen. Doch auch wenn beide Partner zusammen sind und genügend Zeit vorhanden ist, brauchen Sie etwas Fingerspitzengefühl, um zu entscheiden, ob die jeweilige Situation geeignet ist; zum Beispiel ist es sicher unklug, eine lange Rückmeldung zu geben, wenn unser Partner sich gerade einen spannenden Krimi ansieht.

Weiterhin ist es wichtig, daß zwischen dem Verhalten unseres Partners und unserer Rückmeldung darüber nicht allzuviel Zeit verstreicht.

Wenn wir direkt in der Situation angesprochen werden, fällt es uns leichter, unser rückgemeldetes Verhalten zu ändern;

ansonsten besteht die Gefahr, daß wir uns nicht mehr betroffen fühlen, weil zuviel Zeit vergangen ist und wir uns nicht mehr an alle Einzelheiten erinnern können.

Übungen

Formulieren

Stellen Sie sich bitte folgende Situationen vor und versuchen Sie, sich in die jeweilige Rolle hineinzuversetzen und dem Gesprächspartner für sein Verhalten eine Rückmeldung zu geben.

Beispiel: Sie warten seit einer Woche auf den Anruf eines guten Freundes. Langsam haben Sie den Eindruck, daß er kein Interesse mehr an Ihnen hat, und das verletzt Sie ziemlich, weil Sie ihn sehr schätzen. Wenn er sich jetzt trotzdem noch meldet, könnten Sie zu ihm beispielsweise sagen: «Ich finde es unmöglich von dir, daß du so lange nichts von dir hast hören lassen.»

Sie könnten statt dessen aber auch sagen: «Es hat mich sehr getroffen, so lange nichts von dir zu hören, und ich habe schon befürchtet, daß unser Kontakt abbrechen könnte.»

1. Sie wollen mit einem Freund einen gemeinsamen Urlaub machen, sind sich jedoch über das Ziel nicht einig. Sie möchten gern in die Berge, Ihr Freund an die See. Da taucht er eines Tages strahlend mit den Flugkarten ans Mittelmeer auf. Wie reagieren Sie darauf?

2. Sie haben mit Ihrem Partner besprochen, sich an Weihnachten nur noch kleine Geschenke zu machen, mehr als kleine Aufmerksamkeit. Am Heiligen Abend steht Ihr Partner mit einem Riesenpaket unterm Weihnachtsbaum. Was sagen Sie jetzt?

3. Ihre Frau trifft sich regelmäßig alle vier Wochen mit alten Schulkameradinnen und -kameraden. Sie haben mehrmals

das Bedürfnis geäußert, diese auch einmal kennenlernen zu wollen. Ihre Frau war begeistert von dieser Idee, aber getan hat sich seitdem noch nichts. Was könnten Sie ihr sagen?

4. Sie sind vor einiger Zeit aus der Stadt weggezogen, in der Sie zehn Jahre gelebt haben. Die alten Freunde lassen nur noch wenig von sich hören. Da taucht eines Tages ein Freund zu einem Besuch auf. Was sagen Sie ihm?

5. Sie sitzen neben jemand in der theoretischen Führerscheinprüfung. Vor lauter Angst und Nervosität haben Sie fast alles vergessen. Ihr Nachbar unterstützt Sie tatkräftig, so daß Sie die Prüfung bestehen. Wenn Sie ihm etwas sagen, was?

Nachdem wir Ihnen hier Situationsbeschreibungen vorgegeben haben, suchen Sie sich jetzt, wenn es möglich ist, einen Partner. Verteilen Sie unter sich die Rollen «A» und «B», und überlegen Sie gemeinsam eine Situation, die Sie erlebt haben oder im Moment auch erfinden. «B» übernimmt jetzt die Rolle des Rückmelders, indem er einmal das Verhalten von «A» als Vorwurf, das andere Mal als Ich-Aussage zurückmeldet. «A» soll dabei seinen Gefühlen entsprechend reagieren. Danach werden die Rollen getauscht.

Ein Beispiel aus unserer Gruppe: Zuerst haben wir (Moni und Mecki) uns folgende Situation überlegt. Moni hat mich mehrmals gebeten, das Rauchen einzuschränken, weil ihr die Augen tränen. Sie meldet mir jetzt mein Verhalten als Vorwurf zurück, indem sie sagt: «Du bist immer so ichbezogen und rauchst einfach weiter.»

Darauf antworte ich ihr: «Ich fühle mich durch deinen Vorwurf etwas verletzt.»

Als nächstes formuliert Moni ihren Vorwurf als Ich-Aussage: «Ich fühl mich dir jetzt irgendwie ausgeliefert. Du rauchst weiter, obwohl ich mehrmals gesagt habe, daß mir die Augen tränen und mich das stört.»

Meine Antwort darauf ist: «Das kann ich verstehen. Ich hab mich ja auch über deine Bedürfnisse hinweggesetzt. Wollen wir uns darauf einigen, daß wir eine Pause machen?»

Wir geben Ihnen im folgenden weitere kurze Situationsbeschreibungen; versuchen Sie bitte, jeweils eine Rückmeldung zu geben. Wenn es Ihnen leichterfällt, können Sie wie oben die Rückmeldung in den entsprechenden Situationen auch zuerst als Vorwurf formulieren, um sie dann in eine Ich-Aussage umzuwandeln.

1. Ein Kollege hat Sie zum Essen eingeladen. Da er vergessen hat, einen Tisch zu bestellen, müssen Sie sich jetzt mit einem ziemlich ungemütlichen Eckplatz begnügen. Er versucht erst noch, seinen Unmut zu überspielen, weil es ihm schwerfällt, sein Versäumnis zuzugestehen. Seine Stimmung verschlechtert sich jedoch zunehmend. Er nörgelt über den unfreundlichen Ober, das schlechte Essen und die lauten Tischnachbarn. Was könnten Sie jetzt sagen?

2. Einer Ihrer Bekannten zeigt ein auffälliges, ungewöhnliches Verhalten. Er redet viel, wiederholt sich öfter und fällt Ihnen ständig ins Wort. Sonst ist er eher ruhig und zurückhaltend. Wie reagieren Sie auf ihn?

3. Sie haben mit einer Freundin ausgemacht, auf ein Faschingsfest zu gehen. Als Sie sich treffen, ist keine Rede mehr davon. Ihre Freundin tut so, als ob sie nichts mehr davon wüßte. Als Sie sie aber wegen einer anderen Sache ansprechen, fährt sie scheinbar grundlos auf und schreit Sie an. Was sagen Sie nun?

Erinnern Sie sich jetzt an Situationen zurück, in denen Sie sich über Ihr eigenes Verhalten Rückmeldung geben können; zum Beispiel: Sie haben geplant, mit einem Bekannten zusammen zu kochen, sind aber nicht mehr in der richtigen Stimmung und sitzen die ganze Zeit untätig daneben.

Eine Möglichkeit, sich Ihr Verhalten zurückzumelden: «Ich bin müde und abgespannt und habe keine Lust mitzuhelfen, trotzdem habe ich ein schlechtes Gewissen dabei.»

In einem zweiten Schritt können Sie sich überlegen, welche Rückmeldung Sie von Ihrem Gegenüber in dieser Situation erhalten hätten: «Ich bin gerade sehr unsicher, ob ich weiterkochen soll, weil ich nicht weiß, ob du überhaupt noch Lust hast, mit mir zu essen.» Oder: «Ich hatte mich so auf das gemeinsame Essen gefreut und bin jetzt enttäuscht, weil ich alles allein mache.»

Personen beschreiben

Denken Sie nun an einen Menschen, den Sie gut kennen, und beschreiben Sie sein Verhalten. Legen Sie dabei eine Liste an mit Stichpunkten über Verhaltensweisen, die Ihnen gut gefallen bzw. nicht gefallen. Versuchen Sie dann, diese stichpunktartigen Verhaltensweisen in Ich-Aussagen zu formulieren, zum Beispiel:

Unpünktlich: Ich mache mir immer Sorgen, wenn du unpünktlich bist, weil ich Angst habe, daß dir etwas passiert ist. Da ich dir das schon öfter gesagt habe, macht es mich in der Zwischenzeit ärgerlich, wenn du trotzdem unpünktlich bist.

Guter Gesprächspartner: Ich schätze es sehr, daß du mir zuhören kannst, wenn ich etwas erzähle. Mir gefällt an dir: daß du mich ansiehst, während ich spreche, ab und zu nickst, interessierte Fragen stellst.

Beschreiben Sie die einzelnen Verhaltensweisen bzw. die Gefühle, die das Verhalten in Ihnen hervorruft, so genau wie möglich. Die Ich-Aussagen dürfen also sehr ausführlich sein. Wenn Sie Lust haben, setzen Sie sich mit einem Partner zusammen und geben Sie sich gegenseitig Rückmeldung in der oben beschriebenen Form.

Alltägliche Situationen

Versuchen Sie jetzt, nachdem Sie einige Übungen durchgeführt haben, in alltäglichen Situationen Rückmeldungen zu geben bzw. zu verlangen. Es ist dabei einfacher, wenn Sie mit der kurzen Rückmeldung beginnen und erst danach zur langen übergehen. Entscheiden Sie selbst, in welchen Situationen Sie Rückmeldung geben wollen und können. Dabei muß Ihr Gegenüber nicht direkt vor Ihnen sitzen, Sie können ihm sein Verhalten auch im Brief oder am Telefon rückmelden. Dies gilt vor allem für die kurze Form. Bei der langen sollte der Angesprochene möglichst anwesend sein; da sich diese, wie schon beschrieben, leicht zu einem Gespräch ausweitet, hat er dann die Möglichkeit, Stellung zu seinem Verhalten zu beziehen.

In diesen Übungen ist Ihnen sicher deutlich geworden, daß Sie beim Rückmeldunggeben immer die Gefühle beschreiben, die das Verhalten des anderen in Ihnen ausgelöst hat.

Deshalb müssen Sie sich erst einmal über Ihre Gefühle bewußt werden, wissen, wie Sie gerade empfinden – erst dann können Sie dieses Gefühl in einer Rückmeldung benennen.

Es bietet sich daher an, an dieser Stelle die Übungen zum Kapitel «Gefühle wahrnehmen und benennen» zu wiederholen.

7
Nichtsprachliche Mitteilungen

Schnipsel: Du, Murks, ich hab etwas Aufregendes erlebt; das muß ich dir unbedingt erzählen.

Murks *ist damit beschäftigt, die gängigen Gesprächsstörer auf ein größeres Blatt aufzumalen. Murks sucht gerade verzweifelt nach seinem Pinsel.*

Schnipsel: Das war das erstemal, daß ich es versucht habe.

Murks: Also, vor fünf Minuten hab ich ihn doch noch in der Hand gehabt. *Murks geht schulterzuckend in die Küche und schaut suchend umher.*

Schnipsel: *blickt Murks erstaunt nach, steht dann auf, um ihm ein Stück entgegenzugehen.*

Murks: Jetzt reicht's mir aber! Immer muß ich nach meinem Werkzeug suchen! *Seine Stimme ist laut und ärgerlich, der Gesichtsausdruck unzufrieden; mit dem Fuß hat Murks gerade wütend auf den Boden gestampft.*

Schnipsel: Ich finde es schade, daß du mir nicht zuhörst, obwohl ich dir etwas Wichtiges erzählen möchte.

Murks: Ich hör dir doch zu; erzähl ruhig weiter. *Murks findet seinen Pinsel unter Zeitungspapier und malt eifrig an seinem Plakat weiter.*

Schnipsel: *packt Murks ungeduldig bei den Schultern, seine Stimme ist aufgeregt und etwas lauter als sonst:* Ich will, daß du mir jetzt zuhörst! Ich habe eben G. eine Geschichte ohne Worte erzählt, und er hat mich ganz genau verstanden. Bis jetzt habe ich noch gar nicht gewußt, daß mein Körper sprechen kann.

Einleitung

Bis jetzt haben wir versucht, Ihnen zu verdeutlichen, wie Sie Gesprächsabläufe fördern können, indem Sie sich verständlicher und eindeutiger ausdrücken. Im Mittelpunkt unserer Betrachtung stand dabei also der Inhalt der sprachlichen Mitteilung.

Nun gibt es aber auch eine ganze Reihe nichtsprachlicher Äußerungen, mit denen wir unserem Gesprächspartner meist eindeutig etwas mitteilen können.

Die verschiedenen Möglichkeiten, die hier zur Verfügung stehen sind:

der Einsatz der Stimme,
der Kontakt der Augen,
der Ausdruck des Gesichts,
die Sprache der Hände,
die Haltung des (gesamten) Körpers.

Es gibt aber auch Verhaltensweisen, bei denen zwei oder mehrere dieser Möglichkeiten zu einer Handlung zusammengesetzt werden, zum Beispiel bei Wut oder Lachen.

Nichtsprachliche Äußerungen können entweder das Gesagte unterstreichen, verdeutlichen oder sie werden ohne Sprache – in einer wortlosen Handlung – eingesetzt. Diese verstärkende Wirkung wird dann aufgehoben, wenn das Gesagte mit der geäußerten Körpersprache nicht übereinstimmt. Denken Sie nur an das Gesprächsbeispiel zwischen Arzt und Patient, das wir an anderer Stelle angeführt haben. Schon dort zeigten wir auf, wie sehr die Handbewegung und die Körperhaltung des Arztes seine Aussage abschwächten und damit unglaubwürdig werden ließen.

Es wird also deutlich, daß wir unsere Gefühle auf zweierlei Arten ausdrücken können: durch die Sprache und durch den Körper. Wenn dabei keine Übereinstimmung zwischen der sprachlichen und körperlichen Mitteilung besteht, erhält unser Gegenüber zwei unterschiedliche Informationen, die dann leicht zu Mißverständnissen führen. In solchen Situationen neigen wir dazu, eher der Sprache des Körpers zu glauben als dem Inhalt der Worte.

Deshalb ist es nicht nur wichtig, uns bewußt zu werden, *was* wir sagen, sondern daneben auch zu wissen, *wie* wir mit unserem Körper weitere Mitteilungen geben können.

Wir wollen Ihnen deshalb in diesem Kapitel Hilfen an die Hand geben, sich selbst und Ihr Gegenüber genauer beobachten zu können, und Ihnen verdeutlichen, wie derartige nichtsprachliche Äußerungen auf Ihren Gesprächspartner wirken können.

Beschreiben, Zerlegen und Benennen

Wie schon erwähnt, und wie auch im Schnipsel-Murks-Gespräch zu Anfang dieses Kapitels deutlich geworden ist, laufen nichtsprachliche Äußerungen entweder neben dem Gesagten her oder treten sprachlos als selbständige Verhaltensweisen auf. Wir wollen deshalb im folgenden jeweils zwei Beispiele anführen (außer bei: «Einsatz der Stimme»), um beide Möglichkeiten darzustellen. Dabei haben wir aus unseren Übungssituationen Monis Verhaltensweisen herausgenommen und hier wiedergegeben.

Einsatz der Stimme

A: Wie geht es dir heute?
B: Sehr gut, ich habe mich wieder gefangen und fühle mich ruhig und ausgeglichen.

B sagt diesen Satz schnell, und seine Stimme klingt aufgeregt. Gleichzeitig spricht er etwas lauter als üblicherweise. Mit seiner Aussage läßt B mich (Moni) wissen, daß es ihm wieder gutgeht, daß er seinen Tiefpunkt überwunden hat. Beachte ich nur den sprachlichen Inhalt seiner Aussage, muß ich ihm dies glauben. Höre ich dagegen etwas genauer hin, fällt mir auf, daß sein Stimmausdruck nicht zu seiner Aussage paßt. Dieser läßt mich vielmehr aufhorchen und den Eindruck bei mir entstehen, daß B immer noch unausgeglichen und aufgeregt ist, mir dies aber aus irgendwelchen Gründen nicht mitteilt.

Glaubwürdig wäre seine Aussage für mich gewesen, wenn er zum Beispiel ruhig und langsam gesprochen hätte und in der für ihn üblichen Lautstärke.

Weitere Beispiele: «Ich habe unheimliche Angst und bring vor lauter Aufregung bestimmt kein Wort heraus.» Dabei redet A langsam und ruhig und formuliert die einzelnen Worte sehr deutlich.

A: «Immer muß ich mich über dich aufregen. Jetzt langt's mir aber; ich habe keine Lust mehr.» Er sagt dies mit ruhiger, leiser Stimme, wobei er die einzelnen Aussagen gleichförmig aneinanderreiht.

Auch bei diesen beiden Beispielen fallen Wortwahl und Stimmausdruck so sehr auseinander, daß es mir schwerfällt, das Geäußerte zu glauben.

Versuchen Sie, die hier und im folgenden angeführten Beispielsätze jeweils so zu lesen wie angegeben. Die Widersprüchlichkeit wird Ihnen dadurch um so deutlicher werden.

Wenn der Ausdruck der Stimme mit dem Geäußerten so in Widerspruch steht, wie oben beschrieben, kann das verschiedene Gründe haben. Oft will der Sprechende damit seine eigentliche Stimmung, seinen Gemütszustand verbergen; manchmal glaubt er selber auch das Gesagte, weil er Angst hat, sich zum Beispiel seinen Ärger oder seine Schwäche zuzugestehen.

Immer jedoch erfahren wir bei genauerem Hinhören aus seinem Stimmausdruck, was er uns eigentlich mitteilen will und können ihn unter Umständen daraufhin ansprechen.

Fassen wir die verschiedenen Möglichkeiten zusammen, über den Ausdruck der Stimme etwas mitzuteilen:

- die Geschwindigkeit, das heißt, ob ich schnell oder langsam spreche;
- die Deutlichkeit, das heißt, ob ich verständlich spreche oder zum Beispiel Silben und Worte «verschlucke»;
- die Betonung, das heißt, ob ich wichtige Worte, Satzteile hervorhebe oder alles gleichförmig vortrage;
- der Tonfall, das heißt, ob ich hoch oder tief spreche;
- die Lautstärke, das heißt, ob ich zwischen laut und leise wechsle, oder eine einheitliche Lautstärke beibehalte.

Kontakt der Augen

A: Ich hab dich wirklich gern. Vor allem freut es mich, daß wir uns in letzter Zeit wieder so gut verstehen.
A sieht dabei zuerst auf sein Bierglas und läßt dann seinen Blick durch das Zimmer schweifen.

Mir fällt es schwer, diese Aussage zu glauben, weil der andere mir dabei nicht in die Augen sieht. Ich höre zwar die gesprochenen Worte, erfahre aber durch das dazu geäußerte Verhalten eine widersprüchliche Mitteilung.

Ich würde auf jeden Fall genauer nachfragen, um die aufgekommenen Zweifel bestätigt oder widerlegt zu bekommen. Diese Zweifel wären sicher nicht aufgekommen, wenn der andere mich bei seiner Aussage angesehen hätte. Damit hätte er mir zusätzlich verdeutlicht, daß er das Gesagte ehrlich meint.

Dasselbe Mißtrauen käme bei folgender Aussage auf: «Ich weiß ganz sicher, daß ich einen Fünfzig-Mark-Schein im Geldbeutel hatte. Sie haben mir falsch herausgegeben.» Dabei sieht A abwechselnd in seinen Geldbeutel und in die Kasse, aber kein einziges Mal dem Verkäufer ins Gesicht. Oder: B besucht einen Freund im Krankenhaus. Beim Gehen sieht er ihm lang in die Augen, ohne etwas zu sagen. Damit drückt er sicher ebensoviel Verständnis aus, als wenn er dies mit vielen Worten versucht hätte.

Meist ist es nicht einfach und für viele auch sehr ungewohnt, Blickkontakt mit unserem Gegenüber aufzunehmen, und wir finden deshalb dieses Verhalten sehr häufig.

Oft ist es unsere Unsicherheit, die uns daran hindert, dem Gegenüber offen ins Gesicht (in die Augen) zu sehen; zum Beispiel wenn wir Angst haben, in einem Gespräch zu unserer Meinung zu stehen oder uns unterlegen fühlen und deshalb jeden Augenkontakt vermeiden.

Manchmal verbirgt sich hinter diesem Verhalten auch eine unwahre Aussage, denn es heißt ja nicht umsonst: Lügen schauen aus den Augen.

Ausdruck des Gesichts

Zu den nichtsprachlichen Mitteilungen, die wir erhalten, wenn wir unser Gegenüber ansehen, gehört auch der Ausdruck des Gesichts.
Ein Beispiel soll dies wieder verdeutlichen:

A: Ich habe mehrmals versucht, dich anzurufen, aber ich habe dich nie erreicht.
B: Macht nichts! Ich habe auch gar nicht mit einem Anruf gerechnet.

B versucht zu lächeln, seine Gesichtszüge sind dabei aber verkrampft, und er zuckt nervös mit den Augen. Es fällt mit schwer, die Gleichgültigkeit in der Aussage von B mit seinem Gesichtsausdruck in Einklang zu bringen. Mir kommt der Gedanke, ob er vielleicht enttäuscht sein könnte, sich dies aber nicht anmerken lassen möchte. Ich hätte den Gesichtsausdruck eher verstanden, wenn er zum Beispiel gesagt hätte: «Schade! Ich habe die ganze Zeit auf einen Anruf von dir gewartet.»

Weitere Beispiele: B sitzt am Tisch und schaut aus dem Fenster. Dabei zieht er die Stirn in Falten, kneift die Augen etwas zu und beißt die Zähne aufeinander.

Vielleicht täusche ich mich, aber mir kommt es so vor, als ob B angestrengt nachdenkt; ich kann ihn darauf möglicherweise ansprechen.

A erklärt B eine schwierige Mathematikaufgabe. B sieht ihn mit erstaunten und fragenden Augen an und zieht dabei die Mundwinkel nach unten. Obwohl B nichts sagt, wird daraus deutlich, daß er A nicht verstanden hat, seine Erklärungen zu schwierig waren.

Aus dem Ausdruck des Gesichts erfahren wir oft genausoviel wie aus vielen Worten. Sei es, daß der Sprechende das Gesagte damit unterstreicht und zusätzlich verstärkt, das heißt glaubwürdig macht. Sei es, daß er eine widersprüchliche Meldung gibt, mir also zu verstehen gibt, daß seine Aussage unwahr ist. Ich habe jetzt die Möglichkeit nachzufragen und ihn auf diesen Widerspruch hinzuweisen.

Wie schon beim fehlenden Blickkontakt ist es auch hier oftmals Angst oder Unsicherheit, die ihn zu diesem Verhalten veranlassen.

Deutlicher und noch eindeutiger als über den Blickkontakt und den Gesichtsausdruck erfahren wir über die Sprache der Hände, welche Mitteilung unser Gegenüber uns geben möchte.

A: «Ich freue mich wirklich sehr, dich wieder einmal zu treffen.» Dabei begrüßt mich A herzlich, indem er mir lange die Hand schüttelt.

Es fällt mir leicht, ihm seine Freude zu glauben und ebenso unbeschwert auf ihn zuzugehen. Seine sprachliche und seine nichtsprachliche Mitteilung passen hier genau zusammen und erleichtern mir eine selbstverständliche Herzlichkeit. Sicher wäre mir dies nicht so leichtgefallen, wenn A mir mit ernstem Gesicht schnell und kurz die Hand geschüttelt hätte.

Ein weiteres Beispiel: A wird aufgefordert, sich zur Wahl zu stellen. Er wehrt entschieden mit der Hand ab und macht damit klar verständlich, daß er nicht bereit ist, sich aufstellen zu lassen. Allein diese einfache Handbewegung ist eine eindeutige Aussage, die natürlich gegebenenfalls noch mit Worten ausgeführt werden kann.

A: «Wie oft habe ich dir schon gesagt, du sollst mit den Fingerfarben nicht an die Tapete malen.» A spricht dabei die ganze Zeit mit erhobenem Zeigefinger, um damit die Wichtigkeit seiner Mitteilung hervorzuheben.

Oder: A erklärt gerade seiner Schulklasse ein physikalisches Experiment. Zwei Schüler unterhalten sich dabei ständig. Er sieht zu ihnen hin und hebt dabei den Zeigefinger. Damit wird auch ohne Worte deutlich, daß A das Verhalten des oder der anderen beide Male stört.

B muß ein schwieriges Gespräch führen, dem er sich nicht gewachsen fühlt. Er dreht den Bierdeckel aufgeregt zwischen den Fingern; zwischendurch kratzt er sich mehrmals am Kopf.

Mit diesen Verhaltensweisen zeigt er seine Unsicherheit ohne viele Worte.

Solches Verhalten treffen wir häufig in den verschiedensten Situationen an. Sicher finden Sie selbst genug weitere Beispiele, wenn Sie Ihre Mitmenschen daraufhin einmal beobachten.

Haltung des Körpers

A: Hast du einen Moment Zeit für mich? Ich möchte gern etwas mit dir besprechen.
B: Ja, gern.

Dabei bleibt B steif in der Tür stehen, ohne sich von der Stelle zu bewegen.

Ich (Moni) erhalte durch diese Körperhaltung eine Mitteilung, die ich mit Bs Aussage nicht recht in Einklang bringen kann; ich interpretiere dabei seine Körperhaltung so, daß ich glaube, er habe kein Interesse oder keine Zeit. Es fällt mir zumindest jetzt schwer, seine Zeit für mich in Anspruch zu nehmen. Dies wäre mir leichtergefallen, wenn B zum Beispiel die Tür weiter geöffnet hätte, um mir den Weg freizugeben.

Über die Körperhaltung können wir oft viel mehr ausdrükken als wir vermuten: A sitzt im Wartezimmer des Arztes. Die Beine sind angezogen, die Knie zusammengepreßt. Der Oberkörper ist leicht nach vorn gebeugt, die Hände sind unter die Oberschenkel geschoben. A drückt mit dieser Haltung aus, daß er angespannt ist, möglicherweise auch ängstlich.

B berät A bei Erziehungsproblemen mit seinem Sohn. Dabei sitzt er leicht vornübergebeugt am Tisch, sieht A aufmerksam an und nickt ab und zu mit dem Kopf. Mit dieser Körperhaltung drückt B Verständnis für die Probleme des anderen aus. Er macht es ihm leicht, über seine Schwierigkeiten zu sprechen und ermutigt ihn, weiter darüber nachzudenken.

Jeder Mensch entwickelt früher oder später eine für ihn typische Körperhaltung mit den entsprechenden Körperbewegungen. Wir können deshalb meist schon aus großer Entfernung eine uns bekannte Person erkennen.

Oft ist es sehr schwer, Körperhaltungen zu verändern, weil wir sie so eingeübt haben, daß wir sie nicht mehr bewußt wahrnehmen können.

Immer ist es jedoch hilfreich, die Mitteilungen des Körpers verstehen zu können, sei es, weil die dazugehörige Aussage widersprüchlich ist, sei es, weil es viele Situationen gibt, in denen keine Worte gewechselt werden und nur der Körper spricht.

Zusammengesetzte Verhaltensweisen

Die einzelnen nichtsprachlichen Äußerungen, die wir hier gesondert aufgeführt haben, treten oft in Verbindung miteinander auf. Sie werden damit zu Handlungen, die weiterhin eindeutige Informationen geben. Solche Handlungen sind zum Beispiel Lachen, Wut, Trotz . . .

Nehmen wir als Beispiel Wut: A schreit mit lauter, etwas erhöhter Stimme, wobei er einzelne Worte verschluckt (Stimme). Mit weit aufgerissenen Augen schaut er B drohend an (Augen). Seine Stirn liegt in Falten (Gesichtsausdruck). Die Arme sind angewinkelt und die Hände zu Fäusten geballt (Sprache der Hände). Der Körper ist leicht vornübergebeugt, und die Schultern sind hochgezogen (Körperhaltung).

Selbst wenn Sie nicht alle Einzelheiten eines solchen Verhaltens auf einmal wahrnehmen können, wissen Sie schon aus wenigen der beschriebenen Anzeichen, daß Ihr Gegenüber jetzt wütend ist.

Übungen

Stimmausdruck

Erfinden Sie einen einfachen, kurzen Satz (möglichst eine Ich-Aussage) und versuchen Sie, diesen auf ganz verschiedene Arten auszusprechen. Verändern Sie dabei Ihre Stimme in der besprochenen Art und Weise, und versuchen Sie zu bestimmen, wie sich Ihre Aussage dadurch verändert. Wenn Sie zusammen mit einem Partner üben, hören Sie sich auch seine Aussagen an, und sprechen Sie dann gegenseitig über Ihren Eindruck.

Haben Sie die Möglichkeit, sollten Sie diese Übung auch einmal mit einem Tonband/Kassettenrecorder durchführen. Zur Vereinfachung drei Beispielsätze:

«Ich bin hocherfreut, Sie hier begrüßen zu dürfen.»
«Ich habe mich selten so gelangweilt wie gestern.»
«Ich bin verärgert, weil du mich übergangen hast.»

Blickkontakt

Setzen Sie sich einem Partner gegenüber und sehen Sie sich so lange in die Augen, bis einer von Ihnen wegsieht. Berichten Sie sich gegenseitig, was Sie vom anderen erfahren haben und wie er es Ihnen mitgeteilt hat.

Versuchen Sie, so oft wie möglich in alltäglichen Situationen, Ihren Mitmenschen in die Augen zu sehen, zum Beispiel: Wenn Sie an jemandem vorübergehen, wenn Sie ein Gespräch führen, wenn Sie Kontakt aufnehmen wollen.

Wenn Sie sich dabei bewußt machen, daß Sie mit Ihren eigenen Augen Ihre Umwelt betrachten und wahrnehmen, wird Ihnen das hilfreich sein. Sie vermeiden dadurch das Gefühl, beobachtet zu werden.

Gesichtsausdruck

Stellen oder setzen Sie sich vor einen Spiegel und schneiden Sie Grimassen. Bestimmen Sie dabei jeweils, wie der Gesichtsausdruck auf Ihr Gegenüber wirken könnte.

Erzählen Sie einem Gegenüber eine kurze Geschichte, die Sie frei erfinden. Versuchen Sie dabei, dem Text und Inhalt entsprechend, möglichst oft Ihren Gesichtsausdruck zu verändern.

Sprache der Hände

Versuchen Sie, mit Ihren Händen und Armen folgende Sätze zu unterstreichen oder zu verdeutlichen:

- «Ich habe dir schon zweimal gesagt, daß ich keine Lust mehr habe.»
- «Wenn du unbedingt meinst, gehe ich eben mit.»
- «Ich sage hiermit noch einmal ganz klipp und klar meine Meinung.»
- «Du kannst dich wirklich auf mich verlassen.»
- «Wehe, wenn du dies noch einmal tust.»
- «Und hiermit möchte ich das bisher Gesagte noch einmal zusammenfassen.»
- «Nehmen Sie bitte Platz, Herr S. kommt sofort.»
- «Wenn ich nur wüßte, wo er wieder solange bleibt.»
- «Aha, jetzt habe ich's; im Moment fällt mir die Lösung ein.»

Führen Sie jetzt umgekehrt verschiedene Handbewegungen aus und lassen Sie Ihr Gegenüber jeweils raten, was Sie damit ausdrücken wollten.

Versuchen Sie auch einmal, Ihre Aussage mit einer widersprüchlichen Handbewegung abzuschwächen, Ihrem Gegenüber eine widersprüchliche Meldung zu geben.

Sie werden dabei sicher feststellen, wie schwierig es ist, sich bewußt widersprüchlich auszudrücken, und wie sehr das sprachlich Geäußerte und die Körperbewegung zusammenhängen.

Wenn Sie bei diesen beiden Übungen auch Ihren Gesichtsausdruck und den Blickkontakt mit verändern – und das werden Sie sicher tun –, schadet das gar nichts. Nur sollten Sie in erster Linie auf die Sprache der Hände achten – auch wenn Sie weitere sprachlose Äußerungen mitüben.

Körperhaltung

Stellen Sie sich eine Situation vor, in der Sie zum Beispiel überraschend einen guten alten Freund treffen. Begrüßen Sie ihn herzlich und versuchen Sie dabei, Ihre Freude mit Ihrer Körperhaltung auszudrücken.

Drücken Sie folgende Stimmungszustände aus:
ängstlich
trotzig
schüchtern
enttäuscht
fröhlich
traurig
nachdenklich
verständnisvoll
mutig
feierlich

Beobachten Sie Ihre Mitmenschen und versuchen Sie, die ihnen jeweils eigene Körperhaltung und Körperbewegung mit Worten zu beschreiben. Überprüfen Sie diese Beschreibung, sofern Sie denjenigen näher kennen, auf ihre Genauigkeit.

Stellen Sie sich folgende Handlungen vor und versuchen Sie, diese möglichst genau darzustellen: Lachen, Trotz, Wut.

Verwenden Sie dabei so viele nichtsprachliche Äußerungen wie möglich. Wenn Sie mit einem Partner üben, beobachten Sie ihn, und schreiben Sie sich in kurzen Stichpunkten seine jeweiligen Äußerungen auf.

Drehen Sie bei einem Spielfilm im Fernsehen einmal für ein paar Minuten den Ton ab. Versuchen Sie, der Handlung allein auf Grund der jeweiligen körperlichen Mitteilung der Filmschauspieler zu folgen.

Sicher werden Sie erstaunt sein festzustellen, mit wieviel verschiedenen Möglichkeiten wir uns verständlich machen können. Pantomimen und Ballettkünstler beweisen, wie genau wir Handlungen und Gefühle ausdrücken können, ohne dabei die gesprochene Sprache verwenden zu müssen.

Versuchen Sie, sich selbst in einer Pantomime verständlich zu machen. Beginnen Sie mit kurzen, einfachen Handbewegungen, gehen Sie dann zu Handlungen über, und wenn Sie schon etwas geübter sind, können Sie auch eine kurze Spielszene darstellen. Ihr Gegenüber soll dabei jeweils so genau wie möglich erraten, was Sie ihm mitteilen wollten. Wechseln Sie dann die Rollen.

Beobachten Sie nochmals Kinder. Bei ihnen bilden Körperbewegungen und Sprache noch eine Einheit. Kinder unterstreichen ihre Aussagen meist mit einer Körperbewegung, bzw. sie äußern ihre Bedürfnisse mit dem ganzen Körper, solange sie noch nicht sprechen können. (Auch Blickkontakt und Gesichtsausdruck entsprechen auf natürliche Weise dem Gesagten.)

Mehr zur Auflockerung können Sie allein vor dem Spiegel eine Übung durchführen oder mit einem Partner eine Szene darstellen, bei der Ihre sprachlichen und körperlichen Mitteilungen im Widerspruch zueinander stehen. Als Beispiel: «Ich

bin traurig und niedergeschlagen.» Dabei lachen Sie und hüpfen von einem Bein auf das andere.

«Ich muß jetzt leider gehen.» «Das ist aber zu schade; können Sie nicht noch ein wenig bleiben?» Während Sie das sagen, schieben Sie den anderen langsam mit der Hand in Türrichtung.

8
Gesprächspausen

Murks: Du, Schnipsel, ich les hier gerade, ein Gespräch lebt von seinen Pausen.

Schnipsel: Mhm.

Murks: Ja, sag mal was dazu!

Schnipsel: – – –

Murks: Also, ich kann mir das nicht vorstellen; ein Gespräch hat doch was mit sprechen zu tun, oder nicht?

Schnipsel: Mhm – ein Gespräch lebt von seinen Pausen, mhm.

Murks: Also, ich finde, wenn man eine Pause macht, dann hat man sich nichts zu sagen, und wenn man sich nichts zu sagen hat, dann soll man auch kein Gespräch führen, ist doch klar.

Schnipsel: Mhm – ich weiß nicht, laß uns doch mal weiterlesen, vielleicht verstehen wir es dann.

Einleitung

Es ist sicher keine große Erkenntnis, wenn wir sagen, daß zu Gesprächen neben dem Reden auch das Schweigen gehört. Aber gerade dieses kann uns manchmal ganz schön zu schaffen machen, kann Mißverständnisse heraufbeschwören, in deren Folge eine Störung des Gesprächs auftreten kann.

Denken Sie allein an die unangenehme Situation, wenn Sie

am Telefon gerade ein Problem geschildert haben und am anderen Ende nur ab und zu ein Knacken in der Leitung zu hören ist. Ihnen schießen sicher viele Gedanken durch den Kopf, warum sich Ihr Partner am anderen Ende der Leitung so in Schweigen hüllt, und Sie werden vielleicht unsicher, ob er Ihnen überhaupt zugehört hat. Unter Umständen war die Pause für Ihren Gesprächspartner weniger belastend, da er den Grund für sein Schweigen – möglicherweise das Anzünden einer Zigarette – kannte.

An diesem einfachen Beispiel wird deutlich, daß auch Gesprächspausen zu einem Problem werden können. Das soll natürlich nicht heißen, daß dies immer und überall der Fall ist und wir deshalb unentwegt Pausen vermeiden und dafür reden sollen; sondern daß uns der Umgang mit Pausen Schwierigkeiten machen kann. Es gilt, diese zu erkennen und aufzuzeigen, damit wir in Zukunft ihnen begegnen können. Aus diesem Grund haben wir den Gesprächspausen ein ganzes Kapitel gewidmet:

Wann und warum machen wir Pausen?
Was erleben wir in Pausen?
Was unternehmen wir meistens in solchen Situationen?
Was können wir statt dessen tun?

Beschreiben, Zerlegen und Benennen

Es gibt sicher eine Reihe von Gründen, die uns dazu bewegen, in Gesprächen eine Pause einzulegen. Betrachten wir also diese im folgenden.

Denken Sie zum Beispiel an folgende Situation: Sie gehen gemeinsam mit einem Bekannten durch die Stadt, Sie sind in ein Gespräch vertieft; plötzlich hält neben Ihnen ratternd ein Lastzug mit quietschenden Reifen. Sie werden sicher mit dem Reden innehalten, da Ihr Gesprächspartner Sie sowieso nicht verstanden hätte. Auf einen einfachen Nenner gebracht: Es gibt gewisse ungünstige Umstände, die Gesprächspausen bedingen. Sind für beide Gesprächsteilnehmer die Ursachen für die Gesprächspause erkennbar, wird sie das Gespräch in seinem Verlauf nicht stören oder beeinträchtigen. Dies ist jedoch der Fall, wenn sich nur einer der beiden Gesprächspartner durch einen ungünstigen äußeren Umstand gestört fühlt, sein Gegenüber jedoch nicht. Nehmen wir zur Verdeutlichung folgende Situation: Sie sitzen mit einem Freund gemütlich bei sich zu Hause und sprechen gerade über ein Thema, das beide sehr interessiert; da klingelt Ihr Telefon. Da Sie das Gespräch nicht unterbrechen wollen, machen Sie auch keine Anstalten, sich in Richtung Telefon zu begeben und reden weiter. Sie fühlen sich durch das Klingeln des Telefons nicht weiter gestört und denken, daß es irgendwann schon aufhören wird. Ihr Gesprächspartner aber kann unter Umständen ungeduldig und unkonzentriert werden, da ihn das Telefonklingeln stört; er wird vielleicht schweigend im Sessel sitzen in der Annahme, daß Sie gleich aufspringen und zum Telefon rennen.

Es ist sicher einleuchtend, daß die Schwelle, wann ein äußerer Umstand als Störung empfunden wird, von Mensch zu Mensch verschieden hoch sein kann. Das hat zur Folge, daß Menschen in unterschiedlicher Weise auf einen derartigen Umstand reagieren. So wird beispielsweise der eine weiterreden, während der andere eine Pause macht, bis die Störung beseitigt ist. Eine solche Gesprächspause kann möglicherweise eine Störung des Gesprächs zur Folge haben, da dem einen Gesprächspartner nicht erkennbar ist, warum der andere schweigt. Er selbst fühlt sich durch einen ungünstigen äußeren Umstand nicht gestört. Sein Gegenüber hingegen kann nicht nachvollziehen, warum er weiterredet, da für ihn zum Beispiel Lärm, Besuch, Schmerzen eine erhebliche Störung bedeuten. Daraus folgt dann leicht ein Aneinander-Vorbeireden.

Dies wird vor allem am folgenden Beispiel deutlich: Sie sitzen mit einem Bekannten zusammen in einem Lokal und haben die Bestellung aufgegeben. Sie sprechen gerade mit ihm über eine wichtige Angelegenheit, als die Bedienung die bestellten Getränke serviert. Während Ihr Partner angeregt weiterspricht, sehen Sie die Bedienung an und bedanken sich. Als Sie wieder zu Ihrem Gesprächspartner zurückblicken und ihm weiter zu folgen versuchen, bemerken Sie möglicherweise, daß Sie gerade einen wichtigen Punkt nicht mitverfolgt haben.

Gegenseitiges Verstehen

Gesprächspausen sind unproblematisch, wenn sich zwei Gesprächspartner gut verstehen und zum Beispiel gemeinsam schweigend einen Kaffee trinken. Dieses Schweigen hat nichts Peinliches oder Verkrampftes an sich; es besteht sozusagen in gegenseitigem Verstehen.

Dieses Beispiel verdeutlicht, daß es nicht darauf ankommt, Gesprächspausen zu vermeiden, sondern zu lernen, damit umzugehen; das heißt sie auch einmal ertragen zu können, ohne dauernd unter dem Zwang und dem Druck zu stehen, jetzt etwas sagen zu müssen.

In diesen beiden Abschnitten wurde deutlich, daß Gesprächspausen dann unproblematisch sind, wenn deren Gründe für beide Gesprächsteilnehmer erkennbar sind. So können wir zusammenfassend sagen: Ungünstige äußere Umstände erlauben keine Fortsetzung des Gesprächs. Gutes Verstehen bzw. Sympathie benötigen nicht immer Worte. Probleme mit Gesprächspausen tauchen aber dann auf, wenn die Gründe dafür nicht beiden Gesprächspartnern gleich einsichtig sind, wie in den obigen Beispielen.

Nachdenken

Gesprächspausen können auch dann entstehen, wenn einer der beiden Gesprächspartner nachdenken muß. Dies ist vor allem dann der Fall, wenn er seine Gedanken erst einmal ordnet und klärt oder wenn er nach einem Wort, einem sprachlichen Ausdruck sucht. Beide Male braucht er Zeit, bis er sich mitteilen kann, und diese Zeit müssen wir ihm gewähren.

Setzen wir in diesem Augenblick mit Reden ein, ist er wahrscheinlich überfordert. Entweder wird er uns zuhören, dann kann er sich nicht mehr mit seinem Gedanken befassen, den er uns eigentlich mitteilen wollte; oder aber er hört uns nicht zu und beschäftigt sich weiterhin mit seiner Idee. Wir bringen unseren Gesprächspartner dadurch in eine Zwickmühle, weil er nur eines von beiden tun kann – zuhören oder sich mit seinem eigenen Gedanken beschäftigen. Das hat zur Folge, daß wir leicht aneinander vorbeireden und Mißverständnisse auftreten können.

Hemmungen

Eine weitere Ursache für Gesprächspausen kann in Kontaktschwierigkeiten und Redehemmungen gesehen werden. Dieser Grund ist nicht offensichtlich; dafür müssen wir unseren Gesprächspartner genau beobachten, vor allem seine Körpersprache beachten. Wir können ihm unter Umständen helfen, dieses Problem zu bewältigen, wenn wir ihm Zeit lassen oder seine Schwierigkeiten ansprechen, ohne ihn zu drängen.

Nicht sprechen wollen

Gesprächspausen können nicht nur auftreten, wenn ein Gesprächsteilnehmer seine Gedanken und Gefühle nicht aussprechen kann, sondern auch, wenn er sie nicht aus- bzw. ansprechen will. Dies kann immer und allen Menschen gegenüber der Fall sein; oder nur in bestimmten Situationen oder bestimmten Personen gegenüber, denen er zum Beispiel mißtraut, die ihn gekränkt oder enttäuscht haben, denen er gleichgültig gegenübersteht und vieles mehr.

Als Gesprächspartner müssen wir diesen Wunsch berücksichtigen, das heißt, wir können niemanden dazu zwingen, uns etwas über seine Gedanken und Gefühle zu berichten, wenn dieser es nicht will.

Kritischer Gesprächspunkt

Wenn das Gespräch für einen der Gesprächspartner oder für beide an einem kritischen Punkt angelangt ist, zum Beispiel, wenn ihn das Thema zu nahe berührt, wenn es zu kompliziert wird oder zu vielfältig, und er an diesem Punkt eigentlich das Gespräch beenden will, wird er schweigen und dies durch eine Pause signalisieren.

Ende des Themas

Ein weiterer Grund, eine Gesprächspause einzulegen, besteht, wenn ein Thema abgeschlossen und besprochen ist. Dies ist nur unproblematisch, wenn beide Gesprächspartner der Ansicht sind, daß das Thema beendet ist. Es kann jedoch auch die Situation eintreten, daß wir ein Thema für beendet halten und nichts mehr dazu zu sagen haben, unser Gegenüber aber noch sehr viel auf dem Herzen hat. In diesem Fall können wir schweigen und ihm weiterhin zuhören.

Wollen wir aber selbst nichts mehr hierüber hören, müssen wir dies ansprechen und versuchen, uns mit unserem Gesprächspartner zu einigen.

Wechsel des Themas

Sehr häufig erlebe ich (Mecki) Situationen, in denen mein Gesprächspartner eine Pause einlegt, wenn er über etwas anderes sprechen möchte, zum Beispiel, weil ihn das Thema langweilt oder ähnliches.

Ich habe dabei oft den Eindruck, daß mir mein Gegenüber, wenn überhaupt, dann nur mit einem Ohr zuhört und er offensichtlich die ganze Zeit darauf wartet, einhaken zu können, um das Gesprächsthema zu wechseln.

So haben wir drei beispielsweise häufig erlebt, daß Moni auffällig schweigsam wird, wenn sie Hunger hat. Sie führt sozusagen den Themawechsel Essen durch Schweigen und Sich-Zurückhalten herbei.

Erkenntnisse und Gefühle verarbeiten

Manchmal können wir beobachten, daß Gespräche, vor allem Diskussionen, so schnell ablaufen, daß dieser Wortwechsel zum reinsten Schlagabtausch wird. Nahtlos reiht sich Wort an Wort, Meinung an Meinung usw. In derartigen Situationen habe ich (Mecki) häufig den dringenden Wunsch, das Gesagte meines Gesprächspartners erst einmal verarbeiten zu können; ich brauche etwas Zeit, um ihn verstehen und seine Gedanken nachvollziehen zu können und um mir über meine Gefühle, Bedürfnisse und Ansichten klarzuwerden. Sehr häufig passiert es jedoch, daß mein Gesprächspartner diese Pause für sich nützt und das Gesagte noch einmal mit anderen Worten wiederholt oder einfach weiterredet. Wahrscheinlich nimmt er dann an, daß ich ihn entweder nicht verstanden habe oder nichts dazu zu sagen habe. Der Gedanke, daß ich mir seine Worte durch den Kopf gehen lasse, ist ihm anscheinend in diesem Moment nicht gekommen.

Ruhe vor dem Sturm

Diese sogenannte Ruhe vor dem Sturm stellt einen weiteren Grund für eine Gesprächspause dar. Es gibt Gesprächspausen, in denen sich der Gesprächspartner ganz auf die bevorstehende «Explosion» konzentriert. Er sammelt sich – wie ein Sprinter am Start.

Müdigkeit

Neben allen diesen Ursachen, die Gesprächspausen haben können, dürfen wir die einfachsten und klarsten Gründe nicht vergessen: Müdigkeit und Unkonzentriertheit. Entweder hindern sie uns daran zuzuhören, so daß wir gar nichts zu dem Thema sagen können; oder aber wir können zwar zuhören, sind aber zu müde, um selber etwas zum Gespräch beitragen zu können.

Was unternehmen wir meistens in solchen Situationen?

Wie wir an anderer Stelle schon erwähnt haben, ergeben sich die Probleme mit den Gesprächspausen vor allem, wenn wir nicht damit umgehen können; das heißt, Schwierigkeiten kommen vor allem durch unsere Reaktion auf diese Pausen auf. Deshalb wollen wir im folgenden beleuchten, wie wir in den meisten Fällen reagieren, wenn unser Gesprächspartner eine Pause macht und schweigt.

Überspielen

Nicht nur bei anderen, sondern auch bei uns selbst, können wir feststellen, daß in gewissen Situationen das beiderseitige Schweigen in den Ohren dröhnt («brausende Stille»), die Hände zum Schwitzen bringt und uns auf dem Stuhl hin- und herrutschen läßt. Wir überlegen dabei krampfhaft, wie wir dieses entsetzliche Schweigen brechen können; aber gerade jetzt will uns überhaupt nichts Passendes einfallen, und wir greifen beispielsweise zu dem uralten Rettungsanker: «Schönes Wetter heute, nicht?» Wir versuchen, diese unangenehme Situation mit einem mehr oder weniger belanglosen Satz zu überspielen.

Eigentlich interessiert uns das Wetter am allerwenigsten; uns liegt vielmehr etwas daran, dadurch die Situation zu entkrampfen, die uns unangenehm ist.

So ist es auch nicht verwunderlich, daß der Gesprächspartner auf die Frage nach dem Wetter mit «Ja, wirklich schön» antwortet und wieder in Schweigen verfällt. Was soll er auch sonst dazu sagen!

Das Wesentliche zwischen den Gesprächspartnern, nämlich die Spannung, wird dabei ausgeklammert und nicht angesprochen. Stellen Sie sich zur Verdeutlichung zwei Menschen auf einer Parkbank vor:

A: Herrliches Wetter heute, nicht wahr?
B: Mhm, wirklich.
(Pause).
A: Ein netter Hund, den Sie da haben.
B: Ja, ein Dackel.
(Pause).

A: Sehen Sie doch die Tulpen auf dem Beet dort, schöne Farbe, nicht?
B: Ja, wirklich.

Hätte A hier sein Bedürfnis nach einem Gespräch eingebracht, wären seine kläglichen Versuche, ein Gespräch in Gang zu bringen und die damit verbundenen Pausen wahrscheinlich nicht entstanden; B hätte ihn zum Beispiel aufklären können, daß er gerade alles andere als reden möchte, da er vielleicht unter heftigen Zahnschmerzen zu leiden hat oder ähnliches. In diesem Beispiel wird nochmals deutlich: Tritt eine Pause in einem Gespräch auf, müssen wir uns den möglichen Grund, die Ursachen dafür überlegen. Kommen wir zu keinem rechten Schluß, müssen wir unserem Gesprächspartner unsere Gefühle und Empfindungen mitteilen, die durch diese Pausen entstanden sind.

Weiterreden, Wiederholen,
auf ein früheres Thema zu sprechen kommen

Beim Auftreten einer Pause ist es sicher auch unangebracht, einfach weiterzureden, sich zu wiederholen oder auf ein früheres Gesprächsthema zurückzugreifen. Häufig haben diese Verhaltensweisen zur Folge, daß der schon schweigende Gesprächspartner dadurch totgeredet wird. Er wird noch mehr schweigen, da er förmlich in die Ecke gedrängt wird, aus der er nur schwer wieder hervorkommen kann.

Nichtsprachliche Reaktion auf Pausen

Neben diesen sprachlichen können auch nichtsprachliche Reaktionen auf Pausen auftreten. So können wir unsere Augen, unser Gesicht, die Hände und unseren gesamten Körper für uns sprechen lassen.

Wir können zum Beispiel versuchen, unseren Gesprächspartner dadurch zum Reden zu zwingen, indem wir ihn eine geraume Zeit anstarren. Damit können wir ihn allerdings so unter Druck setzen, daß ihm möglicherweise kein Gedanke mehr einfällt oder er sich vergewaltigt fühlt, weil er ja eigentlich nichts mehr dazu sagen wollte.

Stellen Sie sich zum Beispiel vor, Sie stünden in einer mündlichen Prüfung oder einem Einstellungsgespräch. Ihnen ist eine knifflige Frage gestellt worden. Um diese beantworten zu können, wollen Sie sich konzentrieren; aber jedesmal, wenn Ihr Blick durch den Raum schweift, liegen die Augen des Prüfers erwartungsvoll auf Ihnen; Sie scheinen fast durchbohrt zu werden. Dieses Verhalten «Anstarren» wirkt sicher alles andere als beruhigend auf Sie.

Zu Beginn haben wir erwähnt, daß Schweigen manchmal sehr peinlich und belastend sein kann. Häufig können wir in derartigen Situationen auch verkrampfte, unsichere Bewegungen beobachten, wie Kopfkratzen, Fingertrommeln, Fußwippen, Räuspern, Naseputzen, Zigaretteanzünden, Am-Glas-Nippen und vieles mehr.

Gedanklich abschweifen

Eine weitere Möglichkeit, auf Schweigen zu reagieren, besteht darin, gedanklich abzuschweifen. Hier liegt weder eine sprachliche noch eine nichtsprachliche Reaktion vor. Irgendwie habe ich (Mecki) den Eindruck, daß dieses Verhalten meinem Gesprächspartner gegenüber recht unfair ist, da es mir in

diesem Moment gleichgültig ist, ob er mir noch gegenübersitzt oder nicht. Ich teile ihm dies jedoch nicht mit und lasse ihn somit in der Ungewißheit, ob ich noch mit ihm reden möchte oder nicht.
Stellen Sie sich bitte zur Verdeutlichung folgende Situation vor:

A: Ich weiß gar nicht mehr, was ich tun soll. Ich kann nachts einfach nicht mehr schlafen.

B: Das muß ja schlimm sein.

A: Ja, ich bin morgens ganz k.o. Mit dem Einschlafen geht's ja noch, aber dann . . .

B denkt: *Ach, ich muß unbedingt noch telefonieren und einkaufen.*

A: . . . ich wache dann mitten in der Nacht auf und . . .

B denkt: *Wenn ich nur wüßte, was ich heute abend essen soll. – Spiegeleier? Oder vielleicht gehe ich einfach aus.*

A: . . . wälze mich im Bett herum, lese dann, rauche eine Zigarette, fange an zu essen, ordne irgendwelche Zeitschriften, zum Schluß setze ich . . .

B denkt: *Aber allein habe ich keine Lust dazu. Ach – ich rufe irgend jemand an. Aber es sind Ferien – da ist bestimmt keiner hier.*

A: . . . mich in die Badewanne, und dann ist die Nacht auch schon vorbei, und ich mache mir mein Frühstück.

B: Du, bevor wir jetzt ans Frühstück denken, laß uns doch heute abend gemeinsam zum Essen gehen.

Sie können sich sicher vorstellen, daß A mehr als erstaunt ist angesichts dieser Erwiderung von B. Erst jetzt merkt A unter Umständen, daß B ihm gar nicht zugehört hat und mit den Gedanken ganz abwesend war.

A hat das Schweigen von B wahrscheinlich anders wahrgenommen; er dachte, B würde ihm aufmerksam zuhören und hat sein Schweigen als Aufforderung aufgefaßt, mehr über seine Schlafstörung zu berichten. Und jetzt diese Antwort, welch ein Irrtum!

Was können wir statt dessen in Pausen tun?

In diesem Abschnitt wollen wir überlegen, welche sonstigen Möglichkeiten bestehen, mit den verschiedenen Pausensituationen umzugehen, ohne daß sie in den Gesprächsteilnehmern unangenehme oder peinliche Gefühle hervorrufen, noch den Nährboden für Mißverständnisse schaffen.

In diesem Kapitel müssen wir auf einen Übungsteil verzichten, das liegt in der Natur der Sache, denn Pausen lassen sich schwerlich üben. Aus den vorangegangenen Abschnitten (Ursachen und herkömmliche Reaktionen auf Pausen) können wir folgende Feststellungen treffen:

- Wir sollten Pausen als solche wahrnehmen und uns mit ihnen auseinandersetzen; nicht dauernd etwas unternehmen, damit sie beendet werden oder darauf hoffen, daß sie sonst irgendwie vorbeigehen.
- Sind wir selbst diejenigen, die schweigen, sollten wir wissen, warum wir dies tun und welche Absicht wir damit verfolgen; zum Beispiel wir wollen dem anderen zuhören, wir können oder wollen nichts dazu sagen, wir wollen das Gesprächsthema beenden bzw. wechseln, wir wollen nachdenken und vieles mehr. (Siehe: Ursachen für Gesprächspausen.)
- Gleichzeitig sollten wir in diesen Situationen darüber nachdenken, ob wir unserm Gegenüber die Pause und die damit verknüpften Absichten eindeutig zu verstehen gegeben haben oder ob er unser Verhalten anders auslegen könnte.
- Zum anderen sollten wir auch wahrnehmen können, ob unser Gegenüber ebenfalls das Bedürfnis nach einer Pause

hat; zumindest ob er unser Bedürfnis nachvollziehen kann. Ist dies nicht der Fall, können wir unseren Gesprächspartner darauf ansprechen.

- Sind wir in der Lage, sein Bedürfnis zu erkennen, sollten wir ihm Zeit geben, da er sicher einen Grund für sein Verhalten hat. Um ihn auch jetzt besser verstchen zu können, sollten wir uns die möglichen Ursachen für dieses Verhalten durch den Kopf gehen lassen. Wir können dann sicher geduldiger warten oder ihm unsere Vermutungen mitteilen.
- Gleichzeitig ist es in derartigen Situationen notwendig, uns über unsere Gefühle und Bedürfnisse im klaren zu sein, das heißt: was möchte ich mit diesem Gespräch gerade erreichen, wie erlebe ich die momentane Gesprächspause usw. Wenn Sie es für nötig erachten, können Sie diese Empfindungen Ihrem Gesprächspartner mitteilen.
- Die angesprochenen Punkte gelten natürlich auch für Situationen, in denen beide Gesprächspartner schweigen.

Im folgenden wollen wir alltägliche Situationen betrachten, in denen Gesprächspausen auftreten können. Wir wollen dabei Möglichkeiten durchspielen, wie wir darauf reagieren könnten.

Ungünstige Umstände

Wir haben zu diesem Punkt festgestellt, daß vor allem dann Probleme auftreten, wenn sich nur einer der beiden Gesprächspartner gestört fühlt, zum Beispiel:

A und B machen einen Stadtbummel. A erzählt B ganz begeistert von der Wochenendfahrt ins Grüne. Sie passieren gerade eine Baustelle, an der mit einem Preßlufthammer gearbeitet wird. A schweigt. B, dessen Wohnung an einer Hauptverkehrsstraße liegt, fühlt sich durch diesen Lärm nicht gestört und schaut A erstaunt an. B kann nicht nachvollziehen, warum A mit Reden innehält. A könnte B jetzt verständlich machen, daß er sich durch den Baustellenlärm gestört fühlt: «Ich höre meine eigene Stimme kaum mehr; wenn wir an der Baustelle vorüber sind, kann ich dir weitererzählen.» Dies muß jedoch nicht immer so ausführlich geschehen. So hätte B sicher auch verstanden, wenn A gesagt hätte «Moment!» und auf den Preßlufthammer oder sein Ohr gezeigt hätte. Das heißt, wir haben sprachliche wie nichtsprachliche Möglichkeiten, unserem Gegenüber zu signalisieren, daß wir das Gespräch für einen Moment unterbrechen wollen, weil wir uns gerade gestört fühlen und nicht uneingeschränkt zuhören oder reden können.

Denken Sie an das Beispiel zu Anfang, als der Ober die bestellten Getränke serviert. Hier würde ein kurzes «Sofort!» oder «Gleich» hilfreich sein, ohne daß viele Worte notwendig wären.

Nachdenken

Ich (Mecki) erinnere mich bei diesem Abschnitt an folgende Situation: Neulich traf ich einen Freund, der mir erzählte, was er gerade in einem Buch entdeckt hatte: «Weißt du, da stand: ‹Wenn es regnet, ist die Straße naß.› Dieser Satz, der stimmt, nicht wahr? Aber umgekehrt: ‹Wenn die Straße naß ist, hat es geregnet› – dieser Satz stimmt nicht!» Ich wollte mir dies alles durch den Kopf gehen lassen und überlegen, aber mein Gegenüber ließ und ließ nicht locker. Immer wieder mußte er diese beiden Sätze wiederholen, wohl in der Annahme, ich hätte ihn nicht verstanden. Ich wurde dabei sehr ungeduldig, bis ich endlich den Mut faßte und ihm folgendes mitteilen konnte: «Ich habe schon verstanden, was du mir sagen wolltest, ich überlege mir gerade nur, ob die Aussage wirklich richtig ist, oder ob es Gegenbeispiele dafür gibt.»

Ich habe mir danach vorgenommen, in einer ähnlichen Situation mein Bedürfnis sofort mitzuteilen.

Wir können daraus folgern: Wenn wir Zeit brauchen zum Nachdenken oder zum Verarbeiten von Gefühlen und Erkenntnissen (vor allem bei Kritik, die uns betrifft), und unser Gegenüber uns diese Zeit nicht gewährt, müssen wir ihn darauf aufmerksam machen.

Auch hier gilt, daß wir nicht unbedingt sehr ausführlich werden müssen, sondern ein «Sofort», «Augenblick!» oder «Gleich» kann ausreichend sein. Sind wir jedoch in der umgekehrten Situation, also in der des Sprechenden, gilt: Was ich für mich in Anspruch nehme, muß ich auch meinem Gegenüber zugestehen.

Hemmungen

Sind wir dagegen nicht in der Lage, über ein bestimmtes Thema (zum Beispiel Sexualität, Gefühle usw., also Themen, die uns nahe berühren) zu sprechen, besteht die Möglichkeit, diese Schwierigkeiten und Hemmungen anzusprechen.

Das soll nicht heißen, daß wir dies immer und allen Menschen gegenüber tun sollen. Da dieser Schritt, über seine eigenen Hemmungen zu reden, sicher nicht leichtfällt, suchen wir uns am besten jemand, dem wir vertrauen und dem gegenüber wir es wagen, über so heikle Dinge wie Hemmungen zu sprechen. Ansonsten können wir unter Umständen unserem Gegenüber nur mitteilen, daß wir zu einem bestimmten Thema nichts sagen können. Drängt er weiterhin, können wir ihn darauf aufmerksam machen, daß wir uns durch ihn unter Druck gesetzt fühlen.

Nicht-sprechen-Wollen

Wie an anderer Stelle schon ausgeführt, gibt es Situationen, in denen wir oder unser Gesprächspartner über bestimmte Themen nicht sprechen wollen (dies kann auch geschehen, wenn das Gespräch einen kritischen Punkt erreicht hat).

Stellen Sie sich dafür folgende Situation vor:

Sie hatten Pech und sind durch die Fahrprüfung gefallen. Da treffen Sie einen Bekannten in der Stadt, der von allen «die wandelnde Tageszeitung» genannt wird, da er jeden auszufragen versucht, um anschließend sämtliche Neuigkeiten auszuposaunen. Dieser Bekannte fragt Sie nun, ob Sie bei der Prüfung erfolgreich waren. Es besteht jetzt die Möglichkeit, ihm mitzuteilen, daß Sie keine Lust haben, mit ihm darüber zu reden. Unter Umständen wird er dieser Erwiderung entnehmen, daß Sie durchgefallen sind, aber es ist für Sie eine Möglichkeit, ihm in diesem Moment nicht Rede und Antwort stehen zu müssen.

Es gibt sicher auch Situationen, in denen Sie nur im Augenblick über etwas Bestimmtes nicht reden wollen, dies aber nichts mit Ihrem Gesprächspartner zu tun hat. In derartigen Fällen ist es unter Umständen günstig, den anderen darüber aufzuklären, damit er Ihre Unlust nicht auf sich bezieht und damit die Gefahr von Mißverständnissen gemindert ist, zum Beispiel: «Ich will gerade nicht darüber sprechen, aber vielleicht ein andermal.» Oder: «Ich möchte dazu gerade nichts sagen, aber das hat nichts mit dir zu tun.»

Ende bzw. Wechsel des Themas

Sicher haben Sie auch schon folgende Situation erlebt: Ihr Gesprächspartner ist dabei, Ihnen eine Geschichte zu erzählen. Sie sitzen hingegen auf glühenden Kohlen, da Sie einen wichtigen Termin wahrnehmen müssen – Ihr Zug fährt ab oder etwas Ähnliches. Mir (Mecki) geht es häufig in diesen Situationen so, daß ich mein Gegenüber nicht vor dem Kopf stoßen möchte. Manchmal will ich seine Geschichte auch ganz gern zu Ende hören. Mir bleibt dann nichts anderes übrig, als ihm genau das zu sagen, in der Hoffnung, daß er mich richtig versteht.

An eine derartige Situation kann ich mich noch recht gut erinnern: Meine Vermieterin erzählte mir zum x-tenmal Ihre Urlaubsgeschichte. Ich versuchte einzuhaken, um Ihr zu sagen, daß ich eine Verabredung hätte, aber es war zwecklos; sie erzählte ununterbrochen weiter. Da ich wußte, daß die Frau oft allein war, wollte ich auch nicht einfach aufstehen und gehen. In dieser Situation hätte ich die Möglichkeit gehabt, zum Beispiel zu sagen: «Ich kann jetzt gar nicht mehr zuhören, da ich dauernd auf die Uhr sehen muß.»

Wenn ich dagegen in der Situation bin, daß ich jemandem etwas erzähle und merke, daß mein Gegenüber anfängt, nervös auf die Uhr zu sehen, auf dem Stuhl hin- und herrutscht, immer schweigsamer wird, und am Schluß höchstens noch ein «Mhm» als Erwiderung zu hören ist, werde ich spätestens jetzt mit Sprechen innehalten und nachfragen, was los ist.

Ruhe vor dem Sturm

Liegt diese Ursache einer Gesprächspause zugrunde, kann ich selten durch ein bestimmtes Verhalten den Sturm verhindern. Ich kann die Stärke des Ausbruchs höchstens abschwächen, indem ich zum Beispiel nachfrage. Es kann jedoch auch geschehen, daß durch dieses Nachfragen der Ausbruch nur beschleunigt wird.

Stellen Sie sich zur Verdeutlichung vor: Sie haben von einem Bekannten Besuch. Er hat sein zweijähriges Töchterchen mitgebracht. Er erzählt Ihnen gerade, daß sein Auto schon wieder in der Werkstatt steht. Sie dagegen beobachten gebannt, wie das Mädchen mit der Kakaotasse jongliert. Der Vater würdigt dies aber weder mit einem Blick, noch versucht er, etwas dagegen zu unternehmen. Da wendet er sich plötzlich mit folgender Frage an Sie: «Sag mal, warum bist du so still geworden?» Jetzt können Sie sich nicht mehr zurückhalten: «Ja, siehst du denn nicht, der Kakao und der helle Teppichboden! Ein bißchen mehr könntest du auch aufpassen . . .!» Gleichzeitig sind Sie froh, daß noch nichts passiert ist, und somit hält sich Ihre Aufregung in Grenzen.

Müdigkeit

Wenn Müdigkeit uns am Zuhören hindert, wissen Sie sicher in der Zwischenzeit, daß wir unser Gegenüber dies wissen lassen sollten.

Sie kommen zum Beispiel von einem anstrengenden Wochenende spätabends nach Hause; dort angekommen, werden Sie förmlich damit überfallen, daß gerade ein ausgezeichneter Film im Fernsehen gesendet wurde. Anscheinend sieht man Ihnen Ihre Müdigkeit und Angeschlagenheit nicht an. Es wäre deshalb in diesem Moment notwendig, die anderen darauf aufmerksam zu machen.

Zum Schluß noch ein Hinweis: Wenn unser Gegenüber anfängt zu überspielen, sich zu wiederholen, ein altes Thema aufwärmt, uns anstarrt usw., um die entstandene Pause zu überbrücken bzw. zu beenden, sollten wir auch hier versuchen, ihm unseren Eindruck zu vermitteln.

9 Gesprächsanfang – Gesprächsende

Murks: Man sollte einfach nicht so nachgiebig sein.

Schnipsel: Wie meinst du denn das?

Murks: Man wird doch meistens nur ausgenützt.

Schnipsel: Ich verstehe nicht richtig, was du damit sagen willst.

Murks: Aber die meisten Menschen können das ja nicht.

Schnipsel: Ich habe den Eindruck, daß du gerade ziemlich durcheinander bist.

Murks: Jetzt bin ich wieder nicht zum Üben gekommen. Ich werde nie lernen zuzuhören, wenn ich so wenig Zeit für mich habe!

Schnipsel: Du bist unzufrieden.

Murks: Ich bringe es einfach nicht fertig, meinen Besuch wegzuschicken, obwohl er mir gerade wieder drei Stunden lang von sich erzählt hat.

Schnipsel: Und das macht dich ärgerlich.

Murks: Ja. Aber wegschicken kann ich ihn doch auch nicht – wie kann ich ihm denn sonst verdeutlichen, daß ich das Gespräch beenden möchte? Was gibt es denn sonst noch für Möglichkeiten?

Schnipsel: Lies doch einfach mal weiter!

Einleitung

Sicher können Sie sich leicht an eine Situation erinnern, in der Sie einem Gesprächspartner etwas für Sie Wichtiges mitteilen wollten und einfach nicht wußten, wie Sie beginnen sollten. Vielleicht wissen Sie auch noch, welche Gefühle Sie in dieser Situation hatten.

Es ist oft nicht einfach, den Anfang einer Unterhaltung zu finden, vor allem, wenn ein schwieriges Thema besprochen werden soll.

Ebenso schwer fällt es uns oft, eine Unterhaltung zum Ende zu führen. Auch hier haben wir oft Mühe und greifen manchmal zu Reaktionen, die den anderen vor den Kopf stoßen, vielleicht sogar verletzen können.

Fast immer sind solche Situationen von einem Gefühl begleitet, das wir meist mit «peinlich», «unangenehm» umschreiben.

Wir wollen Ihnen nun im folgenden an Hand verschiedener Beispiele verdeutlichen, welche Möglichkeiten es gibt, ein Gespräch anzufangen oder zu beenden, welche Gefühle Sie bei dem jeweiligen Verhalten möglicherweise haben können und wie dieses auf Ihr Gegenüber wirken kann.

Ziel dieser Ausführungen ist es, Ihnen Hilfen an die Hand zu geben, wie Sie sich gegebenenfalls in der entsprechenden Situation anders verhalten können.

Beschreiben, Zerlegen und Benennen

Gesprächsanfang

Stellen Sie sich folgende Situation vor: A hat B um ein Gespräch gebeten, weil er ein Problem mit ihm besprechen möchte. A ist seit etwa zehn Minuten da. Er hat inzwischen zwei Zigaretten geraucht und hastig eine Tasse Kaffee getrunken. Er redet von seinem Friseur, erzählt eine belanglose Begebenheit vom Nachmittag und interessiert sich ausgiebig für die Stereoanlage von B.

Mich (Moni) würde dieses Verhalten von A wahrscheinlich etwas ungeduldig werden lassen. A hat mich gebeten, ihm bei einem Problem weiterzuhelfen; aus seinem Verhalten ist nun aber nicht mehr klar erkenntlich, ob er noch immer dieses Anliegen hat. Zumindest läßt es verschiedene Deutungen zu. Er könnte mir zum Beispiel damit mitteilen wollen, daß sich das Problem erledigt hat und er mit mir nur einen gemütlichen Plausch halten möchte.

Ich könnte daraus aber auch Unsicherheit herauslesen und eine gewisse Angst, mit dem Thema zu beginnen, da ich annehmen kann, daß sein Problem nichts mit seinem Friseur oder meiner Stereoanlage zu tun hat.

Es gibt sicher noch weitere Deutungen, die aber alle in diesem Moment nicht weiterführen. Eine Erklärung für As Verhalten kann ich zum Beispiel dadurch erhalten, daß ich mein Gefühl benenne und ihm mitteile, indem ich zum Beispiel sage: «Du hast am Telefon von einem Problem gesprochen, ich weiß nun nicht so richtig, ob du noch mit mir darüber reden willst und bin deshalb etwas unsicher.» Damit spreche ich den anderen direkt an und bekunde ihm gleichzeitig mein Interesse. Ich baue ihm sozusagen eine Brücke, die es ihm erleichtern kann, entweder jetzt sein Problem zu benennen oder mir mitzuteilen, daß es sich möglicherweise für ihn erledigt hat.

Allerdings ist es nicht immer passend, wenn der Gesprächspartner gleich zu Beginn seine Unsicherheit mitteilt. Oft ist es hilfreicher für den anderen, wenn wir ihm eine Anwärmphase zugestehen, vor allem, wenn dieser eher zurückhaltend und schüchtern wirkt und Mühe hat, über sich zu reden. Manche Menschen fühlen sich erst dann in der Lage, über ihr Inneres zu sprechen, wenn Sie eine Umgebung erleben, die ihnen Verständnis und Interesse entgegenbringt; dies geschieht auch dadurch, daß wir dem anderen Zeit geben.

Wenn Sie gleich zu Beginn eines Gesprächs den Eindruck haben, daß Sie ihrem Gesprächspartner aus irgendwelchen Gründen nicht zuhören können oder wollen, sollten Sie ihm dies auch sofort mitteilen. Es ist meist für den anderen sehr verletzend, wenn Sie ihm eine Stunde oder länger zugehört haben und dann zum Beispiel äußern: «Ich bin heute so müde und unkonzentriert, der Hälfte deiner Ausführungen konnte ich überhaupt nicht folgen.» Sagen Sie ihm dagegen gleich zu Beginn, daß Sie sich heute nicht in der Lage fühlen, auf ihn einzugehen, können Sie gemeinsam überlegen, ob Sie vielleicht einen neuen Termin ausmachen oder wie Sie sonst zu einer befriedigenden Übereinkunft kommen können.

Zu den Verhaltensweisen, mit denen wir es unseren Gesprächspartnern auch erschweren, den Anfang zu finden, gehören fast alle besprochenen Gesprächsstörer:

Befehlen: «Jetzt sitzt du schon seit zehn Minuten herum, ohne ein Wort zu sagen. Fang endlich an!»

In-die-Schublade-Stecken: «Ja, ja, ich seh schon, dir geht es ziemlich schlecht.»

Herunterspielen: «Also, so groß scheint ja dein Problem nicht gerade zu sein.»

Ausfragen: «Um welches Problem handelt es sich jetzt, und wie stellt es sich genau dar?»

Vorschläge – oder Lösungen-Anbieten: «Also, wenn du Probleme hast, würde ich dir vorschlagen, mal zum Therapeuten zu gehen.»

Vorwürfe-Machen: «Ich empfinde es langsam als eine Zumutung, daß du noch mit keinem einzigen Wort dein Problem angesprochen hast; deswegen bist du doch gekommen, oder?»

Bewerten: «Ich finde es schlecht, wenn du mit mir reden willst und nicht anfängst.»

Von-sich-Reden: «Also, ich muß dir unbedingt von meinen neuen Erfolgen beim Schachspielen erzählen.»

Überreden: «Du solltest wirklich langsam zu deinem Problem kommen, sonst fällt's dir noch schwerer, anzufangen.»

Warnen, Drohen: «Wenn du jetzt nicht sofort anfängst zu reden und dich klar auszudrücken, bin ich mit meiner Geduld am Ende.»

Gegenbehauptungen gibt es zum Gesprächsanfang noch nicht.

Lebensweisheiten-zum-besten-Geben: «Ja, ja, jeder hat seine Probleme und muß sein Päckchen selbst tragen.»

Verspotten, Nicht-ernst-Nehmen, Ironisieren: «Na, du bist aber ein großer Redner. Da schläft man ja ein, bevor du anfängst.»

Sie können Ihren Unmut auch nichtsprachlich ausdrücken, indem Sie zum Beispiel ungeduldig im Zimmer hin- und hergehen, nervös husten oder ähnliches.

Es bedarf sicher keiner weiteren Erläuterungen. Immer machen wir mit solchem Verhalten deutlich, daß es uns schwerfällt, dem anderen Zeit zu geben und ihm weiterhin Verständnis entgegenzubringen und erschweren ihm damit den Gesprächsanfang.

Um dem anderen nun zu verdeutlichen, daß wir uns für ihn und sein Anliegen interessieren, müssen wir ihm dies entweder sprachlich oder nichtsprachlich so klar mitteilen, daß er uns eindeutig verstehen kann.

Zu Beginn oder gar vor einem Gespräch können Sie zum Beispiel folgende Situationen erleben:

- Der Sprechende wartet schweigend ab und hat Mühe, den Anfang zu finden. Wir können ihm, wie eben ausgeführt, zum Beispiel eine Brücke bauen.
- Er teilt sich nichtsprachlich mit, drückt zum Beispiel Nervosität und Angst aus. Wir können ihn darauf ansprechen und ihm gleichzeitig unser Interesse mitteilen, zum Beispiel «Irgend etwas bedrückt dich.»

- Er beginnt zwar zu sprechen, aber sehr zögernd, und hat Mühe, seine Gedanken in Worte zu fassen. Hier ist es sicher hilfreich für ihn, wenn wir ihm unser Interesse bekunden, zum Beispiel durch Ansehen, Kopfnikken, Zuwendung oder auch durch das Anwenden eines Gesprächsförderers, zum Beispiel durch Nachfragen (siehe Schnipsels erste Erwiderung auf Murks).

- Er redet umständlich in Man- und Wir-Aussagen um den heißen Brei herum. Wenn wir uns nicht entschließen, nur zu schweigen und zuzuhören, helfen hier die Gesprächsförderer wie zum Beispiel: «Weiterführen» oder «Gefühle umschreiben», zum Beispiel: «Wie erlebst du das?» bzw. «du empfindest dies als . . .»
- Er spricht zu Anfang bereits flüssig und stellt sein Anliegen klar verständlich dar. Es reicht meist aus, wenn wir aufmerksam zuhören und damit unser Interesse verdeutlichen.
- Er fällt mit der Tür ins Haus und ist nicht mehr zu bremsen. Hier ist zwar der Gesprächsanfang geleistet, aber wenn wir uns dadurch überfahren fühlen, sollten wir dies sogleich zu verstehen geben.
- Er faßt seine Angst, Unsicherheit vor dem Anfang des Gesprächs in Worte und teilt sie seinem Gegenüber mit. Mittlerweile wissen Sie, wie Sie hier reagieren könnten.

Der Gesprächsanfang ist sicherlich wesentlich mitbestimmt durch das Thema des Gesprächs. Will Ihr Partner Ihnen zum Beispiel seine Urlaubserlebnisse mitteilen, fällt es ihm bestimmt sehr viel leichter, einen Anfang zu finden, als wenn er ein Problem hat oder vielleicht einen Ratschlag möchte. Immer ist es jedoch wichtig, daß Sie eine Gesprächsatmosphäre schaffen, die es ihm erleichtert, das Gefühl zu benennen, das ihm den Anfang so erschwert, so daß er beispielsweise folgendes sagen könnte: «Ich habe Angst, weil ich nicht weiß, ob du mich vielleicht dann ablehnst.» Oder: «Ich bin nervös und unsicher, weil ich dieses Problem noch nie angesprochen habe.»

Es wird Ihrem Partner hierauf sicher leichterfallen, über sein Anliegen zu sprechen, und er wird zusätzlich aus Ihrer Reaktion erfahren, ob Sie ihm überhaupt zuhören können.

Gesprächsende

Genauso schwierig, ein Gespräch anzufangen, ist es auch, es zu beenden.

Sicher fallen Ihnen auch hierzu genug eigene Erfahrungen ein. Zur Verdeutlichung wieder ein Beispiel: A redet seit geraumer Zeit über seine Schwierigkeiten, mit drei Kindern und einem Hund eine Wohnung zu finden. B hat sich in der Stadt verabredet und möchte gehen. B hat nun verschiedene Möglichkeiten, das Gespräch zu beenden:

B sieht mehrmals ungeduldig auf die Uhr, steht auf und geht unruhig umher.
B schleicht sich davon, indem er vorgibt, auf die Toilette oder zum Telefonieren zu gehen.
B schiebt eine Entschuldigung vor, zum Beispiel: «Es tut mir furchtbar leid, aber ich muß noch auf die Bank gehen, bevor sie schließt.» Oder: «Ich muß mein Auto noch aus der Werkstatt holen.»
B bezahlt unvermittelt und zieht den Mantel an.

Zu den Verhaltensweisen, mit denen wir auch ein Gespräch beenden können, gehören fast alle «gängigen Gesprächsstörer».

Befehlen: «Jetzt verhältst du dich so, wie ich gesagt habe, und gibst morgen noch einmal eine Anzeige auf.»

In-die-Schublade-Stecken: «Ja, ja, du kannst dich eben nicht richtig durchsetzen, damit hast du ja schon immer Schwierigkeiten gehabt.»

Herunterspielen: «Also, jetzt dürfte ja alles klar sein, so schwierig ist das Problem ja wirklich nicht.»

Ausfragen stellt sicher keine Möglichkeit dar, ein Gespräch zu beenden.

Vorschläge – oder – Lösungen-Anbieten: «Geh doch einfach mal zum Makler, der wird schon etwas Passendes für dich haben.»

Vorwürfe-Machen: «Jetzt reden wir schon so lange, und ich müßte schon längst weg sein.»

Bewerten: «Ich finde deine Ansprüche unangemessen. Du kannst eben nicht alles auf einmal haben.»

Von sich reden und Überreden bietet auch keine Möglichkeit, zum Gesprächsende zu kommen.

Warnen, Drohen: «Also, wenn du dich so anstellst, bin ich sicher nicht bereit, ein andermal mit dir über ein Problem zu reden.»

Gegenbehauptung: «Ich bin grundsätzlich anderer Ansicht.»

Lebensweisheiten-zum-besten-Geben: «Die Wohnungsnot wird eben immer größer. Bald müssen wir wieder in Zelten hausen. Machen wir Schluß.»

Verspotten, Nicht-ernst-Nehmen, Ironisieren: «Freu dich doch, daß du nur einen Hund hast. Was meinst du, wenn der Junge hätte, würdest du überhaupt keine Wohnung mehr finden.»

Aus allen diesen Aussagen, ob sprachlich oder nichtsprachlich, erfahren wir, daß B keine Zeit mehr für uns hat. Dies ist für uns eine wichtige Mitteilung. Gleichzeitig verpackt er diese aber auf eine Art und Weise, die uns etwas vor den Kopf stößt. Er gibt uns das Gefühl, daß er nicht offen mit uns reden und kein Verständnis für sein Bedürfnis, das Gespräch zu beenden, erwarten kann.

Gleichzeitig vermittelt er uns möglicherweise damit ein schlechtes Gewissen, weil er uns indirekt zum Vorwurf macht, daß wir seine Zeit und seine Aufmerksamkeit schon zu lange für uns in Anspruch genommen haben. Diese Gefühle wären nicht aufgekommen, wenn B zum Beispiel folgende Verhaltensweisen gezeigt hätte:

Gesprächsthema verschieben: «Ich glaube, wir sind gerade an einem Punkt angekommen, an dem wir gut wieder ansetzen könnten. Wenn du willst, können wir gerne morgen darüber weiterreden. Im Moment habe ich eine Verabredung, die mir gerade wichtig ist.» Mit dieser Aussage macht B deutlich, daß er Interesse an A hat und ihm Verständnis entgegenbringt, daß er nur im Moment keine Zeit mehr hat.

Zusammenfassen wesentlicher Aussagen: «Du hast jetzt dargestellt, welche Schwierigkeiten auftreten . . . hast dies an verschiedenen Beispielen verdeutlicht . . . und willst jetzt mit mir überlegen, wie du vorgehen sollst. Ich möchte mir das alles erst noch einmal durch den Kopf gehen lassen.» Es bietet sich an diesem Punkt an, das Gespräch zu beenden bzw. zu unterbrechen. Mit dem Zusammenfassen der wichtigsten Aussagen vermittle ich, wie schon an früherer Stelle ausgeführt, dem Sprechenden das Gefühl, ihm wirklich zugehört zu haben.

Gefühle benennen: Kann der Gesprächspartner aus irgendwelchen Gründen nicht mehr zuhören, so sollte er dies dem anderen mitteilen. «Ich werde zunehmend müde und unkonzentriert. Ich finde es besser, Schluß zu machen.» Oder: «Ich habe gerade Mühe, dir zuzuhören, weil ich in Gedanken schon bei meiner Verabredung bin. Ich glaube, es ist besser, wir hören auf.»

Mit diesen Aussagen begründet B sein Verhalten, und A

kann sich nun damit auseinandersetzen. Er erfährt, daß B Mühe hat, ihm weiter zuzuhören und kann möglicherweise mit ihm zusammen das weitere Vorgehen überlegen, zum Beispiel einen neuen Gesprächstermin ausmachen.

Vielleicht denken Sie jetzt: So ehrlich kann ich doch nicht sein, damit verletze ich mein Gegenüber doch eher. Ich (Moni) möchte Sie deshalb an dieser Stelle ganz dringend bitten, es zu versuchen. Sicher ist es sehr ungewohnt für Sie, so offen und ehrlich zu Ihrem Bedürfnis zu stehen. Aber versetzen Sie sich nur einmal in die Rolle Ihres Gegenübers. Er wird Ihnen sicher dankbar sein, wenn Sie ihm zum Beispiel Ihre Müdigkeit zugestehen, ihm aber gleichzeitig auch Ihr weiteres Interesse bekunden. Denn genausogut, wie Sie einem Gesprächspartner, der nicht zuhören kann, etwas mitteilen, können Sie dies auch an eine Mauer sprechen oder Ihrem Papagei erzählen!

Wenn wir als Sprechender bei unseren Ausführungen kein Ende finden können, kann dies verschiedene Ursachen haben, zum Beispiel:

Uns fallen beim Sprechen sehr viele Dinge ein, die uns noch nie so bewußt geworden sind und die wir dem anderen alle mitteilen möchten. Wenn wir dabei sehen, daß unser Gesprächspartner Mühe hat, uns zuzuhören und uns dies vielleicht auch zu verstehen gibt, können wir versuchen, uns entweder auf die wichtigsten Ausführungen zu beschränken, indem wir sie gegen die unwichtigen abwägen; oder wir können, wenn uns dies selbst nicht gelingt, unsere Schwierigkeiten ansprechen, indem wir zum Beispiel sagen: «Mir fallen gerade so viele Dinge ein, die mir alle wichtig sind, und ich könnte noch endlos weiterreden. Ich habe aber das Gefühl, daß ich mich dabei verzettele und möchte auch bald ein Ende finden; vielleicht kannst du mir dabei helfen.»

Wir haben Angst, daß der andere weggeht und uns alleine läßt. Sicher ist es auch hier besser, diese Angst zu benennen, als ununterbrochen weiterzureden. Zum Beispiel: «Ich möchte gerade dieses Gespräch nicht beenden, weil ich befürchte, daß du dann weggehst, und ich dir noch viel zu sagen habe.»

Wir fühlen uns verstanden, und das Gespräch bringt uns weiter. Wenn wir befürchten, daß diese Situation so schnell nicht wieder eintritt, versuchen wir, sie festzuhalten, indem wir ohne Ende weiterreden. Auch dieses können wir dem anderen mitteilen. Es fällt uns dann sicher leichter, das Gespräch zu beenden: «Ich fühle mich gerade sehr verstanden und wohl. Ich fände es schön, wenn ich dich morgen noch einmal treffen könnte; dann könnten wir für heute Schluß machen.»

Neben diesem hinausgezögerten Gesprächsende gibt es auch das unvermittelte. Hier beendet der Sprechende die Unterhaltung mit einer plötzlichen Aussage oder Verhaltensweise, zum Beispiel er steht auf und geht. Als Zuhörer erfahren wir daraus nur, daß er nicht mehr mit uns reden möchte, aber nicht den Grund für sein Verhalten: Haben wir ihm nicht genug Verständnis entgegengebracht? Ist seine Frage beantwortet, sein Problem gelöst? Fühlt er sich in unserer Gegenwart unwohl, möchte uns dies aber nicht sagen?

Sicher ist es auch hier für beide Gesprächsteilnehmer einfacher, der Sprechende erklärt sein Verhalten mit Worten und gibt dem anderen damit die Möglichkeit, ihn zu verstehen.

Übungen

Setzen Sie sich einem Gesprächspartner gegenüber und schweigen Sie. Der andere soll Ihnen eine Hilfestellung geben, den Gesprächsanfang zu finden. Teilen Sie sich gegenseitig anschließend Ihre Gefühle mit.

Beginnen Sie nun das Gespräch auf irgendeine Weise. Unterscheiden Sie dabei zwischen Problemgesprächen, belanglosen Unterhaltungen, Urlaubsberichten usw. Lassen Sie sich von Ihrem Gegenüber mitteilen, wie Ihr Verhalten auf ihn wirkt, und berichten Sie ihm auch Ihre Empfindungen.

Unterhalten Sie sich mit Ihrem Gesprächspartner etwa fünf Minuten über irgendein Thema, und geben Sie ihm dann mit Worten zu verstehen, daß Sie das Gespräch beenden möchten. Probieren Sie dabei verschiedene Möglichkeiten aus, und sprechen Sie auch hier jeweils über Ihre gegenseitigen Gefühle.

Versuchen Sie auch, dem anderen mit verschiedenen nichtsprachlichen Äußerungen das Gesprächsende zu verdeutlichen.

10
Gespräche in Gruppen

Schnipsel: He, Murks, haben sie's dir auch schon gesagt?
Murks: Was?
Schnipsel: Mecki, Moni, Christian und Ina, die uns gezeichnet hat, wollen mit uns zusammen reden.
Murks: Wann?
Schnipsel: Morgen. Sie sagen, wir alle sechs sollen mal als Gruppe über dieses Buch sprechen.
Murks: Toll!
Schnipsel: Aber können wir denn das, so in einer Gruppe reden? Ich bekomm jetzt schon Lampenfieber bei dem Gedanken daran.
Murks: Ach, Schnipsel, bis morgen haben wir das auch noch gelernt. – Vielleicht haben sie ja dieses Kapitel hier extra für uns beide gemacht.

Einleitung

Oft läuft ein Gespräch mit mehreren Menschen nicht so ab, wie jeder einzelne sich das vorgestellt hat. Manchmal kommt es zu Mißverständnissen, oder die Gesprächsteilnehmer reden stundenlang aneinander vorbei. Gelegentlich bekommen sie sogar Streit miteinander. Dies betrifft sowohl Arbeitsgespräche mit Kollegen als auch Rundgespräche im Freundeskreis, Familiengespräche am Mittagstisch oder Stammtischpolitik in der Eckkneipe und andere. Woran liegt es nun, daß uns manche Gespräche befriedigen, andere dagegen ganz und gar nicht?

Sicherlich kommt es wesentlich auf die beteiligten Gesprächspartner an. Mit manchen können wir ohne Schwierigkeiten einen ganzen Abend Witze austauschen oder uns gegenseitig unsere Urlaubserlebnisse berichten. Mit anderen finden wir oft nicht einmal ein einziges Gesprächsthema und fühlen uns im Verlaufe des Zusammenseins zunehmend unwohler.

Aber neben der Wahl des Gesprächspartners und des Gesprächsthemas gibt es noch mehr zu beachten.

Wir wollen Ihnen in diesem Kapitel einige Regeln für das Verhalten bei Gruppengesprächen aufzeigen, weil wir der Ansicht sind, daß ihre Beachtung jedes Gruppengespräch fördert. Dabei werden wir Ihnen im Grunde genommen nichts Neues mitteilen, sondern die wichtigsten Punkte der vorangegangenen Kapitel noch einmal aufführen und ihre besondere Bedeutung für Gruppengespräche erläutern.

Beschreiben, Zerlegen und Benennen

Regeln für das Gruppengespräch

1. Versuchen Sie, sich an einem Gespräch so zu beteiligen, wie es Ihrem momentanen Bedürfnis entspricht.

Wir meinen damit: Lassen Sie sich zu keinem Redebeitrag zwingen. Wenn Sie zu einer bestimmten Angelegenheit keine Meinung haben, so stehen Sie dazu und lassen Sie sich nicht zu einer Äußerung überreden, nur weil Ihre Gesprächspartner dies von Ihnen erwarten. Dasselbe gilt, wenn Sie etwas noch nicht mitteilen möchten, weil es Ihnen selbst noch nicht klar ist oder weil Sie es für sich behalten wollen. Sicher ist es manchmal hilfreich, von anderen Gruppenteilnehmern angesprochen zu werden, doch wenn Sie im Moment schweigen möchten, wenn Sie lieber zuhören wollen, so tun Sie dies. Die gutgemeinte Äußerung: «Du hast schon so lange nichts mehr gesagt, was meinst du denn dazu?» kann sicher manchmal weiterhelfen, kann Ihnen zum Beispiel nach einer langen Schweigephase den Einstieg in das Gespräch erleichtern. Ebensogut können Sie sich damit aber auch unter Druck gesetzt fühlen, plötzlich alle Augen auf sich gerichtet spüren und verwirrt und nervös werden bei dem Gedanken, jetzt etwas sagen zu müssen. Deshalb: Stehen Sie zu Ihrem Bedürfnis und reden Sie wirklich nur dann, wenn Sie es auch wollen.

2. Genauso wichtig ist es, daß Sie sich nicht mehr mitteilen lassen, als Sie wirklich hören wollen; daß Sie Ihren Gesprächspartnern deutlich machen, was Sie interessiert und was nicht.

Denken Sie einmal daran, wie unangenehm es ist, wenn ein Gesprächspartner mitten im Gespräch verstohlen auf die Uhr blickt oder mühsam ein Gähnen unterdrückt. Meist wissen Sie dann nicht, ob der andere sich so verhält, weil er nicht mehr zuhören will, weil er vielleicht müde ist, oder weil er wirklich unter Zeitdruck steht. Wieviel sicherer könnten Sie sich fühlen, wenn er Ihnen beispielsweise sagen würde: «Ich interessiere mich für diesen Punkt nicht so sehr und möchte gerade nicht mehr zuhören.» Sicherlich wird diese Offenheit im ersten Moment verblüffen. Vielleicht fühlen Sie sich auch verletzt. Doch dieses Verhalten ist in jedem Fall ehrlich! Zugleich zeigt Ihr Gesprächspartner damit, daß er Sie als gleichwertigen Partner betrachtet, den er ernst nimmt und dem gegenüber er auch einmal eine unangenehme Mitteilung äußern kann.

3. Unterbrechen Sie das Gespräch, wenn Sie ihm nicht mehr folgen können. Wenn Sie unkonzentriert oder gelangweilt sind, müde oder sonstwie abwesend, bedeutet dies nicht nur, daß Sie nicht mehr aufmerksam zuhören und sich entsprechend am Ge-

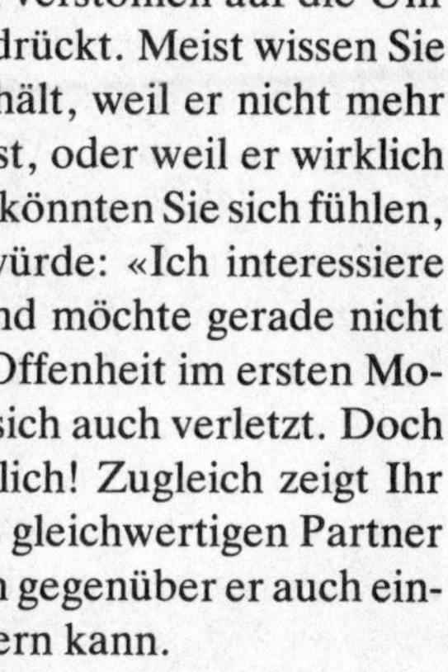

spräch beteiligen können, sondern Sie sind auch ein Verlust für die ganze Gruppe. Sie fallen sozusagen aus dem Gespräch aus. Nun gibt es verschiedene Gesprächssituationen. Manchmal haben Sie vielleicht das Bedürfnis, sich ganz zurückzuziehen; dann könnten Sie zum Beispiel sagen: «Ich bin müde und kann nicht mehr, ich möchte jetzt lieber gehen.» Der Rest der Gruppe wird auf diese Weise erfahren, warum Sie gehen, wird nicht irgendwelche Erklärungen für Ihr plötzliches Verschwinden suchen und kann das Gespräch dort fortsetzen, wo es stehengeblieben ist.

Bei anderen Gesprächen möchten Sie vielleicht gern wieder einsteigen, finden aber nicht mehr so richtig den Anschluß. Versuchen Sie, auch dies den anderen mitzuteilen, zum Beispiel: «Ich habe im Moment den Anschluß verloren, möchte aber gern mitreden. Könntet ihr mir vielleicht helfen?» Oder: «Bei diesem Punkt langweile ich mich gerade sehr, ich würde lieber über . . . reden.» Diese Äußerungen sollen nun nicht darauf abzielen, daß alle Gruppenteilnehmer sich immer nur nach Ihnen richten. Aber es ist in jedem Fall wichtig, daß die Gruppe erfährt, was in Ihnen vorgeht, welche Empfindungen und Wünsche Sie gerade haben. Wenn sie dann nicht bereit ist, darauf einzugehen, können Sie immer noch die Konsequenz ziehen und zum Beispiel für zehn Minuten allein eine Pause einlegen.

Fragen Sie sich also immer, was Sie im Moment wollen.

4. Achten Sie auf Ihren Körper. In den Kapiteln «Gefühle wahrnehmen und ausdrücken» sowie «Nichtsprachliche Mitteilungen» haben wir Sie ausführlich mit der Körperwahrnehmung und dem Körperausdruck (der Körpersprache) vertraut gemacht. Unser Körper sendet fortwährend Signale, daß heißt, er teilt uns mit, wie er sich fühlt. Achten Sie darum auf diese Signale! Es muß nicht immer ein Gähnen sein, das Ihnen Müdigkeit andeutet, auch ein Magenzucken oder Herzklopfen ist ein Signal und will beachtet werden.

Versuchen Sie gleichzeitig, auch bei Ihren Gesprächspartnern auf deren Körpersignale zu achten.

5. Sprechen Sie nur für sich. Wie schon im Kapitel «Ich-Aussagen» besprochen, können Sie immer nur für sich selbst und nicht für einen anderen sprechen. Vermeiden Sie deshalb Man- und Wir-Sätze. In den allermeisten Fällen steht hinter diesen ein Sich-Verstecken vor der eigenen Verantwortung.

6. Stellen Sie keine Frage, sondern machen Sie eine persönliche Aussage. Dies soll nicht zu einem Frageverbot führen; versuchen Sie nur einmal, die Gründe mitzuteilen, die Sie zu einer Frage veranlassen, zum Beispiel: «Ich möchte von dir gern wissen, wie es an der Nordsee war, weil ich mir überlege, ob ich auch dorthin fahre.» Oder: «Ich bin unsicher, ob das stimmt, kannst du mir sagen . . .» usw.

Aber selbst, wenn alle diese Regeln beachtet werden, kann ein Gespräch für die Beteiligten immer noch unbefriedigend ablaufen. Deshalb im folgenden einige häufig auftauchende Fehler, die den Sprechenden betreffen.

Häufige Fehler auf der Seite des Sprechenden

- Drückt sich ungenau aus.
- Ordnet seine Gedanken nicht, bevor er spricht, das heißt, spricht einfach drauflos, im guten Glauben, schon irgendwie verständlich machen zu können, was er sagen möchte.
- Versucht viel zuviel in einer Aussage unterzubringen, so daß sie verwirrend wirkt. Beachten Sie! Die Wirksamkeit einer Mitteilung wird um so größer, je kürzer sie ist. Also nicht die Länge ist überzeugend, sondern die Kürze. Es heißt ja nicht umsonst: «In der Kürze liegt die Würze.»
- Bringt zu viele Ideen in seine Äußerung ein, die oft untereinander nicht verbunden sind, so daß es für die Zuhörer schwierig ist, dem Gedankengang zu folgen.
- Redet aus Unsicherheit immer weiter, ohne daran zu den-

ken, daß seine Zuhörer schon lange nichts mehr aufnehmen können.
- Hört sich gerne reden.
- Spricht gleichförmig, ohne Betonung und innere Beteiligung, manchmal gelangweilt.
- Übersieht bestimmte Punkte des vorangegangenen Gesprächsbeitrags und antwortet daher nicht direkt darauf. Das Gespräch kommt nicht vorwärts.
- Dreht sich im Kreis, verbohrt sich in eine Idee, beleuchtet sie von allen Seiten.
- Versteckt sich hinter Autoritäten.

Die Schwierigkeiten bei Gruppengesprächen müssen nicht notwendig durch den Sprechenden erzeugt werden, es gibt auch Zuhörfehler.

Häufige Fehler auf der Seite des Zuhörers

Hat keine ungeteilte Aufmerksamkeit, ist abgelenkt, schweift mit seinen Gedanken ab.
Denkt schon an sich und probt seine Antwort, anstatt aufmerksam zuzuhören.
Legt sich seine Antwort schon zurecht.
Neigt dazu, nur zu hören, was er hören will, um sich gegebenenfalls über Einzelheiten zu ereifern, anstatt den ganzen Sinn und die wesentlichen Mitteilungen zu erfassen.
Denkt den Gedanken des Sprechenden schon weiter, wiederholt mehr, als der Gesprächspartner zuvor gesagt hat.

Gesprächsförderer in Gruppengesprächen

Es gibt einige Verhaltensweisen, die Sie in Gruppengesprächen berücksichtigen sollten, um mit Ihrem Gesprächsbeitrag genau das zu erreichen, was Sie wollen.

Im folgenden wollen wir Ihnen aufzeigen, wie Sie Ihre Gesprächsbeiträge so formulieren können, daß Sie auch wirklich verstanden werden.

Der wichtigste Punkt: Die Zuhörer müssen zuallererst verstehen, was Sie mit Ihrem Gesprächsbeitrag beabsichtigen. Wenn dies aus den ersten Worten Ihrer Aussage deutlich wird, so fällt es ihnen wesentlich leichter, bis zum Ende zuzuhören, als wenn das nicht der Fall ist bzw. sie erst am Ende erfahren, was Sie eigentlich sagen wollten.

Es ist deshalb Ihre Aufgabe, sich zuallererst zu überlegen, was Ihr Beitrag eigentlich darstellt.

Meinung

Eine Meinung muß auch als Meinung eingeführt werden. Zum Beispiel: «Meine Meinung dazu ist . . .» Ihre Zuhörer erfahren auf diese Weise, daß Sie zu einem bestimmten Punkt eine Meinung haben, die Sie gerade mitteilen wollen.

Eine für den Zuhörer schwer nachvollziehbare Einleitung wäre: «Ich frage mich gerade, ob wir nicht lieber . . . weil ich denke, daß wir . . .»

Hier wird genau wie oben eine Meinung mitgeteilt, doch der Sprecher verkleidet diese hinter der Formulierung: «Ich frage mich . . .» Die Zuhörer werden eigentlich somit in die Irre geführt. Ganz schwierig wird dies bei Fragen, die eigentlich keine sind, sogenannten Suggestivfragen: «Ich möchte mal fragen, ob ihr nicht auch der Meinung seid . . .»

Sachinformation

Wer Informationen hat und diese beisteuern möchte, soll dies auch so benennen, zum Beispiel: «Als Information kann ich folgendes dazu beitragen . . .» Oder: «Folgende Tatsachen kann ich kurz erläutern: . . .»

Der Zuhörer erfährt auf diese Weise, daß alle folgenden Sätze seiner Information dienen. Das Zuhören wird ihm wesentlich leichterfallen, als wenn die Satzeinleitung so gewesen wäre: «Meiner Meinung nach . . .» denn diese Formulierung deutet ja überhaupt nicht darauf hin, daß darin auch Sachinformationen enthalten sein könnten.

Ergänzung und Beispiel

Wer eine vorangegangene Information bereichern oder ergänzen möchte, soll dies auch genauso mitteilen, zum Beispiel: «Ich kann dazu folgendes Beispiel ergänzen . . .» Oder: «Mir fällt noch weiterhin dazu ein, daß . . .»

Und nicht etwa so: «Meiner Meinung nach könnte auch . . .» Oder: «Nach meinem Dafürhalten . . .»

Fragen

Bei den Fragen ist es wichtig zu entscheiden, ob sie an einen einzelnen Gesprächspartner gerichtet sind oder an die ganze Gruppe. Möchte ich von einem einzelnen eine Antwort haben, sollte der Satz damit eingeleitet werden, zum Beispiel: «Von dir möchte ich dazu folgendes wissen . . .» Und nicht erst eine langatmige Frage, die damit endet: «. . . und du kannst mir das wohl am ehesten beantworten.» In vielen Fällen muß der Redner dann seine Frage wiederholen, weil der Angesprochene noch gar nicht zugehört hat.

Weiterhin ist es wichtig, daß Sie bei Ihrer jeweiligen Frage genau unterscheiden, was Sie damit bezwecken. Eine Informationsfrage möchte eine Antwort haben, die Information enthält und sonst nichts.

Eine Verständnisfrage möchte nichts Neues hören, sondern eine Antwort erhalten, die das bisher Gesagte erläutert. Die Frage nach einer Meinung zielt darauf ab, daß der Angesprochene seine Ansichten dazu äußert.

Weiterführen

Wenn Sie den Gedanken eines Gesprächspartners weiterführen, fortsetzen, so hilft es der ganzen Gruppe, wenn Sie dies auch mitteilen. Alle erfahren auf diese Weise, wo Ihr Beitrag ein- und anzuordnen ist. Derjenige, der diesen Gedanken angesprochen hat, wird Ihnen zudem dankbar sein, denn er weiß nun, daß sein Gedanke Sie dazu geführt hat, weiter nachzudenken. Zum Beispiel: «Ich knüpfe noch einmal an deine Aussage an und führe Sie fort.» Oder: «Ich will einmal weiterführen, was du gerade gesagt hast.»

In-Beziehung-Setzen

Wenn Sie einen Beitrag haben, der im Gegensatz zu bisherigen Meinungen und Ansichten steht, so teilen Sie dies Ihren Gesprächspartnern genau so mit. Sie können dann Ihren Beitrag um so leichter einordnen und Ihre Gedankengänge nachvollziehen. «Im Gegensatz zu dir bin ich der Meinung, daß . . .» Oder: «Du sagst . . ., ich bin der Ansicht . . .»

Gesprächsverlauf festhalten

In manchen Gesprächen ist es sinnvoll, sich von Zeit zu Zeit bewußt zu machen, worüber eigentlich gesprochen wird. Auch wenn Sie selbst keinen Gesprächsbeitrag im Hinterkopf haben, können Sie sich doch am Gespräch sehr hilfreich beteiligen, indem Sie das bisher Gesagte entweder

zusammenfassen, das heißt alle wichtigen Punkte noch einmal kurz benennen, sozusagen auf einen Nenner bringen, zum Beispiel: «Ich will mal kurz festhalten, was gerade gelaufen ist; wir hatten zuerst . . . dann . . . und jetzt . . .»

in Beziehung setzen, das heißt verschiedene Standpunkte oder Gegensätze einander gegenüberstellen bzw. Ähnlichkeiten hervorheben, zum Beispiel: «Du sagst, du bist dafür . . . und ihr beide seid dagegen.» Oder: «Während du das so siehst . . . siehst du das so . . .»

weiterführen, indem Sie selbst einmal fragen, was für Vorstellungen und Möglichkeiten es außerdem noch gibt, einen Gedanken fortzusetzen, zum Beispiel: «Was gibt es denn da für Möglichkeiten weiterzukommen?» Oder: «Ich frage mich gerade, was das dann bedeutet.»

11 Meinungen darstellen

Schnipsel: Sag mal, Murks, wie stellt man eigentlich eine Meinung dar?
Murks: Eine Meinung stellt man nicht dar, die hat man.
Schnipsel: Ja, da magst du recht haben, aber es gibt doch auch Situationen, in denen jemand etwas sagt, ohne selbst daran zu glauben.
Murks: Wenn das jemand macht, dann ist er unredlich.
Schnipsel: Sind dann nicht viele Menschen unredlich?
Murks: So darfst du nicht fragen, denn im allgemeinen glauben die Menschen das, was sie sagen, und ob sie unredlich sind, hängt davon ab, *was* sie im einzelnen glauben, welche Meinung sie tatsächlich haben.
Schnipsel: Ja, und was meinst du?
Murks: Ich meine gar nichts!

Dieses Gespräch haben wir am Ende dieses Kapitels noch einmal abgedruckt und ausführlich besprochen.

Einleitung

Um angemessen zuhören zu können, und um das, was uns andere sagen, verstehen zu können, haben wir Ihnen in diesem Buch dargestellt, woran Gespräche oft scheitern und wie Sie es anders machen können.

In vielen Kapiteln stand die Frage im Vordergrund: *Was* machen unsere Gesprächspartner, wenn sie uns etwas erzählen? In diesem Kapitel geht es nun darum: *Wie* sprechen unsere Gesprächspartner, wenn sie uns ihre Meinung mitteilen?

Eine Meinung, eine Ansicht, läßt sich auf verschiedene Weise darlegen. Um in einer Auseinandersetzung mit einem Gesprächspartner nicht hoffnungslos unterlegen zu sein, ist es nicht nur wichtig, die eigenen Ansichten und Überzeugungen angemessen mitzuteilen, sondern auch zu erfassen, wie die Meinungen des anderen dargestellt werden.

In der Auseinandersetzung über verschiedene Ansichten siegen nicht etwa allein die besseren Argumente (die sicherlich auch), sondern oftmals entscheidet die bessere Darstellung dieser Argumente. Damit Sie sich von diesen sogenannten besseren Darstellungen nicht gleich ins Bockshorn jagen lassen, wollen wir Ihnen hier einige gängige Argumentationsformen darstellen. Auf diese Weise erhalten Sie die Möglichkeit, bestimmte Formen der Auseinandersetzung bei Ihrem Gesprächspartner zu erkennen und sie gegebenenfalls in Frage zu stellen bzw. ihnen etwas entgegenzusetzen.

Sie lernen auf diese Weise nicht nur das Hören, im Sinne von: «Wie argumentiert der andere?», sondern zugleich auch das Argumentieren, das Darstellen der eigenen Ansichten. Im vorangegangenen Gespräch behauptet Murks zwar, er habe keine Meinung, doch stellt er in allen seinen Äußerungen seine persönliche Meinung, seine Vorstellung dar; und dies in dem Bemühen, Schnipsel von seinen Ansichten zu überzeugen.

Beschreiben, Zerlegen und Benennen

Im vorangegangenen Kapitel haben wir dargelegt, wie wichtig es ist, in einem Gespräch mit mehreren zu Beginn mitzuteilen, was der eigene Gesprächsbeitrag bezweckt. Nun werden wir aber immer wieder in Situationen kommen, in denen wir und unsere Gesprächspartner uns nicht so verhalten. Jemand hat eine Meinung, teilt diese aber nicht so mit, daß wir sie auf Anhieb erkennen. Statt dessen legen wir und unsere Gesprächspartner Standpunkte oft in anderer Form dar:

Tatsachen mitteilen

A: Wenn wir nach Irland fahren, wird das ein total verregneter Urlaub, denn dort regnet es doch immer.

B: Es regnet zwar oft in Irland, aber nicht immer.

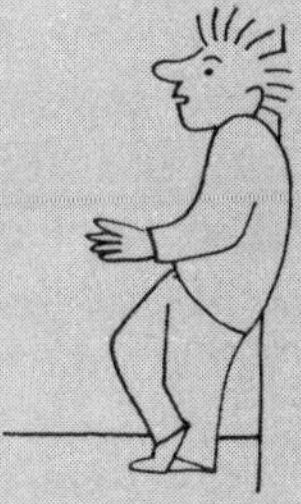

Eine der häufigsten Formen, seine eigene Meinung darzustellen, geschieht in der Form des Tatsachen-Mitteilens. Es wird etwas so dargestellt, als wenn es als bewiesene Tatsache gilt, an der nicht mehr zu rütteln ist. Im Beispiel hat A eine bestimmte Meinung über Irland und das dortige Wetter, diese Meinung wird nun als Tatsache ausgegeben.

In der Auseinandersetzung geht es nun darum, darauf zu achten, ob es sich tatsächlich um überprüfbare Tatsachen, um bewiesene Ergebnisse handelt, oder ob dahinter eigentlich nur eine Meinung, eine Vermutung steckt. In vielen Fällen ist dies so. In der Erwiderung gibt es zwei Möglichkeiten: Das Entkräften von Tatsachen und Behauptungen und das Bestreiten bzw. Widerlegen. Im obigen Beispiel versucht B die Äußerung von A zu entkräften: «Es regnet oft, aber nicht immer.»

Bestreiten wäre zum Beispiel: «Im August regnet es in Irland so gut wie nie.» Oder: «Ich war jetzt so oft dort und hatte stets gutes Wetter.»

Ein Beispiel für das Widerlegen einer Behauptung:

A: Die radioaktive Strahlung von Atomkraftwerken ist so groß, daß wir über kurz oder lang alle verseucht sein werden.
B: Wenn das stimmen würde, müßten die dort arbeitenden Techniker auch schon alle verseucht sein, was ja wohl nicht stimmt.

In der Auseinandersetzung mit Gesprächspartnern geht es deshalb um das genaue Zuhören, um das Unterscheiden von Tatsachen und Behauptungen.

Aber auch bewiesene Tatsachen können entkräftet werden, indem ihre Bedeutung für einen bestimmten Sachverhalt in Frage gestellt wird bzw. geringer gemacht wird, zum Beispiel:

A: Monika ist immer unpünktlich.
B: Sie ist zwar unpünktlich, aber zuverlässig, denn sie kommt immer.

Berufung auf Autoritäten

A: Ja, ja, ich sag immer: «Gehst du zum Weibe, vergiß die Peitsche nicht».
B: Du und dein Nietzsche! Schon in der Bibel steht: «Der Mann soll dem Weibe anhängen.» Und der Satz ist schon sehr viel älter.

Läßt sich die eigene Meinung nicht als Tatsache darstellen, so wird häufig darauf zurückgegriffen, mit den Aussagen berühmter Personen die geäußerten Ansichten zu untermauern. Das können genausogut Philosophen und Theologen sein wie Politiker und andere. Fast alle Äußerungen laufen dann auf die Form hinaus: «Der Sowieso sagt auch . . .» Oder: «Schon Derundder hat dazu gesagt . . .» Dahinter steckt die Überzeugung: Wenn Sowieso das schon gesagt hat, dann muß es auch stimmen; es handelt sich sozusagen schon um eine bewiesene Tatsache. Aber es müssen nicht immer lebende oder schon gestorbene Personen herangezogen werden. Oft ist es auch die Bibel oder Gott, Gesetze oder andere Bücher, Sprichworte oder die ganze Menschheit im Sinne von: «Alle machen das so und so . . .» «Jeder Mensch muß schließlich . . .» und ähnliche Formen.

In der Auseinandersetzung mit einem Gesprächspartner gilt es darum herauszufinden, wie groß die tatsächliche Bedeutung dieser Berufung auf Autoritäten für das laufende Gespräch gerade ist; denn oft werden andere Personen bemüht, die eigene Meinung zu unterstützen, weil die besseren Argumente fehlen. Nicht jede Äußerung von großen Persönlichkeiten muß auch richtig sein bzw. Bedeutung für Sie haben. Genausowenig gilt nicht alles, was in der Bibel steht, unabdingbar für Sie. Nicht jedes Sprichwort enthält «die» Wahrheit, und das Verhalten vieler Menschen muß noch lange kein Maßstab für Sie sein.

A: Ich glaube, daß unsere Nachbarn mit ihren Kindern irgendwie besser zurechtkommen als wir mit den unsrigen. Vielleicht schlagen sie weniger?
B: Aber es heißt ja nicht umsonst: «Wer seine Kinder liebt, der züchtigt sie auch».
A: Darum geht's doch gar nicht. Ich überlege mir doch nur, was unsere Nachbarn anders machen als wir.

A: Der Notendruck, der auf unsere Schüler ausgeübt wird, macht diese noch ganz krank.
B: Auf der anderen Seite stellen die Zeugnisse und Noten aber auch einen gewissen Anreiz zum Lernen dar.

In der Auseinandersetzung über eine Sache ist es oftmals wichtig, mehrere Seiten zu betrachten. Um sich nicht zu verbohren oder gar blind in einen Standpunkt zu verbeißen, ist es hilfreich, das Für und Wider, die zwei Seiten einer Sache, abzuwägen. Dies ist besonders angeraten, wenn unser Gesprächspartner dazu neigt, Behauptungen in einseitiger Form aufzustellen.

So sinnvoll und fördernd es in Gesprächen sein kann, mehrere Seiten einer Sache zu betrachten, so störend kann diese Verhaltensweise sein, wenn wir oder unsere Gesprächspartner lediglich ausweichen wollen, um nicht auf das Gesagte eingehen zu müssen. Beispiel:

A: Wenn man das alles glaubt, was so in den Zeitungen steht, so scheint die Sicherheit unserer Kernkraftwerke nicht sehr groß zu sein.
B: Andererseits sind aber herkömmliche Kohlekraftwerke auch umweltbelastend.

So konstruiert das Beispiel sein mag, so wird doch deutlich, daß B überhaupt nicht auf die Äußerung von A eingeht. Sein «andererseits» stellt sozusagen lediglich eine Gegenbehauptung dar. Es ist deshalb wichtig, in Gesprächen darauf zu achten, ob hier wirklich zwei Seiten einer Sache dargestellt werden, ob versucht wird, ein ganzheitliches Bild verschiedener

Ansichten zu gewinnen; oder ob nur Behauptungen aneinandergereiht werden, die eigentlich nichts miteinander zu tun haben. Wenn wir ein derartiges Verhalten bei unserem Gesprächspartner wahrnehmen, so ist es wichtig, ihm dies mitzuteilen und ihn zu bitten, erst einmal auf unser Argument einzugehen.

So könnte im vorangegangenen Beispiel A erwidern: «Ich möchte jetzt nicht über die Umweltbelastung von Kraftwerken sprechen, sondern über die Sicherheit.»

Vergleiche anstellen

A: Intensive Sonnenbestrahlung kann zu Hautkrebs führen.
B: Vergleiche ich dies mit anderen krebsfördernden Belastungen, denen wir tagtäglich ausgesetzt sind, scheint mir diese Belastung noch die geringste zu sein.

Eine Möglichkeit, Behauptungen oder Tatsachen zu entkräften, besteht darin, Vergleiche anzustellen. Beim Vergleichen wird die Bedeutung eines bestimmten Sachverhalts, die Wichtigkeit einer angeführten Tatsache, eingeschränkt.

In Auseinandersetzungen müssen wir nun darauf achten, ob unser Gesprächspartner mit seinem Vergleich tatsächlich unsere Argumente entkräftet oder ob er lediglich abzulenken versucht.

A: Der Streß im Büro ist nicht mehr auszuhalten; die Zahl der Krankmeldungen wächst ständig.
B: Wenn ich das mit meinem Streß vergleiche, ist das doch harmlos.

B geht mit seinem sogenannten Vergleich überhaupt nicht auf die Äußerung von A ein. In derartigen Situationen ist es wichtig, dem Partner mitzuteilen, daß wir den Vergleich für unzulässig halten. So könnte A zum Beispiel entgegnen: «Daß du gestreßt bist, mag ja sein, aber es geht mir gerade darum, daß unser Bürostreß zu immer mehr Krankmeldungen führt.»

«Ja, aber . . .»

A: Die Einführung einer Höchstgeschwindigkeit von 100 km/h auf allen Autobahnen führt eindeutig zu weniger Unfällen.
B: Ja, sicher, aber dann hat keiner mehr Lust zum Autofahren.

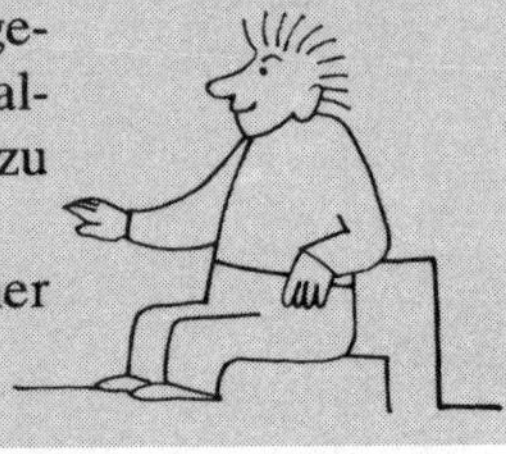

Die am häufigsten auftretende Form der Auseinandersetzung kann als «Ja-aber»-Technik bezeichnet werden. Mit dem kleinen Wörtchen «ja» gehen wir sozusagen auf unseren Gesprächspartner ein, tun so, als ob wir mit dem Geäußerten einverstanden seien, um direkt anschließend unser einschränkendes «Aber» vorzubringen. Statt eines «Ja» können die Formulierungen auch ähnlich lauten:

«Sicher, doch . . .»
«Das stimmt, dennoch . . .»
«Ganz genau, jedoch . . .»
«Ganz einer Meinung, aber . . .»
«Richtig, nur . . .»

Alle diese Formulierungen laufen darauf hinaus, sich zunächst einmal mit dem Gesprächspartner einverstanden zu erklären, um dies sogleich wieder einzuschränken.

In Auseinandersetzungen müssen wir nun darauf achten, ob unsere Gesprächspartner tatsächlich ihr grundsätzliches Übereinstimmen mit uns zum Ausdruck bringen möchten, dem sie lediglich noch weitere Gesichtspunkte anschließen wollen, oder ob sich hinter dem «Ja» nur eine Floskel versteckt, die gar kein Einverständnis ausdrücken soll. Gerade in hitzigen Auseinandersetzungen kommt es oft vor, daß dieses «Ja» dazu verwendet wird, den Gesprächspartner zu besänftigen, zu beruhigen.

Es ist allemal besser, unterschiedliche Ansichten und Standpunkte als verschieden darzustellen, als die tatsächlichen Unterschiede durch ein schwammiges Ja zu verwischen. Eine Auseinandersetzung sollte nie von der Vorstellung bestimmt sein, um jeden Preis die Harmonie wiederherzustellen; im Volksmund heißt das: «Friede, Freude, Eierkuchen.» Das Ziel einer Auseinandersetzung wird in den seltensten Fällen lauten: Alle Gesprächspartner sollen anschließend die gleiche Meinung haben.

Wichtiger ist es, die tatsächlichen Unterschiede herauszuarbeiten. Was ist unsere Meinung zu einem bestimmten Sachverhalt? Wie sehen die Ansichten unseres Gesprächspartners aus und worin unterscheiden wir uns?

«Wenn und Aber»

A: Zehn Zigaretten weniger am Tag, und du könntest ein Vermögen sparen.
B: Wenn ich das täte, könnte ich sicherlich reich werden, aber zugleich würde ich so unruhig werden, daß ich mich meines Vermögens kaum freuen würde.

Ähnlich wie bei der «Ja-aber»-Technik wird beim «Wenn und aber» versuchsweise auf den Gesprächspartner eingegangen. Alle Formulierungen laufen auf das Schema hinaus: «Wenn das so ist, wie du sagst, dann hast du recht, aber es ist nicht so.»

Im Gegensatz zur «Ja-aber»-Technik liegt hier jedoch die

Bereitschaft vor, sich wenigstens einmal in der Phantasie mit den Gedanken des Gesprächspartners zu beschäftigen.

Auch hier müssen wir wieder darauf achten, ob unser Gesprächspartner sich wirklich auf unsere Argumente einläßt, ob er versucht, ansatzweise unsere Gedanken nachzuvollziehen oder ob er eigentlich ausweicht.

A: Ohne Energieeinsparungen werden wir eines Tages im Dunkeln sitzen.

B: Wenn das so wäre, wäre das sicherlich schrecklich, aber dazu wird es wohl nie kommen.

Unsere Aufgabe ist es, in Auseinandersetzungen darauf zu achten, ob wir selbst oder unsere Gesprächspartner sich hinter einem «Wenn und aber» verstecken. Hinter dem «Wenn und Aber» verbirgt sich zumeist die Befürchtung, mit einer derartigen Meinung allein dazustehen und angegriffen zu werden. Oft lauten solche Formulierungen etwa: «Wenn ich zum Beispiel sagen würde, daß . . . aber das sage und denke ich ja gar nicht.»

Häufen sich solche Formulierungen, ist es zweckmäßig, den Gesprächspartner darauf anzusprechen, zum Beispiel: «Sag mir lieber einmal, was du wirklich denkst, und nicht, was du unter bestimmten Umständen meinen könntest.»

Ausweichen und Allgemeinwerden

A: Bei der gestrigen Betriebsfeier war die Stimmung nicht sonderlich gut.
B: Im allgemeinen haben wir aber ein gutes Betriebsklima.

Das Ausweichen und Allgemeinwerden bringt ein Gespräch so gut wie nie voran. Statt auf die Äußerungen des Gesprächspartners einzugehen, wird ja gerade ausgewichen und etwas Allgemeineres dagegengesetzt. Das Dagegensetzen mit einem Vergleich sähe so aus: «Verglichen mit allen bisherigen Feiern, war das gestern wohl eher eine Ausnahme.»

Sobald wir in der Auseinandersetzung derartige Verhaltensweisen bei unserem Gesprächspartner bemerken, ist es angeraten, dies genauso auch mitzuteilen, zum Beispiel: «Da werden Sie mir jetzt aber zu allgemein. Ich möchte wirklich wissen, was gestern abend die Stimmung so gedrückt hat.»

Andernfalls besteht die Gefahr, daß wir mit unserem Anliegen gar nicht mehr zum Zuge kommen, sondern fortan über Allgemeines sprechen, zum Beispiel: «Ja, da gebe ich Ihnen recht, daß unser Betriebsklima sich sehen lassen kann.»

Sie können sich sicherlich vorstellen, daß A und B dieses Gespräch beliebig fortsetzen können. Nur wird A dabei nicht erreichen, mit B zusammen nachzudenken, welche Gründe für die Stimmung auf der Betriebsfeier ausschlaggebend waren.

Manchmal kann es notwendig sein, ein sehr spezielles Beispiel dadurch zu entkräften, indem wir auf allgemeinere Tatbestände und Zusammenhänge hinweisen. In solchen Fällen liegt aber kein Ausweichen vor, sondern eine tatsächliche Auseinandersetzung.

A: Es hat doch bald keinen Sinn mehr, zur Wahl zu gehen. Hier steht, daß in unserem Bezirk die Wahl unter 30 Prozent lag. Was soll's also?

B: Im allgemeinen lag die Beteiligung aber bei knapp 85 Prozent, und das ist doch ein ganz beachtliches Ergebnis.

Ausweichen auf eigene Erfahrungen

A: Die Umstellung von der eigenen Wohnung aufs Altersheim fällt den meisten älteren Menschen sehr schwer.

B: Das stimmt nicht. Wenn ich da an meine Großmutter denke, die blühte im Altersheim noch einmal richtig auf.

So wichtig die eigenen Erfahrungen sind, so wenig lassen sie sich verallgemeinern. In vielen Fällen ist es schlichtweg unzulässig, eine Behauptung oder Tatsache dadurch entkräften zu wollen, daß auf eigene Erfahrungen hingewiesen wird, die im Widerspruch dazu stehen. In dem Satz: «Ausnahmen bestätigen die Regel» steckt der Gedanke, daß es für alles und jedes ein Gegenbeispiel geben mag, eine Ausnahme vorhanden ist, die aber nichts an der Gültigkeit einer bestimmten Aussage ändert. Wie schon im Abschnitt «Berufung auf Autoritäten» gesagt wurde, muß nicht alles, was bedeutende Personen je gesagt haben, auch für uns gelten. Genausowenig *müssen* die Einzelerfahrungen unseres Gesprächspartners auch für uns zutreffend sein.

In Gesprächen müssen wir deshalb darauf achten, ob unsere Partner mit der Mitteilung von persönlichen Erfahrungen die Auseinandersetzung tatsächlich bereichert, oder ob dahinter ein Ausweichen steckt, ein Abbiegen des Gesprächs auf persönliche Einzelerfahrungen. A könnte zum

Beispiel im vorangegangenen Beispiel erwidern: «In manchen Fällen mag das ja zutreffen, aber ich möchte ganz allgemein über die Situation älterer Menschen beim Wechsel ins Altersheim nachdenken.»

Durch das Ansprechen haben Sie eher Gewähr dafür, daß Ihrem Interesse für ein bestimmtes Gesprächsthema entsprochen wird.

Verallgemeinern

A: Kennst du eigentlich das Märchen von Einäuglein-Zweiäuglein?
B: Nein.
A: Du kennst auch überhaupt keine Märchen.
B: Das ist doch übertrieben. Ich kenne dieses eine Märchen nicht, andere Märchen kenne ich sehr wohl.

In der Auseinandersetzung mit unseren Gesprächspartnern müssen wir uns hüten, von einzelnen Gegebenheiten auf die Gesamtheit zu schließen. In vielen Fällen verbirgt sich hinter dem Verallgemeinern noch zusätzlich ein Übertreiben. Folgende Formulierungen deuten auf diese Argumentationsform hin:

«Immer ist jemand oder etwas . . .»
«Nie . . .»
«Alles . . .»

Erleben wir dies bei unserem Gesprächspartner, ist es notwendig, ihn darauf hinzuweisen, indem wir uns zum Beispiel dagegen verwahren, wie B im obigen Beispiel.

Das Verallgemeinern steht dem «gängigen Gesprächsstörer» In-die-Schublade-Stecken sehr nahe und bringt wie dieser ein Gespräch nie weiter.

In den bisher angeführten Argumentationsformen war das Übertreiben und Verallgemeinern bereits öfter enthalten. Es steht sozusagen selten für sich genommen, sondern wird in Verbindung mit anderen Formen, die eigene Meinung darzustellen, verwendet. Erinnern Sie sich an das Beispiel im Abschnitt «Tatsachen anführen»: A stellt dort die übertriebene Behauptung auf, daß es in Irland immer regne. B bemüht sich in seiner Erwiderung, diese Übertreibung einzuschränken, indem er sagt: «Oft, aber nicht immer.»

Fragen, nichts als Fragen

A: Die Benachteiligung der Frau am Arbeitsplatz ist immer noch nicht aufgehoben.

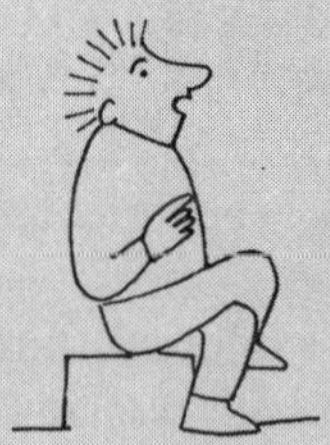

B: Wieso?

A: Weil es immer noch genug Frauen gibt, die schlechter bezahlt werden als Männer mit gleicher Tätigkeit.

B: Warum lassen sich die Frauen schlechter bezahlen?

A: Weil sie gar keine andere Arbeit finden.

B: Warum?

A: Weil diese Benachteiligung nicht nur auf wenige Betriebe beschränkt ist.

B: Warum sagst du Benachteiligung?

A: Na, es ist doch ungerecht, wenn Frauen anders behandelt werden als Männer.

B: Was findest du daran ungerecht?

A: Männer sind doch keine besseren Menschen als Frauen.

B: Wie kommst du darauf?

Dieses Gespräch zwischen A und B kann endlos so weitergehen. B stellt zu jeder Äußerung von A sofort eine neue Frage und zwingt das Gespräch somit in eine ganz bestimmte Richtung. Für A ist es sehr schwierig, sich dieser Situation zu entziehen, denn auf eine Frage gehört eine Antwort, also versucht er, alle Fragen von B zu beantworten.

Diese Frage-Technik kann manchmal sinnvoll sein, um in Gesprächen verschiedene Ansichten und Vermutungen zu einem Tatbestand abzuklopfen. In diesem Sinne wäre die Frage als Gesprächsförderer aufzufassen, und zwar als «Nachfragen». In den meisten Fällen jedoch begegnen wir eher dem Gesprächsstörer «Ausfragen» oder der «gesprächstötenden» Form des «Fragens-um-des-Fragens-Willen».

Vielleicht erinnern Sie sich auch an bestimmte Menschen in Ihrem Bekanntenkreis, denen man erzählen kann, was man will, sie haben für alles und jedes immer ein Dutzend Fragen bereit. Ich (Christian) kann mich nur schwer des Verdachts erwehren, als ob es sich dabei um ein Spiel mit mir handelt. Ein Spiel, in dem es um das schnelle Fragenstellen und Beantworten geht, mit dem Ziel, daß ich alsbald aufgeben soll. Die einzige Möglichkeit, die ich sehe, dieses Spiel zu beenden, besteht darin, diese Situation anzusprechen, und meine Empfindungen entsprechend mitzuteilen: «Ich komme mir hier vor wie im Verhör, warum soll ich eigentlich immerzu deine Fragen beantworten?»

Manchmal befinde ich mich aber auch in Situationen, in denen ich mich nicht so recht traue, meinem Gesprächspartner mitzuteilen, was sein Fragenstellen bei mir auslöst. Oder aber ich begegne einem Gegenüber, der mir auf obige Äußerung erneut eine Frage entgegenhält: «Warum möchtest du wissen, wozu ich dir Fragen stelle?» Dann drehe ich den Spieß einfach um und frage zurück: «Warum fragst du mich das?»

Wichtig ist also herauszufinden, ob unser Gesprächspartner Fragen stellt, die sein Interesse bekunden oder die seine Überlegenheit, Fragen stellen zu können, zeigen sollen.

A: Führt die Ölkrise nicht zu Massenentlassungen?

B: So darfst du nicht fragen, denn obwohl Öl und Entlassung irgendwie zusammenhängen, spielen da doch noch eine Menge anderer Gesichtspunkte eine entscheidende Rolle.

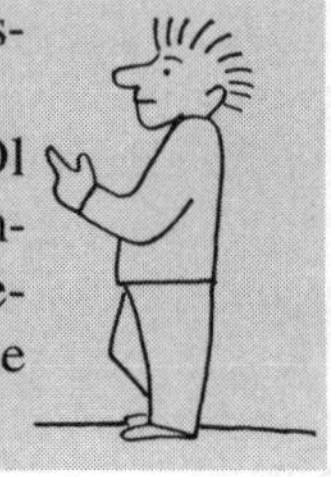

In einer Auseinandersetzung kann es manchmal sehr hilfreich sein, eine bestimmte Frage zurückzuweisen, weil sie in dieser Form unzulässig ist oder weil sie Unbewiesenes voraussetzt bzw. Zusammenhänge vorgibt, die so nicht bestehen.

Ein bekanntes Beispiel ist der Scheidungsrichter, der einen Angeklagten fragt: «Nachdem Sie Ihre Frau geschlagen hatten, sind Sie dann sofort aus der Wohnung gelaufen, ja oder nein?» Der Angeklagte hat aber seine Frau überhaupt nie geschlagen. Was soll er also antworten? Gleichgültig, ob er «ja» oder «nein» sagt, beide Male gibt er zu, zuerst seine Frau geschlagen zu haben. Die einzige Möglichkeit besteht für ihn darin, die Frage insgesamt in Frage zu stellen: «So können Sie mich das nicht fragen . . .»

So wichtig es ist, uns stets vor Augen zu halten, daß nicht jede an uns gerichtete Frage eine Antwort erhalten muß, daß wir zunächst einmal nur entscheiden müssen, ob wir die uns gestellte Frage überhaupt für zulässig halten, so wichtig ist es auch, genau achtzugeben, was unser Gesprächspartner mit unseren Fragen macht. Sicherlich kann die eine oder andere Frage, die wir ihm stellen, für unzulässig erachtet und in Frage gestellt werden, nur darf dies nicht zum Schema, zum Prinzip ausarten. Dann werden alle Fragen zunächst einmal in Frage gestellt, in der Form: «So (mein Lieber) kann man ja nicht fragen.»

Dahinter verbirgt sich meist Überheblichkeit, eine zur

Schau gestellte Überlegenheit im Sinne von: «Ich weiß schon, was man wie fragen darf und was nicht. Und darum beantworte ich zunächst erst einmal gar keine Frage.»

Auch hier gilt es wieder, unserem Gesprächspartner unseren Eindruck zu vermitteln, den wir von dieser Situation haben.

Bandwagon-Technik

A: Wir Kulturfreunde sind sicherlich alle der Meinung, daß der neue Theaterplan etwas dürftig geraten ist.

B: Ja, ganz Ihrer Meinung, wirklich dürftig.

Der Begriff Bandwagon-Technik hat uns so gut gefallen, daß wir ihn beibehalten wollen. Das Wort stammt aus den USA. Der Bandwagon (gesprochen: *bähnd*wäggn) ist ein hoher bunter Wagen mit einer Musikkapelle obendrauf, die mit Tschingdarassabum eine Zirkusparade anführt. Danach heißen im übertragenen Sinne alle diejenigen, die immer vorneweg sein und den Ton angeben wollen, auch Bandwagon. Eine treffende Eindeutschung wäre vielleicht: «Erste Geigen» oder «Ton-Angeber».

Formulierungen in dieser Bandwagon-Technik, die wir uns in letzter Zeit notiert haben, sind zum Beispiel folgende:

- «Aufrechte Katholiken wie wir sind selbstverständlich gegen jede Form von Abtreibung.» Ist der hier angesprochene Gesprächspartner aber doch für irgendeine Form der Abtreibung, so darf er sich in den Augen seines Gegenübers anschließend nicht mehr zu der Gruppe der aufrechten Katholiken zählen.

- «Wir Freunde von H. W. sind auch der Ansicht, daß Entspannungspolitik Abrüsten bedeutet.» Auch hier darf sich der Angesprochene nicht mehr als Freund H. W.s empfinden, wenn er hier anderer Ansicht ist.
- «Emanzipierte Frauen wie wir weigern sich grundsätzlich, bestimmte Zeitschriften zu kaufen.» Der Einkauf bestimmter Zeitschriften hat hiernach zur Folge, nicht mehr zur Gruppe der emanzipierten Frauen zu zählen.

Isolieren

A: Wer den neuen Theaterplan gut findet, zeigt, daß er vom Theater überhaupt keine Ahnung hat.
B: Fürwahr.

Das Isolieren stellt die Umdrehung der Bandwagon-Technik dar. Hier wird eine Ansicht so formuliert, daß die Gegener, die Andersdenkenden, isoliert werden, in eine Ecke geschoben werden. Ansichten und Meinungen zu widersprechen, die in der Formulierung der Isolierungstechnik hervorgebracht werden, ist nicht leicht, da wir uns damit sozusagen ins Abseits bringen, selber zum Außenseiter machen.

Wir haben die vorangegangenen Beispiele darum einmal umformuliert, um Ihnen zu zeigen, wie derartige Formulierungen lauten:

«Wer für Abtreibung ist, hat auch nichts gegen Mord.»

«Wer gegen Abrüsten ist, will den Krieg.»

«Wer diese Zeitschriften kauft, will wieder das Heimchen am Herd werden.»

Wollen wir auf diese Änderungen mit einer entgegengesetzten Ansicht eingehen, so laufen wir Gefahr, zu einer zu verachtenden Minderheit zu gehören, in unseren Beispielen zur Gruppe der Mörder, Kriegshetzer oder Ewig-Gestrigen.

Eine Möglichkeit besteht darin, unserem Gesprächspartner

zunächst einmal mitzuteilen, welche Argumentationsform er gerade verwendet und was sein Verhalten in uns auslöst; zum Beispiel:

«So wie du deine Ansichten darstellst, kann ich mit dir nicht weiterreden, weil du mich sofort zum Kriegshetzer machst, wenn ich anderer Ansicht bin als du.»
«Diese Form der Auseinandersetzung lehne ich ab. Nach Ihrer Vorstellung gibt es nur Leute Ihrer Meinung oder Mörder.»
«Andersdenkende sofort abzustempeln halte ich für sehr gefährlich. Wir sollten anders über dieses Thema reden.»

Beschuldigen – Entschuldigen

A: Wer derartige Ansichten vertritt wie du, wird uns noch einmal in eine Katastrophe bringen.
B: Oh, Entschuldigung, es tut mir wahnsinnig leid, das so gesagt zu haben.

Beim Beschuldigen wird dem Gesprächspartner ein Vorwurf gemacht mit dem Ziel, daß dieser seine Meinung über etwas ändert oder seine Ansichten zurücknimmt. Das Beschuldigen stellt eine gemeine (aber leider auch allgemeine) Form der Auseinandersetzung dar. Der Gesprächspartner wird für irgend etwas verantwortlich gemacht, ihm wird die Schuld zugeschoben. Viele Formulierungen enthalten den Vorwurf: «Wenn du im Moment nicht so wärst, dann ginge es mir besser.»

Beim Entschuldigen nimmt der Gesprächspartner seine Ansichten, Vorstellungen und ähnliches wieder zurück. Das Entschuldigen stellt eine der häufigsten Reaktionen auf das Beschuldigen dar.

Nun gibt es aber auch Gesprächspartner, die sich schon entschuldigen, ehe sie überhaupt etwas gesagt haben, ehe sie ihre Meinung mitgeteilt haben.

«Entschuldigt, daß ich das hier so sage . . .»

«Entschuldigen Sie, aber ich muß dazu sagen . . .»

«Entschuldige bitte, daß ich da folgende Meinung habe . . .»

Hinter dieser Satzeingangsfloskel steckt oft sehr viel Unsicherheit, die eigene Meinung zu behaupten, sich festzulegen. Hier erinnern wir wieder daran: Ein Gespräch hat nicht so sehr das Ziel, daß alle einer Meinung sind, sondern daß alle ihre Meinung mitteilen können bzw. sich ihre Meinung aus dem Gesprächsverlauf heraus bilden können.

Darum achten Sie in Gesprächen darauf, ob Ihr Gesprächspartner sich tatsächlich für seine Äußerung entschuldigt, sie damit sozusagen zurücknimmt, oder ob hier nur formell eine Entschuldigung vorgebracht wird, ohne daß sich irgend etwas am Gespräch ändert. Machen Sie Ihren Gesprächspartner darauf aufmerksam, ehe Sie weiterreden. Sie laufen andernfalls Gefahr, aneinander vorbeizureden.

Persönlichwerden

A: Das Freizeitangebot in unserer Gemeinde ist sehr vielfältig und gut.
B: Wer Abend für Abend vor der «Glotze» hockt, sollte dazu lieber nichts sagen.

Beim Persönlichwerden wird der Gesprächspartner auf Grund bestimmter Eigenschaften, Gewohnheiten oder ähnlichem in seiner Ansicht nicht für voll genommen. Dieses Persönlichwerden muß nicht immer ein Angreifen oder Beschuldigen sein im Sinne von: «Du bist doch doof.» In vielen Fällen läuft dieser Angriff indirekt ab. Persönliche Informationen über den Gesprächspartner werden im Gespräch so eingebracht, daß ihm das Recht abgesprochen wird, bei diesem Thema mitzusprechen.

«Wer selber seine Lehre abgebrochen hat, sollte sich da raushalten.»

«Bei deinen ganzen Unfällen bist du ja wohl nicht der richtige Gesprächspartner hierfür.»

«Bei Ordnungsfragen solltest du, glaube ich, nicht mitreden.»

Manchmal läuft dies noch indirekter ab. Die Sätze werden so allgemein formuliert, daß der Gemeinte gar nicht mehr angesprochen wird, das Recht zu sprechen ihm aber gleichfalls entzogen wird.

«Mich interessiert die Ansicht von denen, deren Zimmerpflanzen wirklich gedeihen.»

«Wer noch nie einen Unfall hatte, kann mir vielleicht sagen . . .»

«Ich möchte von denen, die auch morgens immer schwimmen gehen, gern wissen . . .»

Auch hier hilft nur das Ansprechen. Wenn es uns stört, daß unser Gesprächspartner persönlich wird, Informationen aus unserem Privatleben dazu benutzt, uns anzugreifen, so ist es notwendig, dies auch mitzuteilen. Manchmal – besonders in größeren Gruppen oder vor fremden Menschen – trauen wir uns nicht so recht, dann müssen wir eben abwarten und nachträglich die Angelegenheit zur Sprache bringen, zum Beispiel: «Ich fühle mich verletzt, wenn du mich vor versammelter Mannschaft derartig bloßstellst, indem du sagst . . .»

Gesprächsstörer

In diesem Zusammenhang möchten wir abschließend noch auf einige Gesprächsstörer hinweisen, die in Auseinandersetzungen leider immer wieder vorkommen. Nehmen wir noch einmal das Schulbeispiel:

A: Der Notendruck macht unsere Kinder noch ganz krank.
B: Na, na, so schlimm wird's ja nicht werden.

Dieses Herunterspielen zeigt, daß B nicht bereit ist, auf die Meinung von A einzugehen. A hat nur die Möglichkeit, dies direkt anzusprechen.

A: Der Notendruck macht unsere Kinder noch ganz krank.
B: Wenn du weiterhin unsere Kinder so verziehst, dann wirst du schon sehen, was du davon hast.

Auch das Drohen stellt eine häufige Form dar, auf die Äußerungen des Gesprächspartners nicht einzugehen.

A: Der Notendruck macht unsere Kinder noch ganz krank.
B: Du hast wohl wieder mal deinen Zartfühlenden.

Auch hier versucht B eher einen Streit vom Zaun zu brechen, versucht A zu reizen, zu provozieren, als wirklich auf die Äußerungen einzugehen.

Zusammenfassende Übersicht über Gesprächsmanöver zur Tarnung bloßer Meinungen

Tatsachen mitteilen
Berufung auf Autoritäten
Zwei Seiten einer Sache
Vergleiche anstellen
«Ja, aber . . .»
«Wenn und Aber»
Ausweichen und Allgemeinwerden
Ausweichen auf eigene Erfahrungen
Verallgemeinern

Fragen, nichts als Fragen
Fragen in Frage stellen
Bandwagon-Technik
Isolieren
Beschuldigen-Entschuldigen
Persönlichwerden
Gesprächsstörer

Übungsgespräch

Das Eingangsgespräch zwischen Murks und Schnipsel haben wir an dieser Stelle noch einmal aufgeführt, um Ihnen Satz für Satz die verschiedenen Argumentationsformen zu verdeutlichen.

Schnipsel: «Sag mal, Murks, wie stellt man eigentlich eine Meinung dar?» Schnipsel stellt eine Informationsfrage, er möchte etwas wissen.

Murks: «Eine Meinung stellt man nicht dar, die hat man.» Murks stellt eine Behauptung auf, er teilt seine Meinung hierzu als Tatsache mit, im Sinne von: Das ist so.

Schnipsel: «Ja, da magst du recht haben, aber es gibt doch auch Situationen, in denen jemand etwas sagt, ohne selbst daran zu glauben.» Schnipsel wendet die «Ja, – aber»-Technik an.

Murks: «Wenn das jemand macht, dann ist er unredlich?» Murks stellt seine Meinung wieder als Tatsache dar, er behauptet etwas und verallgemeinert dies sogar im Sinne von: Alle Menschen sind unredlich, wenn sie sich so verhalten.

Schnipsel: «Sind dann nicht viele Menschen unredlich?» Schnipsel hakt nach, er stellt eine Frage, um die Äußerung von Murks noch besser zu verstehen.

Murks: «So darfst du nicht fragen, denn im allgemeinen glauben die Menschen das, was sie sagen, und ob sie unredlich sind, hängt davon ab, *was* sie im einzelnen glauben, welche Meinung sie tatsächlich haben.» Murks geht auf die Frage von Schnipsel nicht ein, er stellt die Frage als solche erst einmal in Frage. Daran schließt er wieder eine erneute Behauptung an, die so dargestellt wird, als wenn es sich um eine Tatsache handelt. Gleichzeitig wird Murks allgemein, beruft sich sozusagen auf alle Menschen.

Schnipsel: «Ja, und was meinst du?» Schnipsel fragt erneut nach.

Murks: «Ich meine gar nichts.» Nach allen diesen Meinungen, Ansichten, Behauptungen von Murks zieht er sich darauf zurück, selber dazu gar nichts zu meinen. Damit bringt er erst recht zum Ausdruck, daß alles, was er gesagt hat, eine bewiesene Tatsache ist, die unabhängig von seiner Meinung immer gilt.

Bei folgendem Übungsgespräch haben Sie wieder die Aufgabe, die einzelnen Aussagen von A und B den in diesem Kapitel dargestellten Argumentationsformen zuzuordnen.

A: Unsere Nachbarn werden nun bald ihr fünftes Kind bekommen.

B: Das nenne ich eine reife Leistung. Es heißt ja auch: «Seid fruchtbar und mehret euch.»

A: Ja, das stimmt, aber ist fünf nicht ein bißchen viel?

B: Es ist sicherlich auf der einen Seite eine große Belastung, in einer so kleinen Wohnung fünf Kinder zu haben, andererseits ist es auch ein großartiges Erlebnis, das viel Freude bereitet.

A: Wieso?

B: Na ja, die eigenen Kinder heranwachsen zu sehen, mitzubekommen, wie verschieden sie zugleich sind, das stelle ich mir aufregend vor.

A: Warum?

B: Entschuldige, daß ich das jetzt so sage, aber ich könnte mir zur Zeit sehr gut vorstellen, selber Kinder zu bekommen.

A: Bei deiner Abneigung gegen jeglichen Lärm kann ich mir das kaum vorstellen.

B: Verglichen mit dem Straßenlärm jeden Tag ist das bestimmt noch gar nichts.

A: Wir, die wir verantwortungsbewußt und modern sind, werden zum Glück nicht jede Mode unüberlegt mitmachen. Unser Verantwortungsbewußtsein zeigt sich ja gerade darin, so eine Angelegenheit nicht gefühlsmäßig zu entscheiden.

B: Na, hast du heute wieder deinen Verantwortungsbewußten?

A: Es muß doch einfach einmal deutlich gesagt werden, wer heutzutage noch ein Kind in die Welt setzt, der ist verantwortungslos.

B: Wer so einseitig seine Meinung vertritt, zeigt doch nur, daß er nichts von der ganzen Sache verstanden hat. Sag mir lieber, warum *du* keine Kinder willst.

A: Mich persönlich darfst du da nicht fragen, so kommen wir nicht weiter. Im allgemeinen ist diese Welt viel zu unfreundlich für Kinder.

B: Das stimmt doch nicht. Wenn ich den Spielplatz vorm Haus sehe, dann denke ich immer, daß es das zu meiner Zeit noch nicht gab.

A: Wenn die Welt überall so aussehen würde wie da unten, dann wäre sicher schon einiges besser, aber du kannst doch nicht von diesem einen Spielplatz auf die allgemeine Kinderfreundlichkeit schließen.

Auflösung

1. Tatsachen mitteilen
2. Berufung auf Autoritäten
3. «Ja, aber . . .»
4. Zwei Seiten einer Sache
5. Fragen, nichts als Fragen
6. Ausweichen auf eigene Erfahrungen
7. Fragen, nichts als Fragen
8. Entschuldigen
9. Persönlichwerden
10. Vergleiche anstellen
11. Bandwagon-Technik
12. Gesprächsstörer: Reizen, Provozieren
13. Isolieren
14. Beschuldigen
15. Fragen in Frage stellen sowie Ausweichen und Allgemeinwerden
16. Ausweichen auf eigene Erfahrungen
17. «Wenn und Aber»

Übungen

Für dieses Kapitel stellen wir Ihnen keine speziellen Übungen vor. Einen Vorschlag wollen wir Ihnen aber dennoch machen: Achten Sie einmal bei Fernsehübertragungen politischer Debatten oder bei Kommentaren zu bestimmten Nachrichten darauf, welche Argumentationsformen die jeweiligen Redner verwenden. Es ist gar nicht so schwer, die im Bundestag gehaltenen Reden einmal daraufhin zu durchleuchten, wie die jeweilige Meinung dargestellt wird.

Auch im Freundeskreis oder beim Kneipengespräch am Nachbartisch können Sie in nächster Zeit betont darauf achten, wie die jeweils Sprechenden ihre Ansichten darstellen.

12
Konflikte und deren Bewältigung

Murks: Du, Schnipsel, hast du's dir schon überlegt, wenn wir hier in dem Buch nicht mehr gebraucht werden, ob wir dann gemeinsam Ferien machen sollen?

Schnipsel: Ja, weißt du, das wird sicher schwierig, weil du nicht immer das willst, was ich will und umgekehrt.

Murks: Also, das glaube ich nicht. Wir verstehen uns doch sonst so gut. Aber, wenn du nicht willst, kann ich mir ja jemand anderen suchen.

Schnipsel: Ich will ja schon, nur sollten wir die Probleme dabei auch sehen und uns überlegen, was wir dann tun könnten.

Murks: Am besten, wir veranstalten jedesmal ein Wettrennen, und wer gewinnt, darf entscheiden, was gemacht wird.

Schnipsel: Nein, nein, so geht es nicht; du mit deinem Bauch und den kurzen Beinen würdest ja dann ständig verlieren. Nein, laß uns doch mal schauen, was Moni, Christian und Mecki in solchen Situationen tun.

Einleitung

Obwohl sicher jeder Mensch seine eigenen Erfahrungen auf dem Gebiet der Konflikte gesammelt hat, möchten wir diesen Bereich im folgenden etwas genauer betrachten. Im Mittelpunkt stehen dabei die Fragen: Welche Verhaltensweisen können während eines Konflikts üblicherweise auftreten? Welche anderen Wege können eingeschlagen werden, um den Konflikt für alle Beteiligten einigermaßen befriedigend bewältigen und lösen zu können?

Bevor wir uns jedoch mit diesen Konfliktreaktionen befassen, sollten wir zuvor klären, *wie* und *wo* Konflikte entstehen können. Zum Beispiel: Ich (Mecki) sehe in einem Geschäft einen wunderschönen Mantel, der aber beim näheren Hinsehen einen stolzen Preis aufweist. Mein Konflikt besteht nun darin, daß diese Sache (der Mantel) sowohl eine angenehme (Schönheit) als auch eine unangenehme (Preis) Seite besitzt. Jede Entscheidung muß zugunsten der einen und zuungunsten der anderen Seite ausfallen. Neben diesen Konflikten *in mir*, können auch Konflikte *mit anderen* entstehen. Zum Beispiel: Vor den Regalen eines Weingeschäfts stehend, muß ich feststellen, daß ich Wein kaufen möchte, während meine Begleitung etwas gegen Alkohol hat. Wie an diesem Beispiel deutlich wird, können Konflikte mit anderen dann auftreten, wenn sich die Beteiligten hinsichtlich ihrer Bedürfnisse und Interessen unterscheiden.

Im weiteren wollen wir uns hauptsächlich mit den Konflikten befassen, die im Zusammenleben mit anderen entstehen können, und welche Wege zu deren Bewältigung eingeschlagen werden können.

In den vorangegangenen Kapiteln haben wir aufgezeigt, was wir tun können, um Mißverständnisse und daraus folgende Konflikte zu verringern. Dieses Kapitel dient nun dazu, Möglichkeiten zur *Konfliktlösung* aufzuzeigen. Es dient aber nicht dazu, Verhaltensweisen darzustellen, mit deren Hilfe Konflikte vertuscht und/oder vermieden werden können.

Sie werden sicher fragen, wieso ist ein konfliktfreies Leben nicht anstrebenswert, vor allem angesichts der inneren Spannung, der unangenehmen Gefühle, die Konflikte mit sich bringen?

Ein in diesem Sinne konfliktfreies Leben hätte zur Voraussetzung, daß alle Menschen, vor allem die in unserer Umgebung, zu jedem Zeitpunkt genau die gleichen Bedürfnisse, Interessen, Erwartungen und Gefühle in der gleichen Stärke besitzen wie wir.

Sicher können Sie aus eigener Erfahrung sagen, daß es in Ihrem Leben keinen Menschen gegeben hat, mit dem Sie immer in allen Punkten übereingestimmt haben. Im Zusammenleben mit anderen Menschen werden, bedingt durch die Einzigartigkeit jedes Menschen, immer wieder Bedürfnisse und Interessen auseinanderklaffen. Somit sind Konflikte unvermeidbar.

Mit anderen Menschen zusammen zu leben bedeutet deshalb immer auch Auseinandersetzung: Auseinandersetzung mit uns selbst, mit unseren eigenen Gefühlen, Bedürfnissen usw. und Auseinandersetzung mit den Gefühlen und Interessen unserer Mitmenschen. Gleichzeitig sei darauf hingewiesen, daß Konfliktsituationen möglicherweise den Beginn einer Weiterentwicklung, eines Fortschritts darstellen können. Dies gilt nicht nur für den persönlichen Bereich, sondern auch für andere Bereiche wie zum Beispiel Wissenschaft, Wirtschaft und Gesellschaft.

Inwieweit jedoch diese Weiterentwicklung eintreten wird, ist abhängig von der Art, wie wir mit Konflikten umgehen, wie wir sie lösen.

Beschreiben, Zerlegen und Benennen

Ohne Anspruch auf Vollständigkeit wollen wir im folgenden eine Reihe von Konfliktreaktionen beschreiben, die unserer Meinung nach häufig, zu häufig, auftreten.

Diese Konfliktreaktionen haben wir grob in drei Bereiche unterteilt. So können wir im Konfliktfall:

beschwichtigen, indem wir zum Beispiel nachgeben;
ausweichen, indem wir zum Beispiel weinen;
uns widersetzen, indem wir zum Beispiel drohen.

Nachgeben

A: Immer mußt du diese schreckliche Musik anhören, die mir überhaupt nicht gefällt.
B: Mir gefällt sie aber sehr gut.
A: Auf mich nimmst du wohl überhaupt keine Rücksicht.
B: Na gut, dann höre ich sie eben nicht mehr.

Warum B so schnell nachgibt, erkennen wir aus diesem kurzen Gesprächsausschnitt nicht; dazu fehlt der Zusammenhang. Wir können es nur vermuten.

Vielleicht fühlt sich B so sehr unter Druck gesetzt, daß ihm keine andere Wahl bleibt. Vielleicht will er auf diese Weise einen größeren Konflikt vermeiden, weil er bereits entsprechende Erfahrungen gemacht hat. Wir können auf jeden Fall ziemlich sicher sein, daß dieser Wortwechsel mit Bs Nachgeben beendet ist.

Eine Lösung des Problems wäre zum Beispiel dadurch zustandegekommen, daß A und B gemeinsam überlegt hätten, wie jeder sein Bedürfnis befriedigen könnte, ohne den anderen zu stören oder einzuschränken. Zum Beispiel: «Ich will dich nicht stören; nur will ich im Moment diese Musik hören. Vielleicht kannst du dich in das andere Zimmer setzen.»

Es gibt verschiedene Gründe, die Menschen veranlassen, eher nachzugeben, als ihre Meinung zu vertreten und sich möglicherweise dabei auf ein Konfliktgespräch einzulassen.

Oft es ist Unsicherheit, Angst, zu der eigenen Meinung zu stehen, vor allem, wenn diese noch nicht fertig durchdacht ist. Daneben gibt es die Angst vor jeglicher Art von Konflikt, weil dieser sich oft zu einem Streit ausweitet; das heißt, jeder versucht nur noch, seine Meinung so bestimmt wie möglich darzustellen, um den (die) anderen möglichst schnell an die Wand zu spielen. Ein weiterer Grund kann sein, daß der Geprächspartner nachgibt, in der Form: «Der Klügere gibt nach.» Dies sieht oft so aus, daß großmütig nachgegeben wird: «Du hast ja vollkommen recht; Popmusik ist keine Klassik.» Oder: «Bitte, wie du willst. Der Klügere gibt ja nach.»

Flucht

Einen Konflikt beenden können wir auch, indem wir uns zurückziehen. Wäre B zum Beispiel beim vorangegangenen Beispiel aufgestanden und aus dem Zimmer gegangen, wären sicher auch keine weiteren Worte gefallen. Ein weiteres Beispiel:

A: Du weißt ganz genau, daß ich wütend werde, wenn du dauernd anderen nachschaust.
B: Ich kann immer noch tun, was ich will; außerdem tue ich das ja gar nicht.
A: Ich hab dich doch schon lang genug beobachtet, mach mir doch nichts vor.
B: Du mußt es ja wissen. (Steht auf und geht.)

B entzieht sich hier einem weiteren Gespräch und verhindert damit zum Beispiel, daß beide die Ursachen ihres Konflikts klären, möglicherweise ein Mißverständnis aufdecken. Dies bedürfte aber wahrscheinlich eines längeren Gesprächs und der Bereitschaft, auch einmal über unangenehme Dinge zu sprechen. Oft fühlen wir uns dazu aber nicht in der Lage. Sei es, weil wir weder unsere eigenen Gefühle noch die des Gesprächspartners erkennen können und deshalb außerstande sind, auf sie einzugehen. Sei es, weil wir Angst haben, über Gefühle zu sprechen und deshalb fliehen. Auf den ersten Blick ist es sicher einfacher, uns zurückzuziehen; nur wird damit das anstehende Problem nicht gelöst und eigentlich nur auf einen anderen Zeitpunkt vertagt.

Für mich (Moni) ist es sehr schwierig, mit Menschen umzugehen, die vor jedem Konflikt fliehen, weil sie mir damit die Möglichkeit nehmen, mich mit ihnen auseinanderzusetzen. Eigentlich wollte ich ja ihre Einstellung, ihren Standpunkt und die dahinterstehenden Bedürfnisse verstehen.

Schlechtes Gewissen

A: Ich bin unausgeschlafen und habe schlechte Stimmung, weil du wieder die ganze Nacht geschnarcht hast.
B: Ich hatte dir ja angeboten, auf der Couch im Wohnzimmer zu schlafen.
A: Das nützt auch nichts, dich hört man ja durch zwei Türen hindurch.
B: Was soll ich denn noch machen? Ich kann ja auch nichts dafür.

Mit diesen beiden Aussagen macht A nicht nur seinen Unmut und seine Verärgerung deutlich, sondern vermittelt B gleichzeitig auch ein schlechtes Gewissen.

Wir können vermuten, daß der Konflikt schon länger andauert und sehen auch, daß B die Schwierigkeiten As ernst nimmt und bereit ist, nach einer Lösung zu suchen. A dagegen will vor allem seinen Ärger loswerden und kümmert sich dabei nicht um Bs Bemühen. Dies hätte er getan, wenn er zum Beispiel gesagt hätte: «Ob das etwas hilft, weiß ich nicht; aber ich kann's ja einmal ausprobieren.»

Es gibt verschiedene Gründe, die uns dazu bewegen, anderen ein schlechtes Gewissen zu vermitteln. Zum einen kann dies mit der Absicht geschehen, ihn klein zu machen. Zum anderen kann dieses Verhalten dann eingesetzt werden, wenn wir uns zum Beispiel vernachlässigt fühlen und/oder Dankbarkeit erwarten, dies aber nicht direkt sagen können oder wollen: «Deinetwegen habe ich genug durchgemacht.» «Wie oft habe ich Ihnen zuliebe schon verzichten müssen.»

Weinen

A: Wieso hast du heute abend bei unseren Freunden wieder so wenig geredet?
B: (Fängt an zu weinen.)

Wir wissen nicht, welche Auseinandersetzungen diesem Gespräch vorausgegangen sind. Auf jeden Fall drückt B mit seinem Weinen aus, daß er sich hilflos fühlt. Es scheint so, als ob ihn die Aussage von A verletzt hat. Sie wissen schon, was wir jetzt fragen: Warum teilt B das nicht mit? «Das trifft mich, wenn du so vorwurfsvoll bist.»

B muß das Gespräch ja nicht führen, aber anstatt zu weinen, kann er dies A zum Beispiel auch folgendermaßen mitteilen: «Ich kann (will) darüber nicht reden.»

Oft vermittelt Weinen dem Gesprächspartner ein schlechtes

Gewissen, zumindest solange er den Grund des Weinens nicht kennt und annehmen muß, daß er sich möglicherweise falsch verhalten hat: Manchmal setzen wir Weinen genau deshalb ein, zum Beispiel, wenn wir einen Konflikt beenden wollen oder uns in die Enge getrieben fühlen, dies aber nicht mit Worten ausdrücken können (wollen). Wir stellen uns dabei bewußt schwach dar in der Hoffnung, daß der andere deshalb Rücksicht auf uns nimmt.

Beide Male, wenn Weinen bewußt oder unbewußt erfolgt; bewirkt es meist das Ende des Gesprächs; seine Fortsetzung wird zumindest sehr erschwert. Häufig wird dann in solchen Situationen das Weinen zum Gegenstand der Unterhaltung: Die Schwäche des Weinenden kann zum einen ausgenützt werden, um dadurch eigene Stärke zu verdeutlichen: «Ich hab's mir schon gedacht, jetzt spielst du wieder den Hilflosen.» «Jetzt heulst du wieder; das ist aber auch alles, was du kannst.» Zum anderen kann sich der Gesprächspartner bemühen, den Weinenden zu verstehen, indem er auf ihn eingeht und zum Beispiel nachfragt. Auch damit wird aber das Gespräch leicht vom eigentlichen Thema weg in eine andere Richtung gelenkt.

Es sei an dieser Stelle kurz darauf hingewiesen, daß es zu Zeiten der Fürstenhöfe Mode war, sich einer schwierigen Situation, eines Konflikts oder einer unangenehmen Nachricht dadurch zu entziehen, daß die betreffende Person (immer Frauen!) in Ohnmacht fielen. Wenn dies auch heute nicht mehr zu den gebräuchlichen Konfliktlösungen gehört, so finden wir doch eine Parallele im Zurückziehen durch Weinen. Beide Male zieht der Angesprochene die Aufmerksamkeit, Zuwendung des anderen ganz auf sich und bewirkt zumindest damit eine Aufschiebung des Konflikts.

A: Immer muß ich das Geschirr abspülen. Jetzt reicht's mir langsam.
B: Dafür hab ja auch ich gestern die ganze Wohnung geputzt.
A: Das tust du aber nur alle zwei Wochen, und ich spüle jeden Tag.
B: Aber ich hab vorgestern auch noch das Auto in die Werkstatt gebracht.

Sie können sich sicher leicht vorstellen, daß dieses Gespräch noch lange so weitergehen kann. A wird immer wieder eine Entgegnung auf B finden und umgekehrt. Nur werden sie auf diese Weise nie zu einer Lösung des Konflikts finden, da sie dabei die Ursache aussparen. Sie hätten zum Beispiel gemeinsam überlegen können, ob die Ursache für As Ärger darin begründet liegt, daß er sich grundsätzlich ausgenützt fühlt; oder sie hätten eine neue Arbeitsaufteilung vornehmen können, bei der die Aufgaben gleichmäßiger verteilt wären.

Oft steht hinter dem Aufrechnen mehr als eine momentane Unzufriedenheit. Manchmal dienen uns solche Situationen nur als Aufhänger, um mit dem Partner wieder einmal gründlich abzurechnen, die ganze Unzufriedenheit und den aufgestauten Ärger loszuwerden. Dann erstaunt es nicht, daß sich Beschuldigung an Beschuldigung reiht und dadurch eine Lösung des Konflikts unmöglich wird.

A: Du sollst nicht soviel trinken. Jetzt holst du schon wieder die zweite Flasche Wein.
B: Du hast ja bei der ersten mindestens die Hälfte mitgetrunken.
A: Darum geht es doch überhaupt nicht. Du trinkst ja schon seit einiger Zeit zuviel.
B: Ich weiß schon, mir ist nicht mehr zu helfen.

Für mich (Moni) bedeutet die letzte Entgegnung von B ein Ausweichen vor dem eigentlichen Problem. Anstatt zum Beispiel über die Gründe für seinen gestiegenen Alkoholkonsum nachzudenken, beschuldigt sich B selbst als hoffnungslosen Fall, über den es nicht lohnt weiterzureden. Gerade dies aber war wohl As Absicht.

Immer machen wir mit dieser Verhaltensweise unserem Gegenüber deutlich, daß wir nicht mehr bereit sind, mit ihm weiter über ein Problem nachzudenken. Dies kann verschiedene Gründe haben. Manchmal handelt es sich um ein unangenehmes Thema, das wir auf diese Weise bequem zu umgehen versuchen. Manchmal steht dahinter auch Ärger, Wut, die über diesen Umweg ausgedrückt wird, weil sie nicht offen geäußert werden kann; zum Beispiel mit Ironie: «Ich weiß schon, ich bin unverbesserlich, denn alle anderen sind besser als ich.»

Den Beleidigten spielen

A: Ich kann dich morgen leider nicht besuchen kommen, mir ist etwas dazwischengekommen. Vielleicht können wir es verschieben.

B: Am besten lassen wir es dann gleich ganz.

B reagiert hier überempfindlich, ohne zum Beispiel auf den Vorschlag As einzugehen. Indem er sich schmollend zurückzieht, macht er deutlich, daß er sich wahrscheinlich zurückgesetzt, übergangen fühlt. Er hätte dies auch ansprechen und damit A die Möglichkeit geben können, seine Enttäsuchung zu verstehen: «Ich habe das Gefühl, daß du keinen besonderen Wert darauf legst, mich zu treffen.» «Ich bin enttäuscht, weil ich den Eindruck habe, daß dir alles andere wichtiger ist als ich.»

Oft verstärkt der Beleidigte sein Verhalten noch durch nichtsprachliche Mitteilungen, zum Beispiel indem er den Telefonhörer aufhängt; weggeht und den anderen stehenläßt; anfängt, Zeitung zu lesen oder sich mit sonst etwas zu beschäftigen.

Den Beleidigten spielen wird oft genauso bewußt eingesetzt, wie wenn wir uns selbst anklagen und damit den Schuldigen spielen. Fast immer wird damit das Konfliktgespräch beendet. Der Angesprochene entzieht seinem Gegenüber sozusagen die Angriffsfläche, indem er ihm indirekt vorwirft, ihn ungerecht behandelt zu haben. Er versucht damit, ihm ein schlechtes Gewissen zu vermitteln, ihn unter Druck zu setzen, im Sinne von: «Wenn du mich so ungerecht behandelst, bzw. wenn ich dir so unwichtig bin, habe ich kein Interesse an einem weiteren Gespräch.»

Ob eine ungerechte Behandlung vorliegt oder nicht, ist für

uns in diesem Zusammenhang nicht entscheidend; wichtig ist nur, daß B nicht bereit ist, den Konflikt auszuhalten und möglicherweise zu klären.

Harmonie um jeden Preis

A: Ich sehe mich außerstande, mit dir auch nur noch einen Tag länger zusammenzuarbeiten.
B: Aber bis jetzt ging es doch ganz gut.
A: Du mußt doch zugeben, daß sich in letzter Zeit die Konflikte häufen.
B: Aber wir harmonieren doch so gut und verstehen uns doch.

Mit beiden Aussagen versucht B, in keiner Weise auf As Problem einzugehen. Ich (Moni) habe den Eindruck, daß ihm nur ein Gedanke vor Augen steht: Auf keinen Fall einen Konflikt aufkommen zu lassen. Um dies zu vermeiden, hat er sich offensichtlich seine Entgegnungen bereits zurechtgelegt und wartet nur auf den Augenblick, sie an den Mann zu bringen. Ihn interessieren dabei nicht die Gründe für As Unzufriedenheit, weil er diese ja gar nicht wahrhaben will; ihm geht es nur darum, einen drohenden Konflikt zu vermeiden.

Ein Konfliktgespräch wäre wahrscheinlich dann zustande gekommen, wenn B zum Beispiel gesagt hätte: «Kannst du versuchen, die Gründe für deine Unzufriedenheit zu benennen.» Oder: «Ich fände es gut, wenn wir uns zusammen überlegen würden, welche Ursachen diese Konflikte haben.»

Dieses Bedürfnis, Harmonie um jeden Preis zu erreichen bzw. beizubehalten, tritt nicht immer so deutlich zutage wie eben beschrieben. Oft wird es ganz bewußt mit dem Ziel eingesetzt, den anderen um den Finger zu wickeln. Zum Beispiel:

A: Ich werde jetzt langsam wütend, weil ich mich hier abmühe und du keine Anstalten unternimmst, mir zu helfen.

B: Du kannst das aber doch so gut, ich habe noch niemand gesehen, der so geschickt ist beim Bilderaufhängen wie du.

Auch hier wird ein Konfliktgespräch vermieden. B hebt As Können anerkennend hervor und verhindert mit diesem Lob, daß A seine Verärgerung weiter zum Ausdruck bringt. Würde er dies tun, würde er damit gleichzeitig sein erhaltenes Lob abschwächen.

Bei beiden Beispielen führen die beschriebenen Verhaltensweisen dazu, daß ein Konflikt erst gar nicht entstehen kann, daß er sozusagen im Entstehen bereits abgeblockt wird; und dies beide Male mit dem Ziel, Harmonie zu wahren.

Immer versucht ein Gesprächspartner, dem anderen die Gefühle für sein Verhalten abzusprechen, indem er ihn von seiner eigenen Meinung überzeugen will. Dies geschieht beim Um-den-Finger-Wickeln verdeckter, als bei dem offen geäußerten Harmoniebedürfnis, und ist deshalb meist schwer zu durchschauen.

Gründe für ein derartiges Verhalten können Angst vor jeglicher Art von Konflikt sein sowie Unsicherheit, mit Konflikten umzugehen. Es können aber auch Gleichgültigkeit und Bequemlichkeit dahinterstehen, das heißt, keine Bereitschaft, auf das Problem eines anderen einzugehen.

Rückmeldung

In einem Konfliktgespräch dem Gegenüber Rückmeldung über sein Verhalten zu geben, bildet eine gute Möglichkeit, einen Konflikt lösen zu helfen. Nur sollte diese dann kurz und verständlich sein, da die Gemüter meist doch recht erhitzt sind. Es ist sicher unklug, wenn zum Beispiel ein Partner innerhalb eines Gesprächs über ein anstehendes wichtiges Problem zu einer grundlegenden Stellungnahme über die Beziehung als solche ansetzt. Damit hindert er den Klärungsprozeß eher, als daß er ihn fördert. Es ist dann sicher der Lösung des Konflikts zuträglicher, wenn er seine Stellungnahme verschiebt, um zu einem anderen Zeitpunkt darauf zurückzukommen.

Es liegt an Ihnen zu entscheiden und möglicherweise auszuprobieren, wann Sie in Konflikten Rückmeldung geben wollen und ob zum Beispiel die jeweilige Situation und das Thema dafür geeignet sind.

Stellen Sie sich beispielsweise vor: Sie bereiten mit einem Freund zusammen das Abendessen. Er ist etwas müde und unkonzentriert, und Sie kommen sich dauernd in die Quere. Ihnen reißt nach einiger Zeit die Geduld, und Sie holen zu einer umfassenden Stellungnahme über sein Verhalten aus: «Es fällt mir schon seit einiger Zeit auf, daß du so unkonzentriert bist; neulich bei G . . . und überhaupt habe ich das Gefühl, daß da etwas anderes dahintersteckt . . .» – Und inzwischen brennen die Kartoffeln an!

Es ist Ihnen sicher einsichtig, daß eine solche Situation für eine lange Rückmeldung nicht geeignet ist.

A: Du bist gerade bei Rot über die Ampel gefahren, hast du das nicht gesehen?
B: Natürlich hätte ich es gesehen, wenn es so wäre.
A: Ich bin doch nicht blind! Aber du läßt dir ja nie etwas sagen.
B: Du weißt ja auch immer alles besser.
A: Es geht nicht ums Besserwissen, sondern darum, daß du nicht Autofahren kannst.
B: Noch immer fahre ich! Du kannst aber gerne aussteigen, wenn es dir nicht paßt.

Wahrscheinlich sind Ihnen solche und ähnliche Situationen zur Genüge bekannt. Oft spitzen sich solche Konflikte zu Streitgesprächen zu, indem, einem Schlagabtausch gleich, eine Aussage die andere bedingt, und dabei jeder auf seiner eigenen Meinung beharrt.

Ich (Moni) habe bei solchen Gesprächen oft erfahren, daß im Sinne einer Abrechnung alle aufgestauten Ärgernisse, Enttäuschungen usw. in den Konflikt hineingepackt werden. Dabei geht es nicht darum, die Gründe für den Ärger oder das jeweilige Verhalten des anderen zu verstehen, sondern ihm wieder einmal möglichst umfassend mitzuteilen, was ich von ihm halte.

Es gibt auch Konfliktgespräche, in denen gekämpft wird, ohne den anderen dabei persönlich anzugreifen, zum Beispiel sachliche Diskussionen über ein politisches Thema. Doch besteht auch hier leicht die Gefahr, seine Argumente durch einen persönlichen Angriff zu verstärken (vgl. im vorangegangenen Kapitel den Abschnitt: «Persönlichwerden»).

Tragen wir wiederholt Konflikte durch Kämpfen aus, so

deutet dies meist darauf hin, daß wir uns entweder unser selbst oder unserer Argumente noch unsicher sind und deshalb zum Beispiel keine Kritik annehmen können; oder daß wir so auf unseren Standpunkt festgelegt sind, daß wir nicht bereit sind, ein anderes Argument anzuhören, zu überdenken und gegen unsere eigene Meinung abzuwägen.

Solche Gespräche laufen deshalb meist für alle Beteiligten sehr unbefriedigend ab und befriedigen höchstens denjenigen, dem es nur allein darum geht, alles besser zu wissen.

Den Starken oder Gleichgültigen spielen

A: Ich möchte so gerne, daß wir uns ein Motorrad zulegen!
B: Mir ist egal, was du willst, ich brauche ein neues Auto.

Für mich (Mecki) reagiert B sehr wenig partnerschaftlich. Ihn kümmert das Bedürfnis von A überhaupt nicht, was er deutlich genug zu verstehen gibt. Er will sich und sein Bedürfnis anscheinend um jeden Preis durchsetzen. Er kämpft um sein Auto, indem er sich über andere Bedürfnisse hinwegsetzt. Irgendwie wirkt B bestimmend, um nicht zu sagen autoritär auf mich. Dieser Eindruck wäre wahrscheinlich nicht entstanden, hätte B zum Beispiel erwidert: «Ich glaube, da müssen wir uns mal zusammensetzen und reden, da du ein Motorrad möchtest, ich jedoch dringend ein neues Auto brauche.» Oder: «Laß uns mal zusammen das Für und Wider überlegen.»

Diese Konfliktreaktion kann jedoch nicht nur auftreten, wenn zwei unterschiedliche Bedürfnisse aufeinanderstoßen, sondern auch als Reaktion auf Kritik oder Vorwürfe.

A: Ich fühle mich in letzter Zeit ausgenützt, da du nur noch Dinge für dich tust und überhaupt nichts mehr für den Haushalt.

B: Na und, ich stehe dazu, wenn du dich ausgenutzt fühlst, ist das nicht mein Problem.

Bs Reaktion ist deshalb so verletzend, weil er über die Schwierigkeiten, die eigentlich zwischen ihm und A bestehen, leichten Fußes hinweggeht. Er blockt ein weiteres Gespräch über das Problem ab, außerdem gibt er zu verstehen, daß er zu einer Änderung seines Verhaltens nicht bereit ist und den schwarzen Peter A zuschiebt. Bs Reaktion kann Gleichgültigkeit zugrunde liegen, aber auch Bequemlichkeit oder Unsicherheit auf Grund des Vorwurfs; somit wird der Satz: «Ich stehe dazu» nach einem Vorwurf zu einer leeren Floskel. Statt dessen könnte B entweder schweigen oder sagen:

«Du meinst, ich bin, was den Haushalt angeht, bequem geworden.»

Oder:

«Du meinst, ich ziehe mich in letzter Zeit stark auf mich selbst zurück.»

Oder:

«Du willst sagen, daß ich mir wichtiger geworden bin als früher.»

Oder:

«Ja, jetzt, da du mich darauf aufmerksam gemacht hast, sehe ich, daß du mehr tust als ich.»

Hintergründe nennen

Ein häufig anzutreffendes Verhalten im Konfliktfall bezeichnen wir als «Hintergründe nennen». Es besteht darin, daß ein am Konflikt Beteiligter sein Augenmerk ganz auf sein Gegenüber richtet, nach tieferen Gründen für dessen Verhalten in dieser Konfliktsituation sucht und diese benennt. Er läßt sich, seine Gefühle und Bedürfnisse dabei ganz außer acht.

A: Jetzt habe ich vorhin endlich mal saubergemacht, da mußt du natürlich dein Fahrrad hier reparieren.
B: Du hast wohl schon wieder schlechte Laune.

Die Feststellung von B mag berechtigt sein oder auch nicht, jedenfalls scheint er die Auseinandersetzung mit A vermeiden zu wollen. Er geht nicht auf die Aussage von A ein, überdenkt sein Verhalten nicht, sondern beschäftigt sich allein mit A und dessen Verhalten. Dies ist vor allem gefährlich, wenn er seine eigenen Gefühle auf den anderen überträgt. (Wir erinnern Sie in diesem Zusammenhang an das Kapitel 4: Gefühle wahrnehmen, und dort besonders an den Abschnitt «Projektion»).

A: Kannst du nicht wenigstens die Zeitung weglegen, wenn ich mir dir rede.
B: Laß mich doch in Ruhe. Wenn du sauer und unzufrieden bist, mußt du das nicht an mir auslassen.

Dieses Verhalten von B («Hintergründe nennen») vermittelt mir (Mecki) den Eindruck, als ob er eine Mitverantwortung und Beteiligung am Konflikt nicht sieht oder sehen will, ja sogar ganz dem Gegenüber in die Schuhe schiebt, das heißt:

«Du bist aus irgendeinem Grund unzufrieden, aber ich trage daran keine Schuld. Also laß mich in Ruhe und werde selber mit deiner Unzufriedenheit fertig.»

Ich kann mich des Eindrucks kaum erwehren, daß ich damit als dumm hingestellt werde, da ich anscheinend nicht selber merke, was in mir vorgeht. Mein Gegenüber glaubt, mir erst einmal die Augen hinsichtlich meiner Gefühle, Stimmung usw. öffnen zu müssen. Ob seine Vermutung den Kern trifft, bleibt dahingestellt, ich kann dies immer nur selbst entscheiden. Häufig steht hinter derartigem Konfliktverhalten Unlust, Unsicherheit oder Unfähigkeit, Zweifel an sich selbst aufkommen zu lassen bzw. sich einer Auseinandersetzung zu stellen.

Wenn wir bei einem Vorwurf nicht genau wissen, um was es eigentlich geht, kann es hilfreich sein, wie im 1. Kapitel schon erwähnt, erst einmal abzuwarten und zu schweigen. Gleichzeitig sei darauf hingewiesen, daß es ja so gut wie unmöglich ist, mit einem Konflikt abzuwarten, bis alle Beteiligten ausgeglichen und zufrieden sind; es käme wahrscheinlich nie zu einer Auseinandersetzung; das heißt, wir können nicht verhindern, daß unsere gesamte Stimmung in den Konflikt mit einfließt. Wir können nur versuchen, uns darüber bewußt zu werden: «Ich weiß, ich bin heut nicht bester Laune, aber daß dein Auspuff schon seit Tagen in der Badewanne liegt, stört mich.»

Meinungen darstellen

Die im vorangegangenen Kapitel beschriebenen Verhaltensweisen, mit deren Hilfe wir unsere Meinung darstellen, können auch unter Umständen in Konfliktsituationen zum Einsatz kommen, zum Beispiel Persönlichwerden, Berufung auf Autoritäten, Bandwagon-Technik usw.

Wie derartige Verhaltensweisen im Konfliktfall verwendet werden können, soll in folgenden Beispielen verdeutlicht werden.

Berufung auf Autoritäten:

«Ich bin nicht der einzige, der dir in diesem Punkt Vorhaltungen macht; denk doch nur daran, warum dich dein voriger Chef auf die Straße gesetzt hat.»

«Deine Mutter ist auch ganz meiner Ansicht, daß du dich langsam ändern solltest!»

Meine Erfahrung hat mir gezeigt, daß ich (Mecki) dieses Verhalten in Konfliktsituationen vor allem dann einsetze, wenn ich mir meiner Sache nicht ganz sicher bin. Manchmal glaube ich auch, dadurch meiner Ansicht noch mehr Nachdruck verleihen zu können, vor allem, wenn mein Gegenüber mir das Gefühl vermittelt, daß er mich nicht ganz ernst nimmt.

Hier wird der Konflikt zum Kampf, bei dem ich kein Stück Boden verlieren will und, wenn es sein muß, derart unlautere Mittel einsetze. Sie können sich sicher vorstellen, daß sich die Beteiligten dabei immer mehr von einer möglichen gemeinsamen Lösung entfernen, da sich die Fronten verhärten und damit die Bereitschaft für Zugeständnisse und Kompromisse sinkt bzw. gänzlich verschwindet.

Während diese Verhaltensweise «Berufung auf Autoritäten» offen und damit für jeden erkennbar ist, wird der Konflikt bei der Bandwagon-Technik etwas versteckter, ein wenig feiner ausgetragen:

«Alle meine Freunde schätzen und bewundern mich wegen meiner Art, mit anderen Menschen umgehen zu können. Und jetzt kommst du und übst Kritik daran.»

«Früher, als du mich noch innig liebtest, hast du mir immer Recht gegeben.»

Diese Aussagen sind dadurch gekennzeichnet, daß sie das Gegenüber in gewisser Weise handlungsunfähig machen.

Weitere Beispiele:

Ein Sohn bekommt von seiner Mutter zwei Hemden zum

Geburtstag. Er zieht eines der beiden an, worauf die Mutter fragt: «Das andere gefällt dir wohl nicht?»

«Nachdem du die Fensterscheibe eingeschlagen hast, bist du dann gleich weggelaufen, oder hast du dich erst einmal versteckt?»

Die einzig Möglichkeit, darauf zu reagieren, besteht darin, *über* die Art der Aussage zu sprechen, also nicht direkt auf sie einzugehen:

«Deine Frage ist unfair, weil . . .»

«Darauf kann ich nichts erwidern, da du zwei völlig unterschiedliche Dinge in deiner Aussage miteinander verbindest.»

Die Bandwagon-Technik verwenden wir, wenn wir unser Gegenüber zu einem Zugeständnis bewegen wollen, dies aber auf direktem Weg nicht erreichen. So stellen wir ihm eine Frage oder formulieren eine Aussage so geschickt, daß jegliche Erwiderung von uns als Zugeständnis ausgelegt werden kann.

Herausfordern

A: Gib doch mal den Brief vom Tisch herüber!
B (Reagiert nicht)
A: Du, gib doch mal – Mensch, ich rede mit dir!
B (Reagiert nicht)
Oder:
A: Immer mußt du die Tür so zuschlagen!
B: (Geht zur Tür zurück, öffnet sie und schlägt sie erneut hinter sich zu, setzt sich, schlägt die Zeitung auf und schweigt.)
Oder:
A: Gehst du mit zum Kaffeetrinken?
B: Nein.
A: Warum denn nicht?
B: Halt so.

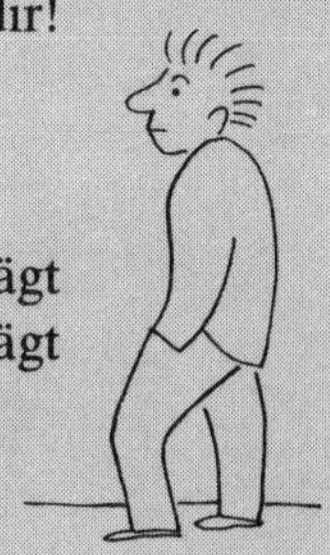

A: Was soll denn das heißen?
B: Ich werde schon meine Gründe haben.

An diesen Beispielen wird deutlich, daß sowohl sprachliche als auch nichtsprachliche Verhaltensweisen unser Gegenüber herausfordern können; wir tun zum Beispiel so, als ob wir ihn nicht wahrnehmen, vertreten absichtlich eine Gegenmeinung zu ihm, machen ihn bewußt neugierig, verheimlichen aber dann diese Dinge doch, verletzen ihn, werden persönlich und/oder beleidigen ihn.

Warum fordern wir jemanden heraus? Bei mir (Mecki) kann dieses Verhalten ganz unterschiedliche Gründe haben:

Wenn mir jemand Vorwürfe macht, mich kritisiert oder mich stark getroffen hat und ich keine Lust habe, ihm das mitzuteilen, weil ich damit eine Schwäche eingestehen müßte.
Wenn ich glaube, jemand habe keine Berechtigung, mich zu kritisieren oder mir Vorwürfe zu machen.
Wenn ich noch auf Rache sinne für eine vergangene Situation, die ich noch nicht verdaut habe.
Wenn ich insgesamt schlecht aufgelegt bin und mir dann jemand mit Vorwürfen kommt.
Wenn mich jemand absichtlich herausfordert oder verletzt hat.
Wenn ich auf mich aufmerksam machen möchte, ohne dies direkt anzusprechen.

Es gibt eine Reihe von Verhaltensweisen, die herausfordernd wirken können, es spielt dabei keine Rolle, ob dies absichtlich oder unabsichtlich geschieht.

In letzter Zeit versuche ich, statt den anderen mit meinem Verhalten zu reizen, erst einmal zuzuhören und anschließend mitzuteilen, wie ich mich fühle, welche Bedürfnisse ich habe und wie das Gesagte bei mir angekommen ist:

«Das hat mich gerade an einer sehr empfindlichen Stelle getroffen.»
«Ich kann jetzt nicht auf deinen Vorwurf eingehen, weil ich den ganzen Tag schon schlechte Laune habe; vielleicht ein andermal.»
«Ich fühle mich von dir herausgefordert, mich jetzt verteidigen zu müssen.»

Drohen

A und B sind im Moment nach Hause gekommen. Es war für beide ein langer, zermürbender Arbeitstag. A ist in der Küche beschäftigt, um flink das Abendessen zu richten, damit beide noch rechtzeitig ins Kino kommen können. B hat es sich währenddessen mit der Tageszeitung auf dem Sofa bequem gemacht. A hat inzwischen mehrmals gebeten, B möge den Tisch decken. Nachdem aber nichts dergleichen geschehen ist, reißt ihm der Geduldsfaden: «Wenn du jetzt nicht endlich den Tisch deckst, kannst du nachher auch alleine ins Kino gehen.»

Dieses Androhen wird selten zu dem erwarteten Ziel führen. Ich (Mecki) als Angesprochene werde entweder bockbeinig und gehe nun gerade nicht auf den Wunsch des anderen ein; oder ich tue, was von mir verlangt wird, aber widerwillig, da ich mich erpreßt fühle. Oft warte ich dann nur noch auf eine Möglichkeit, um mich für diese Erpressung zu rächen.

So können wir sehr häufig beobachten, daß sich Erpressung an Erpressung reiht. In dem obigen Beispiel hätte B jetzt erwidern können: «Wenn du nicht mit ins Kino gehst, kannst du deine Eltern am Wochenende auch alleine besuchen.»

Es entsteht ein Machtkampf. Als Erpressungssieger wird derjenige hervorgehen, der den längeren Atem hat und gut über die verletzlichen Stellen des anderen Bescheid weiß.

Diese Art der Erpressung ist nicht nur zwischen Erwachsenen üblich, sondern auch als Erziehungsmittel in der Eltern-Kind-Beziehung weit verbreitet. Dabei reicht die Skala von: Androhen körperlicher Strafen («Wenn du das nicht tust . . . dann fängst du eine . . .») über die kleinen Versagungen als Erpressungsmittel wie kein Eis, kein Zoobesuch, Fernsehverbot, Taschengeldentzug usw. bis hin zu den feinen, kaum erkennbaren, aber darum nicht weniger spürbaren Erpressungen wie «. . . dann ist aber deine Mutti traurig», «dann mag dich dein Papi aber gar nicht mehr», «wenn du das tust, dann bist du ein böses Kind», «Kinder, die ihre Eltern lieben, machen das nicht . . .»

Welche Absichten verfolgen wir, wenn wir anderen drohen? Auf Grund bestimmter Bedürfnisse stellen wir Erwartungen an unser Gegenüber und wollen ihn dazu bewegen, diese zu erfüllen. Ist dies jedoch vergeblich, wollen wir ihn zwingen, unserem Wunsch zu entsprechen, indem wir ihn mit Dingen erpressen, von denen wir wissen, daß sie ihm auf irgendeine Weise wichtig sind.

Die Folge ist, daß sich unser Gegenüber – gleichgültig wofür er sich entscheidet – verleugnen muß. Entweder er erfüllt jetzt die Erwartungen des anderen, ohne dies selbst zu wollen (zum Beispiel Tischdecken), und erkauft sich damit eine spätere Annehmlichkeit (zum Beispiel gemeinsamer Kinobesuch); oder: er tut, was er will (zum Beispiel keinen Tisch decken), hat aber möglicherweise die für ihn negativen Folgen zu tragen (zum Beispiel Kinobesuch allein).

Gleichgültig, wie wir uns entscheiden, ein unangenehmes Gefühl bleibt zurück und kann möglicherweise die weitere Beziehung störend beeinflussen. Denn um jemanden erpressen zu können, müssen wir wissen, wo wir ihn treffen können. Diese verletzbaren Stellen werden wir aber nur dann kennen, wenn wir in einem Vertrauensverhältnis zu diesem Menschen stehen. Erpressung und Drohen kann somit einen Vertrauensbruch zur Folge haben.

Was können wir in derartigen Konfliktsituationen tun? Bei dieser Frage müssen wir zwei Seiten betrachten: Was können wir an Stelle von Drohen tun? Was können wir tun, wenn uns gedroht worden ist?

Wir wollen im weiteren einige Punkte angeben, die wohl bei allen Konflikten zu berücksichtigen sein werden:

Gefühle und Bedürfnisse benennen: «Ich habe keine Lust, das Essen alleine zu machen und fände es schön, wenn du den Tisch decken würdest.»

Zuhören, welche Gefühle und Bedürfnisse das Gegenüber angibt.

Gegenüberstellen der Gefühle und Bedürfnisse: «Du möchtest dich lieber ausruhen, während ich mit dir zusammen das Essen machen möchte.»

Erwartungen und Absichten, die damit verbunden sind, klären: «Ich will rechtzeitig ins Kino kommen und möchte deshalb, daß du mir hilfst.»

Gemeinsam nach einer Lösung suchen: «Wenn wir uns beide noch einige Minuten ausruhen und anschließend gemeinsam das Essen richten, dürften wir das Kino nicht verpassen.»

Kompromisse machen, bedeutet gleichzeitig auch, Zugeständnisse machen, was an dem obigen Beispiel deutlich wurde.

Form der Auseinandersetzung ansprechen: «Ich fühle mich von dir stark unter Druck gesetzt.» – «Ich empfinde das, was du sagst, als Bedrohung.» – «Durch deine Androhung ist es mir nicht mehr möglich, mich frei zu entscheiden.» «Ich möchte mit dir in dieser Art nicht weiterreden, weil ich nicht glaube, daß uns dies zu einer Lösung verhilft.»

Enttäuschung ertragen können: Wenn unser Partner etwas anderes möchte als wir oder als wir von ihm erwartet haben, kann keine Macht der Welt ihn dazu zwingen, sich doch noch nach uns zu richten.

Es ist allein seine persönliche Entscheidung, was er letztendlich tun möchte.

Wenn wir zum Beispiel gerne mit einem Freund ins Kino gegangen wären, er aber schon etwas anderes vorhat, können wir nur sagen: «Schade.» Gleichzeitig müssen wir seine Entscheidung annehmen, respektieren.

Sicher können Sie aus eigener Erfahrung zustimmen, daß neben dem Drohen auch noch andere Gesprächsstörer in Konfliktsituationen zur Anwendung kommen können, zum Beispiel: Verspotten, Herunterspielen, Überreden, um nur einige zu nennen.

Verspotten:

A: Wenn du schon nicht einkaufen warst, kannst du mir wenigstens helfen, die schwere Kiste die Treppe hochzutragen.

B: Nein, kann ich nicht, ich habe an mir selber genug zu tragen.
Oder: Mach mal nur selber, damit du groß und stark wirst!

Hinter Bs Verspotten könnte Unlust, Müdigkeit, aber auch Rache, Machtkampf und vieles mehr stecken. Er gibt nicht eindeutig zu verstehen, was er eigentlich gerade empfindet. A wird sich auf den Arm genommen fühlen und entweder die Wut und den Ärger herunterschlucken und die Kiste alleine hochschleppen oder unter lautem Protest die Kiste abstellen.

Diese Auseinandersetzung wäre wahrscheinlich anders abgelaufen, wenn B zum Beispiel gesagt hätte: «Du, ich bin ganz k. o., laß doch die Kiste unten stehen, wir können sie dann später gemeinsam hochtragen.»

Herunterspielen:

A: Immer mußt du die Asche auf dem Unterteller abstreifen, anstatt dir einen Aschenbecher zu holen; und ich muß den Dreck nachher wieder putzen.

B: Nun mach mal halblang, kommt doch eh alles in die Spülmaschine.

Statt dessen hätte B sagen können: «Ach, es ist so eine Gewohnheit von mir, ich vergesse immer, daß dich das stört.»

Überreden:

A: Nein, ich glaube nicht, daß ich Ihren Wochenenddienst übernehmen kann.

B: Sie sind doch im Betrieb gewählt worden, gerade weil Sie nicht blind an den Sorgen und Problemen Ihrer Mitmenschen vorbeigehen. Ich bitte Sie deshalb ganz inständig, sich zu überlegen, ob es nicht doch noch eine Möglichkeit gibt; es steht nämlich wirklich viel für mich auf dem Spiel.

Statt dessen könnte B sagen: «Sagen Sie, gibt es etwas, womit ich Ihnen entgegenkommen kann? Vielleicht können wir eine Lösung finden, die Sie und mich befriedigt.»

Ein Hinweis auf die restlichen Gesprächsstörer soll in diesem Zusammenhang genügen.

Zum Schluß möchten wir noch auf die gefühlsmäßige Seite des Konflikts hinweisen. Häufig wird der Ablauf eines Konflikts durch Gefühle bestimmt, wie Ärger, Wut, Traurigkeit usw., die durch die besprochenen Konfliktreaktionen hervorgerufen werden können.

Diese Gefühle lassen sich auf unterschiedliche Weise ausdrücken, zum Beispiel im nichtsprachlichen Bereich durch Stimme, Augen, Körperhaltung usw.; oder im sprachlichen Bereich durch die beschriebenen Konfliktreaktionen wie Herausfordern, Drohen usw. Solche Gefühle können eine für alle Beteiligten befriedigende Konfliktlösung erschweren bzw. verhindern. Dabei drehen sich die Betroffenen häufig im Kreise, das heißt: «Du hast mich verletzt, das macht mich wütend, deshalb verletze ich dich auch, das ärgert dich, deshalb verletzt du mich nun auch wieder . . .»

Wir werden nicht verhindern können, daß derartige Gefühle in Konfliktsituationen immer wieder aufkommen können. Es besteht jedoch die Möglichkeit, den Kreisprozeß zu unterbrechen, indem wir uns dieser Gefühle bewußt werden und erkennen, *warum* wir jemanden herausfordern, verletzen, bedrohen:

«Ich bin gerade wütend, weil du mich eben persönlich angegriffen und verletzt hast.»

«Es ärgert mich, wenn du derartig schlimme Dinge gegen mich vorbringst.»

Dieses Sich-im-Kreise-Drehen anzusprechen, stellt eine weitere Möglichkeit dar, aus dem Kreis auszubrechen.

«Ich habe den Eindruck, wir drehen uns in der letzten Viertelstunde im Kreis.»

«Mir scheint es, daß die Art unserer Auseinandersetzung uns nicht vorwärtsbringt.»

Ein Konfliktgespräch bildet immer eine Situation, die uns fordert, in der wir uns möglicherweise angegriffen fühlen und meinen, uns verteidigen zu müssen.

Aber gerade dann ist es um so wichtiger, daß wir dem anderen erst einmal zuhören, ihn aussprechen lassen. Dies gilt auch, wenn er an uns Kritik übt. Nur so können wir ja seine Meinung, seine Gründe, seine Bedürfnisse und anderes erfahren. Möglicherweise teilt er uns dabei bereits die Gefühle mit, die hinter seinem Vorwurf und seiner Kritik stehen. Wenn nicht, sollten wir ihn direkt danach fragen; dies vor allem dann, wenn er sich zum Beispiel umständlich in Man- und Wir-Sätzen ausdrückt und damit versucht, seine Gefühle hinter unpersönlichen Aussagen zu verbergen. Hat er zu Ende gesprochen, müssen wir uns fragen, welche Gefühle seine Aussagen bei uns ausgelöst haben. Daraufhin können wir sie benennen, also unserem Gesprächspartner mitteilen; dafür wählen wir am besten die Form der Ich-Aussage.

Möglicherweise entsteht beim Nachdenken über das Gehörte eine längere Pause. Es ist gerade bei Konfliktgesprächen nicht leicht, diese auszuhalten und sie auch unserem Gegenüber zuzugestehen. Wir sollten es trotzdem beharrlich versuchen und nicht gleich jede Lücke zum Nachhaken bzw. Zustoßen verwenden.

Auf diese Weise teilen wir uns gegenseitig unsere Ansichten und die dahinterstehenden Gefühle und Bedürfnisse mit. Wir stellen sie zuerst einmal gegenüber. Dabei erfahren wir beispielsweise, welche Erwartungen der andere an uns hat, welche Absichten hinter seinem jeweiligen Verhalten stehen; ob er zum Beispiel Aufmerksamkeit erzwingen oder vielleicht Rache an uns üben möchte und vieles mehr.

Haben wir bis dahin durchgehalten, ohne dem anderen sofort ins Wort zu fallen, uns zu verteidigen, auszuweichen oder ähnliches, bleiben noch immer verschiedene Möglichkeiten.

Ganz wichtig ist die Erkenntnis, daß nicht jeder Konflikt sofort gelöst werden muß. Oft ist es ratsamer, ihn erst einmal stehen zu lassen, um damit auch den Gemütern Gelegenheit zu geben, sich zu beruhigen. Dies bietet sich vor allem dann an, wenn einer oder beide sich ereifert haben, daß sowieso nur noch Vorwürfe ausgetauscht werden würden. In dieser Pause haben wir Zeit, alles Gehörte mit klarem Kopf nochmals zu durchdenken und uns über unsere Stellungnahme dazu klarzuwerden.

Doch selbst wenn wir so überlegt an einen Konflikt herangehen, haben wir noch keine Garantie, ihn lösen zu können.

Die ideale Form ist die Konfliktlösung durch Einsicht. Einer von beiden erkennt, nicht Recht gehabt zu haben und kann nun dem anderen entgegenkommen. Dies ist kein Nachgeben aus Schwäche, sondern ein Standpunkt-Aufgeben durch Überzeugung.

Wollen beide Recht behalten, kann der Konflikt möglicherweise durch einen Kompromiß gelöst werden; das heißt, die beiden am Konflikt Beteiligten kommen einander entgegen, indem jeder ein Zugeständnis macht. Dafür ist es hilfreich, wenn wir unsere Bedürfnisse nach ihrer Wichtigkeit abwägen und dadurch erkennen, an welchem Punkt wir möglicherweise ein Stück zurückgehen können. Manchmal bleibt nur die Möglichkeit, uns selbst und den anderen zu akzeptieren in dem Sinne: «Schade, aber so ist es nun eben.»

Dies alles setzt voraus, daß wir die grundlegende Bereitschaft haben, nach einer Lösung zu suchen. Stellen wir zum Beispiel fest, daß unser Gegenüber nur darauf aus ist, uns klein zu machen, müssen wir ihm in einer kurzen Rückmeldung mitteilen, daß wir dies durchschauen. Wir nehmen ihm damit den Wind aus den Segeln und können uns dann den angesprochenen Problemen wirklich zuwenden oder das Gespräch möglicherweise beenden, wenn es keinem weiteren Zweck gedient hat.

Dasselbe gilt, wenn der Konflikt sich gewollt oder ungewollt zu einem Streit ausweitet. Auch hier ist selten noch die Bereitschaft vorhanden, auf den anderen und seine Probleme einzugehen.

Wichtig ist weiterhin, einen Konflikt nicht ins Unendliche auszudehnen, zum Beispiel auf eine ganze Beziehung. Selbst wenn Zusammenhänge sichtbar werden, sollten wir uns um den angesprochenen, kleinen Ausschnitt kümmern. Alles andere wird uns in Kürze überfordern und wird nicht zu leisten sein. Hier gilt, daß auch viele kleine Steine ein zusammenhängendes Bild ergeben.

Zum Schluß sei noch darauf hingewiesen, daß es oft sehr hilfreich sein kann, in Konfliktgesprächen die nichtsprachlichen Äußerungen unseres Gegenübers genau zu beobachten. Stimmt zum Beispiel eine geäußerte Wut nicht mit der dabei gezeigten Körpersprache überein, ist dies ein wichtiger Hinweis für uns, beide nochmals zu überprüfen und notfalls nachzufragen.

All dies sollen keine Rezepte zur Konfliktlösung sein. Wir wollen Ihnen lediglich einige Hilfen an die Hand geben und Sie ermuntern, in Ihrem Alltag verschiedene Möglichkeiten auszuprobieren, um dadurch einen befriedigteren Umgang mit Konflikten zu erreichen.

13 Gesprächsanalyse

Murks: Schnipsel, ich muß dir unbedingt etwas erzählen. Ich war gestern mit lauter Leuten zusammen, die konnten alle nicht zuhören. Ewig haben sie sich unterbrochen, dauernd haben sie aneinander vorbeigeredet; und dann haben sie sich gegenseitig vorgeworfen, daß keiner dem anderen zuhöre. Ich habe daraufhin versucht, ein wenig von dem, was ich hier gelernt habe, anzuwenden. Ich möchte doch so gerne ein guter Zuhörer werden und habe mir ganz, ganz fest vorgenommen, nicht mehr so viel zu reden. Wenn ich daran denke, werde ich ganz aufgeregt, weil ich das alles doch unbedingt einmal ausprobieren möchte.
Hörst du mir eigentlich zu?

Schnipsel: Klar! Zuerst hast du von anderen Leuten erzählt und was die gemacht haben, dann hast du von dir erzählt; zunächst, was du getan hast, dann, was du gerne möchtest und schließlich wie du dich fühlst.

Murks: Woher weißt du denn das?

Schnipsel: Na, ich habe dir zugehört, und zwar mit System!

Murks: Mit was?

Schnipsel: Mit System. Während du weg warst, habe ich schon das nächste Kapitel gelesen, da steht das alles drin. Komm! Ich les es mit dir zusammen noch mal.

Einleitung

Das fremd klingende Wort «Gesprächsanalyse» bezeichnet ein Verfahren zum genauen Erfassen von Gesprächen zwischen zwei Personen. Es handelt sich dabei um ein wissenschaftliches Verfahren, das dazu entwickelt wurde, Gespräche zwischen einem Berater und einem Ratsuchenden zu analysieren. Mit diesem Verfahren – man sagt auch Instrument dazu – können derartige Beratungsgespräche daraufhin untersucht werden, welche Verhaltensweisen die Beteiligten wann und wie verwendet haben.

In diesem Buch geben wir Ihnen eine gekürzte und vereinfachte Darstellung dieser Gesprächsanalyse. Wir verfolgen damit keineswegs die Absicht, Sie in die Lage zu versetzen, fortan Beratungsgespräche analysieren zu können. Doch sind wir der Ansicht, daß es Ihnen helfen kann, jetzt am Ende dieses Buches noch eine genauere Möglichkeit kennenzulernen, Gespräche zu erfassen.

Das Instrument «Gesprächsanalyse» stellt einen Beobachtungsrahmen dar. Es dient dazu, einzelne Gesprächsäußerungen vorgegebenen Kategorien zuzuordnen. Bei dieser Zuordnung lernen Sie, noch genauer zu erfassen, was im einzelnen während eines Gesprächs alles abläuft.

Der Umgang mit dieser Gesprächsanalyse kann mit dem Autofahren verglichen werden. Wer Autofahren lernt, beginnt zunächst einmal, die verschiedenen Funktionen seines Autos kennenzulernen; zu lernen, daß das linke Pedal die Kupplung ist, das mittlere die Bremse und das rechte das Gaspedal. Außerdem muß er wissen, wie die verschiedenen Knöpfe und Hebel am Armaturenbrett bedient werden und vieles mehr. Zusätzlich müssen bestimmte Eigenheiten erlernt werden; so zum Beispiel die, daß ein Auto nicht sofort steht, wenn die Bremse durchgetreten wird; im Gegenteil, manchmal kommt es dann ins Schleudern. Außerdem muß die Straßenverkehrsordnung gelernt werden, das heißt die Bedeutung der verschiedenen Verkehrszeichen und so manches andere mehr. Dies alles zusammen muß der unerfahrene Autofahrer erlernen, um sich angemessen im Straßenverkehr verhalten zu können. Nach einiger Fahr-Erfahrung kommt der Moment, da ist alles in Fleisch und Blut übergegangen. Das Rot der Verkehrsampel muß nicht getrennt erfaßt werden mit der Frage: «Was bedeutet das doch gleich noch?», sondern führt zur automatischen Reaktion: Geschwindigkeit zurücknehmen, bremsen, auskuppeln, Gang raus usw.

Nun sind Sie vielleicht schon neugierig, was das denn nun mit der Gesprächsanalyse zu tun haben soll. Wie beim Autofahren müssen wir zunächst einmal erfassen, woraus ein Gespräch eigentlich besteht. Wir nehmen es sozusagen auseinander, zerlegen es in seine Bestandteile. Wenn wir auf diese Weise die Bestandteile kennengelernt haben, können wir sie wieder zu einem Gespräch zusammensetzen; können danach Gespräche nun noch bewußter und gezielter führen. Am Anfang ist das nicht so leicht, weil wir – im Gegensatz zum Autofahren – das Reden schon von Kindesbeinen an kennen und nicht erst neu lernen müssen. So kann es sein, daß Sie sich zunächst etwas verkrampft und unnatürlich fühlen. Vielleicht tröstet es Sie: Der lernende Autofahrer fühlt sich in der ersten Zeit auch verkrampft und angespannt vor lauter Sorge, irgend etwas übersehen oder vergessen zu können. Die zauberhafte Landschaft, durch die er gerade fährt, bekommt er nur am Rande mit.

Das Durcharbeiten dieses Kapitels bietet Ihnen die Möglichkeit, ein Gespräch so genau zu erfassen, daß Sie bestimmte Fragen beantworten können, zum Beispiel:

Wie verhält sich mein Gesprächspartner, was sagt er, wie sagt er es?

Wie reagiere ich darauf?

Welche Verhaltensweisen treten in unserem Gespräch gehäuft auf?

Worauf reagiert mein Gesprächspartner?

Wie reagiert er?
Gibt es möglicherweise bestimmte Verhaltensweisen von mir, die mit seinen gekoppelt sind und umgekehrt?

Beschreiben, Zerlegen und Benennen

Die hier dargestellte Gesprächsanalyse ermöglicht das Erfassen von Gesprächen, in denen einer mit einem besonderen Anliegen, mit einem persönlichen Problem zu einem anderen kommt, um mit ihm einmal darüber zu sprechen.

In einem derartigen Gespräch kann derjenige, der das Problem hat, sich auf ganz verschiedene Art und Weise äußern. Es gibt zum Beispiel:

Äußerungen, in denen der Gesprächspartner sein Empfinden, sein Fühlen mitteilt.
Äußerungen, die sein Erleben und Handeln betreffen; in denen er mitteilt, was er getan hat oder tut bzw. was mit ihm geschieht, was ihm widerfahren ist oder widerfährt.
Äußerungen, in denen er seine Ansichten und Meinungen mitteilt, in denen er seine Vermutungen äußert.
Äußerungen, in denen er Stellung zu sich oder etwas oder jemand bezieht, in denen er mitteilt, wie er etwas sieht.

Neben diesen drei häufig auftretenden Grundformen, sich zu einer bestimmten Angelegenheit, zu einem Problem zu äußern, gibt es noch weitere Formen:

Äußerungen, in denen er seine Absichten und Wünsche, seine Ziele und sein Hoffen, aber auch seine Zweifel, sein Sich-selbst-Fragen mitteilt.
Äußerungen, in denen er über etwas oder andere berichtet, ohne sich selbst dabei einzubeziehen.

Äußerungen, die sich auf das Gespräch selbst, die Gesprächssituation bzw. seinen Zuhörer beziehen.

Außerdem gibt es Formen, in denen sich der Gesprächspartner eigentlich gar nicht weiter äußert:

Äußerungen, die noch keine selbständige Aussage darstellen, weil sie lediglich ein einfaches Bejahen sind. Dieses Bejahen tritt immer dann auf, wenn sich der Gesprächspartner von seinem Zuhöhrer verstanden fühlt und der andere mit seiner letzten Äußerung richtig liegt.

Äußerungen, die ebenfalls keine Aussage darstellen, wie Satzanfänge, Stottern, Zögern usw.

Und zu guter Letzt Pausen. Wie Sie ja mittlerweile wissen, gehören die Gesprächspausen zum Gespräch dazu.

Das sind neun verschiedene Möglichkeiten, sich in einem Gespräch zu äußern, ganz sicher aber nicht alle. Zu einem Gespräch gehört ja noch der zweite. Nehmen wir an, wir sind in der Rolle des Zuhörers, zu uns ist jemand mit einem Problem gekommen. Welche Möglichkeiten haben wir, uns zu äußern?

Pausen! Pausen stellen zwar keine direkte Äußerung dar, aber was dem einen recht ist, ist dem anderen billig; oben haben wir unserem Gesprächspartner gleichfalls Pausen eingeräumt.

Entsprechend gibt es bei uns auch Äußerungen, die noch keine Aussage darstellen, wie Satzanfänge, Stottern, Zögern usw.

Dann gibt es noch das einfache «Mhm», wie Sie es bereits im ersten Kapitel kennengelernt haben. Mit diesem «Mhm» wird lediglich ausgedrückt, daß wir zuhören.

Wie sieht nun aber unsere Ausdrucksmöglichkeit bei ganzen Sätzen aus?

Zunächst können wir uns so äußern, daß wir lediglich feststellend auf das Gesagte eingehen: wir versuchen dann nur zu verstehen, ohne das Gespräch in eine bestimmte Richtung zu lenken.

Eine andere Möglichkeit besteht darin, vertiefend auf die Äußerungen unseres Gesprächspartners einzugehen oder indem wir versuchen, ihn dazu zu bringen, bestimmte Gesichtspunkte zu vertiefen und weiterzuführen.

Wir können auch ganz direkt fragen.

Manchmal möchten wir auch Stellung beziehen, möchten gern Vorschläge machen oder das Gesagte bewerten oder deuten.

Manchmal kommt es auch vor, daß wir uns zur Gesprächssituation direkt äußern möchten, daß wir Schwierigkeiten mit dem Zuhören haben oder müde werden usw.

Und zuletzt gibt es immer wieder Situationen, in denen wir das Bedürfnis haben, von uns zu erzählen, über uns etwas mitzuteilen.

Aus den hier dargestellten Möglichkeiten, sich zu einem bestimmten Problem zu äußern und auf diese Äußerungen in irgendeiner Form zu reagieren, lassen sich nun folgende Kategorien ableiten. Der Begriff Kategorie meint hier die Zusammenfassung verschiedener Verhaltensweisen unter einen Begriff. Zunächst einmal die Kategorien, die das Verhalten unseres Gesprächspartners erfassen. Dabei wurde die Anordnung, Bezeichnung und Numerierung beibehalten, die auch in der ausführlichen Darstellung verwendet wird (vgl. Literaturverzeichnis).

0. Pause
1. Satzanfänge, Zögern, Stottern
2. Einfaches Bejahen
3. Selbstempfinden
4. Suchen/Wünschen

5. Handlung/Erleben
6. Äußeres/Andere
7. Meinung/Vermutung
8. Gesprächspartner/Gesprächssituation

Die Anordnung fängt bei 0, der Pause, an und setzt sich bis 8 fort, den Verhaltensweisen, die nur noch sehr wenig mit dem eigentlichen Problem oder Anliegen zu tun haben. Für uns als zuhörende Gesprächspartner ergibt sich folgendes Bild:

0. Pause
1. Satzanfänge, Zögern, Stottern
2. «Mhm»
3. Feststellende Äußerungen
4. Vertiefende Äußerungen
5. Fragen
6. Meinungen über das Problem
7. Meinungen und andere Äußerungen zur Gesprächssituation
8. Mitteilungen über uns selbst

Auch hier fängt die Reihenfolge wieder bei 0, der Pause, an und setzt sich bis 8 fort, den Verhaltensweisen, die nur noch sehr wenig mit unserem Gesprächspartner zu tun haben, weil wir dort bereits angefangen haben, von uns zu erzählen.

Damit Sie nun die verschiedenen Kategorien besser auseinanderhalten können, wird folgender Zusatz eingeführt: Mit 1 wird stets unser Gesprächspartner bezeichnet, mit 2 wir selbst.

Diese Ziffern werden jeweils vor die Kategoriennummer gesetzt. Wenn wir jetzt die Kategorien spiegelbildlich anordnen, ergibt sich folgendes Schaubild:

1–8	Gesprächspartner/Gesprächssituation	(18)
1–7	Meinung/Vermutung	(17)

1–6 Äußeres/Andere (16)
1–5 Handlung/Erleben (15)
1–4 Suchen/Wünschen (14)
1–3 Selbstempfinden (13)
1–2 Einfaches Bejahen (12)
2–2 «Mhm» (22)
2–3 feststellende Äußerungen (23)
2–4 vertiefende Äußerungen (24)
2–5 Fragen (25)
2–6 Meinungen über das Problem (26)
2–7 Meinungen/Äußerungen zum Gespräch (27)
2–8 Mitteilungen über uns selbst (28)

Hier wurden die Kategorien 10 und 11 sowie 20 und 21 ausgelassen, weil es sich ja im Grunde genommen nicht um echte sprachliche Äußerungen handelt. Statt nun immer «eins Strich acht» zu sagen, können Sie genausogut auch «achtzehn» sagen; entsprechend haben wir die Kategorien in den Klammern auch zusammengeschrieben aufgeführt.

Bei dieser spiegelbildlichen Anordnung läßt sich erkennen, daß die Randkategorien (18 und 28) Verhaltensweisen erfassen, die eher vom Problem wegführen, hingegen die Mittelkategorien (12, 13, 14 sowie 22, 23, 24) ganz stark zum Problem hinführen.

Wahrscheinlich haben Sie schon entdeckt, daß die Möglichkeiten, auf unseren Gesprächspartner und auf die Kategorien seiner Äußerungen einzugehen, schon in vorangegangenen Kapiteln erläutert worden sind:

Im Kapitel «Gesprächsstörer» haben wir über das Fragen, Bewerten, Meinen, Deuten und Von-sich-Reden geschrieben. Im Kapitel «Gesprächsförderer» haben wir das Umschreiben, Klären, Nachfragen und Weiterführen dargestellt. Und im ersten Kapitel haben wir beschrieben, wie wichtig ein einfaches «Mhm» sein kann.

Auf den folgenden Seiten wollen wir Ihnen nun alle Kategorien (von 18 bis 10 und von 20 bis 28) ausführlich darstellen, so daß Sie am Ende selber in der Lage sind, einige Übungsgespräche mit Hilfe dieser Kategorien zu analysieren.

Kategorie 18: Gesprächspartner/Gesprächssituation

Zur Kategorie 18 zählen alle sprachlichen Äußerungen unseres Gesprächspartners, die sich direkt an uns wenden bzw. sich auf die Gesprächssituation beziehen mit der Absicht, daß wir darauf eingehen sollen.

In erster Linie handelt es sich um Fragen unseres Gesprächspartners, aus denen hervorgeht, daß er von uns eine Antwort erwartet. Zum Beispiel:

«Ich möcht von dir gerne wissen, was ich tun soll.»
«Sag mir doch mal, wie ich mich verhalten könnte.»
«Glaubst du, daß ich das richtig gemacht habe?»
«Kannst du mir erklären, womit das zusammenhängt?»

Manchmal sind es auch Äußerungen, die sich auf uns beziehen. Zum Beispiel:

«Du hast eine angenehme Art, mir zuzuhören.»
«Wahrscheinlich hast du noch nie in so einer Situation gesteckt und kannst mich nicht verstehen.»
«Haben Sie auch Kinder?»
«Ich glaube, Sie hören mir gar nicht zu.»

Oder die Äußerungen beziehen sich auf das Gespräch überhaupt:

«Wenn ich hier rede, dann fühle ich mich wohl.»
«In diesem Gespräch fühle ich mich total unverstanden.»

«Ich habe nicht den Eindruck, daß dieses Gespräch mir weitergeholfen hat.»
«Sie können mich ganz nett auf die Palme bringen mit Ihrem Schweigen.»
«Ich glaube, unsere Zeit ist um, und wir müssen aufhören.»

Manchmal hat uns unser Gesprächspartner auch nicht verstanden und muß nachfragen. Diese Verhaltensweisen gehören mit zur Kategorie 18, da er sich auf unsere Äußerungen konzentriert und weniger auf sein Problem.

«Meinst du das gerade auf meinen Mann oder auf mich bezogen?»
«Was meinst du mit dem Wort ‹Rückmeldung›?»
«Kannst du das gerade noch einmal wiederholen?»

Kategorie 17: Meinung/Vermutung

Gibt unser Gesprächspartner seinen Wahrnehmungen bestimmte Deutungen, so liegt die Kategorie 17 vor. Er spricht darüber, wie er sich sieht und wofür er sich hält, was für Ansichten, Meinungen und Vermutungen er über sich, andere und anderes hat.

Unser Gesprächspartner spricht *über sich*.
«Ich bin schon immer so gewesen . . .»
«Ich halte meine Wut für ein Zeichen von Stärke.»
«Ich glaube, meine Vorstellungen über voreheliche Sexualität sind angemessen.»

Oder *über andere/anderes*:
«Ich finde, daß meine Kinder zuwenig mithelfen.»
«Manchmal glaube ich, daß meine Frau mich nicht mehr liebt.»

«Die Ratschläge meines Mannes taugen aber auch rein gar nichts.»

Kategorie 17 liegt also immer dann vor, wenn der Gesprächspartner zu etwas oder jemandem *Stellung bezieht*, seine *Ansichten*, *Vorstellungen* und *Vermutungen* wiedergibt oder entwickelt.
«Eifersucht ist in einer Beziehung unhaltbar.»
«Ich halte meinen Beruf für sehr wichtig, weil . . .»
«Man sollte für Prüfungen mehr arbeiten, denn . . .»

In die Kategorie 17 gehören ebenfalls *wertende Erklärungen* und *Begründungen*:
«Langhaarige sind meist arbeitsscheu.»
«Vor einer geschiedenen Frau sollte man sich besser in acht nehmen.»
«Bei *der* Mutter kann man doch von den Kindern nichts anderes erwarten.»
«Geldgier und Überheblichkeit gehen immer Hand in Hand.»

Manchmal beginnen Meinungsäußerungen mit der Formulierung: «Ich habe das Gefühl . . .» In solchen Fällen liegt selten ein wirkliches Gefühl, eine Empfindung vor, sondern eine Ansicht über etwas, eine Vorstellung oder Vermutung.

«Ich habe das Gefühl, du bist dumm.»
«Ich habe das Gefühl, daß ich schlauer bin als er.»

Kategorie 16: Äußeres/Andere

Die Kategorie 16 umfaßt alle sprachlichen Äußerungen, die sich mit äußeren Sachverhalten oder anderen Menschen befassen. Berichtet unser Gesprächspartner über Begebenheiten, bei denen sein eigenes Verhalten oder Erleben bzw. die Bedeutung dieser Sachverhalte für ihn ausgeklammert wird, so liegt Kategorie 16 vor.

Andere:
«Meine Schwester bekommt im März ein Kind.»
«Mein Bruder brachte von seiner letzten Urlaubsreise einen ganzen Koffer Muscheln mit.»
«Die Nachbarn meines Freundes verwickeln ihn immer in irgendwelche Gespräche.»

Äußeres:
«Jetzt im Herbst wird wieder viel im Garten gearbeitet.»
«Seit dem 1. Januar haben wir eine Fußgängerzone.»
«Nächste Woche kommt ein Krimi im Fernsehen.»

Gemeint sind alle Schilderungen von Sachverhalten, das Berichten und Beschreiben von Situationen und Gegebenheiten. *Wichtig!* Der Gesprächspartner bezieht sich nicht in seinen Bericht, seine Schilderung mit ein.

«Mein Freund ist der Ansicht, daß die 35-Stunden-Woche zu weniger Arbeitslosigkeit führt.»
«Meine Schwiegermutter kann es auf den Tod nicht ausstehen, wenn man in ihrem Garten Blumen pflückt.»
«Mein Vater ist sehr streng erzogen worden, jeden morgen um fünf Uhr aufstehen, kalt duschen, dann in die Frühmesse und so.»

Kategorie 15: Handlung/Erleben

Die Kategorie 15 umfaßt alle Äußerungen unseres Gesprächspartners, bei denen dieser berichtet oder erzählt und dabei sich selbst nicht außer acht läßt. Er spricht über etwas, das er erlebt oder getan hat bzw. noch tun wird; das mit ihm geschehen ist oder immer mit ihm geschieht.

Wichtig! Hier spricht der Gesprächspartner nur darüber, *was* er erlebt und *nicht* darüber, *wie* er etwas erlebt oder empfunden hat. Auch die Bewertung und Meinung über bestimmte Tatbestände wird hier außer acht gelassen.

«Als wir gestern abend nach Hause kamen, sagte meine Frau zu mir . . .»
«Wir haben gestern vereinbart, daß meine Tochter mich gelegentlich um meine Meinung fragen will.»
«Ich habe es tatsächlich fertiggebracht, ihn zu besuchen.»
«Letzte Woche erst habe ich meinen alten Lehrer gesehen.»

Wenn unser Gesprächspartner berichtet, was mit ihm geschehen ist oder immer mit ihm geschieht, gehört das ebenso zur Kategorie 15. Handlungen, die in der Zukunft liegen, aber schon absehbar sind, werden mit als Kategorie 15 erfaßt.

«Nachher besucht mich meine Tante.»
«Morgen früh gehe ich zum Zahnarzt.»
«Ich mache sehr oft Gesprächspausen, dann denke ich über etwas nach.»
«Das kommt bei mir oft vor, daß ich ‹Ja› zu jemandem sage, ohne mir etwas dabei zu denken.»

Gelegentlich kommt es vor, daß sich unser Gesprächspartner in der Form des «Wissens» ausdrückt; im allgemeinen liegt dann ja die Kategorie 17 (Meinung/Vermutung) vor, es sei denn, es handelt sich um nachprüfbare Tatsachen:

«Ich weiß, daß ich nicht krank bin, da der Arzt . . .»
«Ich weiß, daß ich meine Schulden abbezahlt habe, weil auf meinem Kontoauszug steht . . .»

Kategorie 14: Suchen/Wünschen/Wollen

Die Verhaltensweisen der Kategorie 14 drücken ein Suchen nach Lösungen aus. Der Gesprächspartner grenzt sein Problem ab, indem er entweder beschreibt, was er nicht will, oder aber er formuliert, welche Richtung ihm wichtig ist. Aus diesem Grunde wurde auch die Verhaltensweise des «Fragt-sich-Selbst» hier mit aufgenommen.

Wenn unser Gesprächspartner Fragen stellt, die so formuliert sind, daß er von uns keine Antwort erwartet, dann liegt die Kategorie 14 vor.

Fragt sich:
«Da kommt mir natürlich die Frage . . .»
«Ich habe mich schon oft gefragt . . .»
«Manchmal überlege ich, ob ich eigentlich . . .»

Absichten:
«Ich möchte gern Klarheit bekommen über . . .»
«Scheidung kommt für mich überhaupt nicht in Frage.»
«Ich möchte niemals in einer Kommune leben.»

Wünsche:
«Ich wünsche mir, einmal so richtig wütend zu werden.»
«Ich wünsche mir, weniger aufbrausend zu sein.»
«Ich will möglichst bald umziehen.»

Ziele:
«Ein gutes Abschlußzeugnis ist mir sehr wichtig.»
«Schneller als die anderen, das ist mein Ziel.»

Hoffnungen:
«Ich hoffe, durch die Fahrprüfung zu kommen.»
«Ich hoffe, daß meine Freundin wiederkommt.»

Es spielt also keine Rolle, worauf sich diese Absichten, Wünsche, Ziele und Hoffnungen beziehen. Wichtig ist, daß unser Gesprächsparter sie erst einmal mitteilt.

Kategorie 13: Selbstempfinden

Wenn unser Gesprächspartner mitteilt, *wie* er etwas erlebt, was er empfunden oder gefühlt hat, so liegt die Kategorie 13 vor. Es spielt dabei keine Rolle, worauf sich diese Empfindungen beziehen, in welcher Zeit (also Vergangenheit, Gegenwart usw.) diese mitgeteilt werden.

«Sobald es dunkel wird, überfällt mich eine unerklärliche Furcht.»
«Ich hatte damals eine große Wut.»
«Ich fühle mich entmutigt durch all das, was ich da gerade erzähle.»
«Jetzt merke ich gerade, wie zuversichtlich ich werde.»
«Mich ärgert die Art, wie sie mit mir umgeht.»
«Ich bin ziemlich ängstlich bei Prüfungen.»
«Meiner Mutter zu gefallen, hat mich stets gefreut.»
«Wenn so eine Gesprächspause, wie gerade auch jetzt, eintritt, spüre ich einen Wahnsinnsdruck, etwas sagen zu müssen.»

In diesem Zusammenhang wiederholen wir noch einmal den Hinweis, daß die Satzeinleitung «Ich fühle» noch lange kein Gefühl enthalten muß: «Ich fühle, daß ich da im Recht bin.»

Achtung! Das Sprechen über Empfindungen und Gefühle geschieht sehr oft auf der Ebene der Meinungsäußerung. Unser Gesprächspartner teilt uns dann weniger mit, wie er fühlt und empfindet als vielmehr, welche Bewertung und Bedeutung er bestimmten Gefühlen und Empfindungen beimißt.

«Meine Gefühle sind sehr unausgeglichen.» (Kat. 17)
«Also mein Problem ist schon seit langem: Ich habe Angst bei Gewitter.» (Kat. 17)
«Es ist idiotisch, aber ich fühle, daß ich ihn beneide.» (Kat. 17)

Kategorie 12: Bejahungen

Wenn unser Gesprächspartner durch ein «Mhm» oder «Ja» auf unsere Äußerungen eingeht und uns dadurch bestätigt, daß wir ihn richtig verstanden haben, liegt Kategorie 12 vor. Darunter fällt also nicht: «Ja, aber . . .», «Ja, also . . .». Nicht das «Ja» oder «Mhm» als Floskel, sondern nur das, was uns bestätigen soll, das uns vermittelt, unser Gesprächspartner hat uns zugehört oder hört uns noch immer zu.

Kategorie 11: Zögern/Stottern/Satzanfänge

Alle Äußerungen unseres Gesprächspartners, die *noch* keiner Kategorie zwischen 12 und 18 zuzuordnen sind, werden hier als Kategorie 11 erfaßt. Das sind in der Regel Satzanfänge, aus denen nicht ersichtlich wird, was unser Gegenüber sagen will: «Ja, also . . . ich meine . . . vielleicht . . .» «Mhm, irgendwie . . .»

Manchmal handelt es sich auch um ein zögerndes «Mhm» oder «Jaaa».

Kategorie 10: Pause

Eine Pause nach oder während einer Äußerung unseres Gesprächspartners wird als Kategorie 10 erfaßt.

Kategorie 20: Pause

Eine Pause nach oder während einer Äußerung von uns wird als Kategorie 20 erfaßt. Vielleicht fragen Sie sich nun, warum für eine Pause unbedingt zwei Kategorien bestehen müssen. Nun, es ist ein Unterschied, ob unser Gesprächspartner eine Pause macht oder wir. Und es ist ein noch viel größerer Unterschied, ob eine entstandene Pause von uns oder von unserem Gesprächspartner beendet wird. Auf diese Weise läßt sich in einem längeren Gespräch, in dem die Kategorien notiert werden, erfassen, wer zu welchem Zeitpunkt Pausen gemacht hat und wer sie wieder beendet hat.

Kategorie 21: Zögern/Stottern/Satzanfänge

Alle unsere Äußerungen, die noch keiner Kategorie zwischen 22 und 28 zuzuordnen sind, werden als Kategorie 21 erfaßt. Das sind in der Regel Satzanfänge, aus denen nicht ersichtlich wird, was wir eigentlich sagen wollen, zögernde «Mhms», Stottern, Zögern usw.

Kategorie 22: «Mhm»/«Ja»

Hier werden alle unsere Äußerungen erfaßt, die eingehenden, ermutigenden, auffordernden oder verstehenden Charakter haben, ohne schon eine inhaltliche Aussage darzustellen; in erster Linie handelt es sich dabei um «Mhm» und «Ja».

Kategorie 23: Feststellende Äußerungen

Diese Kategorie liegt dann vor, wenn wir uns in einer solchen Weise äußern, daß zwar ein Bezug zum bisher Gesagten entsteht, aber damit keine neuen Gesichtspunkte in das Gespräch gebracht werden. Es handelt sich dabei in erster Linie um die Gesprächsförderer Umschreiben, Klären, Zusammenfassen.

Umschreiben:

A: Ich finde, daß ich mir da viel zuviel vorgenommen habe.

B: Sie sind der Ansicht, daß Sie sich da zuviel zugemutet haben.

Klären:

A: Ich fühl mich dann ganz benommen und kann überhaupt nichts mehr anpacken.

B: Du fühlst dich dann irgendwie gelähmt.

A: Ich weiß auch nicht – die Sache mit meiner Frau beunruhigt mich irgendwie.

B: Ist es so, daß Sie sich dadurch etwas verunsichert fühlen?

Zusammenfassen:

Sie sagten zunächst, das macht Sie ganz traurig; dann ärgern Sie sich über sich selbst und fühlen sich erst recht hilflos ...

Kategorie 24: Vertiefende Äußerungen

Knüpfen Sie an die Äußerungen Ihres Gesprächspartners an, um das Gespräch weiterzuführen, so liegt die Kategorie 24 vor. Es gibt verschiedene Möglichkeiten, das Gespräch vertiefend weiterzuführen; allesamt sind Ihnen bereits aus dem dritten Kapitel die Gesprächsförderer bekannt:

Nachfragen:

A: Eigentlich möchte ich schon gerne umziehen, auf der anderen Seite ist mir das aber doch zu aufwendig.

B: Beschreiben Sie das doch bitte einmal genauer.

Weiterführen:

A: Manchmal glaube ich, daß meine Freundin mich nicht mehr liebt.

B: Ich überlege mir gerade, was das in dir auslöst.

Oder:

B: Sie sagten: «nicht mehr liebt». Ich frage mich, was Sie dabei empfinden.

In-Beziehung-Setzen:

«Sie sagten vorhin . . . jetzt meinen Sie . . .»

A: Ich meine zwar immer, ich kann es schaffen, aber oft sehe ich das nicht so rosig.

B: Du bist zwar hoffnungsvoll, dann aber wieder gar nicht.

Vielleicht stört es Sie, daß die Gesprächsförderer nicht als eine geschlossene Kategorie aufgeführt werden. Die Begründung liegt darin, daß es Gesprächsförderer gibt, die lediglich das festhalten, was bereits gesagt wurde. Mit diesen Verhaltensweisen können Sie Ihrem Gesprächspartner zum Ausdruck bringen, daß Sie konzentriert zuhören und ihm auch helfen, den roten Faden nicht zu verlieren.

Andererseits gibt es aber gesprächsfördernde Verhaltensweisen, die das Gespräch stärker lenken, es in eine bestimmte Richtung bringen. Diese Verhaltensweisen wurden hier zur Kategorie 24, «vertiefende Äußerungen», zusammengefaßt.

Kategorie 25: Fragen

Im zweiten Kapitel «Gesprächsstörer» haben wir schon aufgeführt, welche Gefahren mit dem Fragen-Stellen verbunden sind. Kategorie 25 ist gekennzeichnet von der Absicht, unseren Gesprächspartner ganz stark in eine Richtung zu lenken.

Wir wollen etwas wissen, benötigen Informationen, wollen Zusammenhänge verstehen usw. Dazu stellen wir Fragen, die uns unser Gesprächspartner zunächst einmal beantworten soll. Dahinter verbirgt sich in den meisten Fällen, daß wir von ihm eine ganz bestimmte Lösung seines Problems erwarten.

Mittlerweile kennen Sie bereits die Kategorien für Ihren Gesprächspartner (10 bis 18). Bei den folgenden Beispielen können wir Ihnen verdeutlichen, welche verschiedenen Gespräche entstehen können, wenn die Fragen sich auf unterschiedliche Gesprächspartnerkategorien beziehen.

A: Ich mache mir fürchterliche Sorgen, aber ich glaube, ich bin ein schlechter Liebhaber.
B: Findest du das schlimm? (Frage nach Meinung.)
B: Wie denkt deine Freundin darüber? (Frage nach anderen/Äußerem.)
B: Wie macht ihr's denn? (Frage nach Handlung/Erleben.)
B: Was möchtest du dagegen tun? (Frage nach Wünschen.)
B: Was empfindest du dabei? (Frage nach Gefühlen.)

An diesem kurzen Beispiel sollte deutlich werden, daß derart enge Fragen zu fünf verschiedenen Gesprächen führen können, je nachdem, worauf sie sich beziehen.

Wenn Sie noch einmal den Satz von A lesen, fällt Ihnen vielleicht auf, daß er in erster Linie seine Sorgen, sein Empfinden mitteilt. Die einzige Frage, die darauf eingeht, ist die letzte Frage nach dem Gefühl.

Kategorie 26: Meinungen über das Problem

Die Kategorie 26 liegt immer dann vor, wenn wir uns zum Problem unseres Gesprächspartners in irgendeiner Form so verhalten, daß wir unsere Meinung, unsere Ansicht bzw. unsere Deutungen dazu mitteilen.

Hierher gehören fast alle «gängigen Gesprächsstörer», die wir Ihnen im zweiten Kapitel vorgestellt haben.

Hinter dieser Verhaltensweise steckt bei uns fast immer die Ansicht, daß wir – aus welchen Gründen auch immer – es besser wissen, zumindest so gut wissen, daß wir uns erlauben können, Ratschläge zu geben, Wertungen mitzuteilen, Lebensweisheiten zum Besten zu geben, herunterzuspielen und anderes mehr. Umgangssprachlich läßt sich auch sagen: «Wir wissen eh schon, wo's langgeht.»

Kategorie 27: Meinungen/Äußerungen zum Gespräch

Hierzu zählen alle Äußerungen über die Gesprächssituation selbst und über unsere Schwierigkeiten im Umgang mit unserem Gesprächspartner oder mit dem Problem.

Das sind weitgehend alle Äußerungen, die wir Ihnen im Kapitel «Rückmeldung» vorgestellt haben. Wir äußern uns also nicht direkt zum Problem, sondern zur jeweiligen Situation, wie wir dieses Gespräch, wie wir unseren Gesprächspartner gerade erleben.

Kategorie 28: Mitteilungen über uns selbst

Der «gängige Gesprächsstörer» «Von-sich-Reden» wird hier als eine besondere Kategorie aufgeführt. Da diese Verhaltensweise in Gesprächen so gehäuft auftritt, mußte dafür eine eigene Kategorie eingeführt werden.

In erster Linie geschieht dies, wenn wir unsere eigenen Erfahrungen auf unser Gegenüber übertragen oder wenn wir uns mit dem Problem selbst so gleichsetzen, daß wir ganz darin aufzugehen scheinen. Oftmals verlieren wir dabei aber den Blick für unseren Gesprächspartner.

Wir haben Ihnen diese Kategorien so ausführlich dargestellt, weil wir die Erfahrung gemacht haben, daß ihre Kenntnis schon ausreicht, sich in Gesprächen vermehrt zuhörend zu verhalten. Mit anderen Worten, wenn Sie wissen, welche Möglichkeiten, das heißt welche Kategorien es gibt, können Sie auch herausfinden, zu welchem Verhalten Sie selbst möglicherweise neigen. Und dieses Wissen erleichtert Ihnen das vermehrte Verwenden bestimmter Verhaltensweisen bzw. das Unterlassen anderer.

Teilnehmer unserer Ausbildungskurse, die diese Gesprächsanalyse ausführlicher erlernen, analysieren Tonbandaufzeichnungen von Gesprächen so, daß Sie etwa alle drei Sekunden (!) entscheiden, welche Verhaltensweise gerade vorliegt. Sie notieren dann die entsprechende Zahl der gerade verwendeten Kategorie. Auf diese Weise entsteht ein sehr genaues Bild eines Gesprächsverlaufs. Nun, das wollen wir Ihnen in dieser Ausführlichkeit keineswegs beibringen. Was Sie dennoch leisten können, ist, Ihre eigene Wahrnehmung von Gesprächssituationen so zu verbessern, daß Sie längere Abschnitte den hier vorgestellten Kategorien zuordnen können. So ist es zum Beispiel möglich, bewußt zu merken, daß Ihr Gesprächspartner zwar über seine Gefühle, seine Empfindungen spricht, dies aber ganz eindeutig auf der Ebene einer Bewertung, einer Meinungsäußerung; Beispiel: «Es ist saudumm von mir, daß ich mich so leicht ärgere.»

Bei dieser Äußerung erfahren Sie nicht nur, daß Ihr Gesprächspartner sich leicht ärgert, also, was er empfindet, sondern auch, wie er dies beurteilt, welche Ansichten er darüber hat.

Oder Sie bemerken, daß Ihr Gegenüber längere Zeit über Äußeres/andere spricht, ohne dabei mitzuteilen, wie er selbst dazu steht, was ihm das, was er sagt, eigentlich bedeutet. Möglicherweise können Sie ihn darauf hinweisen.

In einer anderen Situation bemerken Sie, daß Ihr Gesprächspartner Ihnen sein Problem lang und breit darlegt, daß aber keine einzige Äußerung vorkommt, in der er mitteilt, was er eigentlich möchte, was er ändern will. Auch hier haben Sie eine Reihe von Möglichkeiten, ihm dies mitzuteilen.

Übungen

Um Ihnen Gelegenheit zu geben, die Gesprächsanalyse einzuüben, drucken wir hier Gesprächsausschnitte ab. In dem ersten kurzen Beispiel haben wir die einzelnen Äußerungen jeweils erläutert. Wir möchten Ihnen vorschlagen, die rechte Spalte mit unseren Erläuterungen einmal abzudecken und versuchsweise die einzelnen Äußerungen von A und B den Kategorien zuzuordnen. Im Anschluß daran können Sie Ihre Eintragung mit unseren vergleichen.

A: Also, wenn ich lerne, also, so ein Buch lese, nicht wahr, dann gehen meine Gedanken immer gleich in die Ferne.	*Kat. 15. – Der Gesprächspartner teilt mit, was er tut, wie er handelt, was er erlebt.*
B: Wohin gehen denn deine Gedanken?	*Kat. 25. – B will etwas wissen.*
A: Das kann man nicht so sagen. Die Psychologen sagen ja, dann hat man 'ne Macke.	*Kat. 17. – Man-Sätze, Meinung. A teilt seine Vermutungen mit.*
B: Ja, das stimmt, hinter jeder Konzentrationsstörung liegt eine Neurose oder wie das heißt.	*Kat. 26. – B äußert seine Meinung zu diesem Problem, seine eigenen Vermutungen und Deutungen.*
A: Früher war das nicht so, da habe ich bis zu fünf dicke Bücher in einer Woche gelesen.	*Kat. 15. – A erzählt wieder, was er früher erlebt hat, wie er gehandelt hat.*
B: Du hast die Bücher förmlich verschlungen.	*Kat. 23. – B umschreibt die Äußerung feststellend.*
A: Ja, das kann man sagen.	*Kat. 12. – A geht bejahend ein.*
B: Mhm.	*Kat. 22.*

A: Aber heute, da fühle ich mich wie gelähmt.	*Kat. 13. – A teilt mit, wie er empfindet, was er fühlt.*
B: Das kenn ich, das passiert mir auch unheimlich oft.	*Kat. 28. – B fängt an, von sich zu erzählen.*
A: Und was machst du dann?	*Kat. 18. – A fragt nun B, wie er die Situation meistert.*

Zum Abschluß dieses Buches drucken wir Ihnen hier ein ganzes Gespräch ab, das etwa zehn Minuten gedauert hat.

Um an Hand dieses Gesprächs die Kategorienzuordnung üben zu können, wurde für jede Zeile rechts in Klammern die Kategorie abgedruckt, die wir vorschlagen möchten. Dabei gibt es sicherlich keine absolute Gültigkeit, denn im Text fehlen ja die wichtigen Informationen, wie Tonfall, Sprechgeschwindigkeit und Betonung sowie Haltung, Blickkontakt und anderes mehr.

Am besten, Sie decken die rechte Spalte mit einem Papierstreifen zu und schreiben Ihre Kategorienzuordnung, also die jeweilige Nummer, direkt darauf. Anschließend können Sie diese vergleichen.

A: Ich fühle mich zur Zeit so zerrissen,	(13)
weiß weder ein noch aus.	(13)
Ich habe so das Gefühl, ich kann meinen eigenen	(17)
Ansprüchen nicht gerecht werden.	(17)
Weißt du, meine Freundin war mit einem anderen im Bett,	(16)
und das haut mich total um.	(13)
B: War das das erste Mal?	(25)
A: Ja. Und obwohl ich da ja eigentlich darüber stehe,	(17)
und ich das auch in einer Beziehung für möglich halte,	(17)
schaffe ich das gefühlsmäßig nicht.	(13)
Sag mal, kannst du dir das überhaupt vorstellen?	(18)
Hast du so etwas überhaupt schon einmal erlebt?	(18)

B: Ja, mein Lieber, nicht nur einmal! Ich kann deine (28)
Situation schon deswegen verstehen, weil ich das
selbst oft genug durchgemacht habe. Weißt du . . . (28)
A: Du, das Schlimmste sind die Bilder, die ich habe. (13)
Wenn ich mir vorstelle, daß meine Freundin die (13)
Zärtlichkeit, die ich immer bekomme, jemand (13)
anderem gibt – ich flipp aus. (13)
B: Da höre ich aber einen ganz netten Besitzanspruch (26)
an deine Freundin heraus. (26)
A: Wieso? Das verstehe ich gerade nicht. (18)
B: Na ja, wenn du von der Zärtlichkeit erzählst, die (26)
du von deiner Freundin bekommst, das heißt, die dir (26)
gehört, die dir zusteht. (26)
A: Solche Besitzansprüche sind schon gefährlich. (17)
Da passiert es natürlich sehr leicht, daß man (17)
den anderen total einengt und der dann irgendwann (17)
früher oder später ausbricht. (17)
B: Mhm. (22)
A: Den Typ, der da mit meiner Freundin gepennt hat, (16)
den kenne ich so vom Sehen. (15)
Ich habe das Gefühl, daß der auch überhaupt nicht (17)
zu meiner Freundin paßt. Er ist groß, dürr und hat (16)
schütteres Haar, schon einen richtigen Glatzenansatz, (16)
und außerdem ist er Student. (16)
B: Mhm. (22)
A: Meine Freundin hat ihn auf einem Fest kennengelernt, (16)
und dann ist's halt passiert. (16)
Ich selber habe nicht gemerkt, daß da was läuft, (15)
aber ich hatte das Empfinden, daß da irgend etwas (13)
in der Luft lag. Und dann hat sie's mir gesagt, (15)
und ich war total fertig. Ich habe mich auf mein Bett (13)
gelegt und habe geheult wie ein Schloßhund. (13)
B: Du hattest zwar das Gefühl, daß da was in der Luft lag, (23)
aber als die Situation dann eintrat, warst du total (23)
geschafft. (23)

A: Ja. Ich habe gedacht, die Welt bricht zusammen. (13)
B: Mhm. (22)
A: Ich bin dann stundenlang spazierengegangen, um erst (15)
einmal Klarheit über mich selber zu bekommen. (15)
Erst spät in der Nacht bin ich dann wieder nach Hause (15)
gekommen. Diese Nacht habe ich allerdings sehr (15)
gut geschlafen. Ich fühlte mich innerlich auch ruhig (13)
und ausgeglichen. (13)
Meine Freundin war schon im Bett, (16)
und ich habe mich dann dazugelegt, und sie hat mich (15)
dann im Schlaf so in den Arm genommen, (15)
und da fühlte ich mich ganz geborgen. (13)
B: Irgendwie warst du wieder in deiner Mitte. (23)
A: Am nächsten Morgen war dieses Gefühl aber wieder (13)
vollkommen fort. (15)
Ich habe gearbeitet, und dann fiel mir das immer (15)
wieder so zwischendrin ein, und das gab (15)
jedesmal einen Stich in der Brust. (13)
Kannst du dir das vorstellen? (18)
B: Mhm. (22)
A: Ich glaube, ich lief wie ein begossener Pudel herum (13)
Ein Kollege hat mich gefragt, was denn mit mir los sei, (15)
und da merkte ich, wie ich ganz rot wurde. (13)
Ich habe aber bloß gesagt: «Ach, nichts Besonderes, (15)
mir geht es heute bloß nicht so gut.» (15)
Er hat mich dann ein bißchen zweifelnd angeschaut, (15)
aber nichts mehr gesagt. (15)
Ich möchte da einfach Klarheit für mich bekommen, (14)
möchte mit der Situation umgehen lernen. (14)
Diese verdammte Eifersucht, die möchte ich los- (14)
werden. Ich möchte wieder Vertrauen in die Be- (14)
ziehung haben können. (14)
B: Hast du das Gefühl, daß deine Freundin dich hängen (25)
läßt? (25)
A: Eigentlich nicht. Ich glaube, es liegt schon an mir. (17)

Ich frage mich, ob ich mich gefühlsmäßig einfach zu (14)
sehr von dieser Beziehung abhängig mache und (14)
zu wenig in mir selbst ruhe. (14)
B: Du fragst dich, ob du zu sehr von der Zuwendung (23)
durch deine Freundin abhängig bist. (23)
Ich glaube, daß das deine Freundin merkt und (26)
sich deswegen ganz nett unter Druck gesetzt fühlt. (26)
A: Mhm. Meinst du? (18)
Na ja, das hängt sicherlich auch mit den Ansprüchen (17)
zusammen. Wenn man sagt: So und so mußt du sein, (17)
und mit allen Mitteln versucht, den anderen dahin- (17)
zubringen, wo man ihn haben will. (17)
Eigentlich macht man sich dann nicht nur vom anderen (17)
abhängig, sondern auch von seinen eigenen Ansprü- (17)
chen. Man ist dann abhängig davon, daß die eigenen (17)
Ansprüche erfüllt werden. – (17)
Die Freundin dient einem dann nur noch dazu, die An- (17)
sprüche zu erfüllen. Man nimmt sie dann aber nicht (17)
mehr als Person wahr. (17)
B: Es geht dir, wenn ich dich richtig verstehe, mehr um (23)
deine Ansprüche als um deine Freundin. (23)
A: Ja, so könnte ich sagen. (12)
Andererseits frage ich mich, ob es nicht wichtig ist, (14)
gewisse Ansprüche zu haben. Wenn ich überhaupt (14)
keine Ansprüche habe, drückt das nicht eine gewisse (14)
Gleichgültigkeit aus? Ich weiß nicht. Außerdem (14)
fühle ich mich von dem Anspruch etwas überfordert; (13)
es kommt mir vor wie ein Berg, von dem ich wohl eine (13)
schöne Aussicht habe, aber der wahnsinnig schwer zu (13)
erklimmen ist. (13)
B: Du bist da hin- und hergerissen zwischen deinen An- (24)
sprüchen einerseits und dem, wie du lebst, anderer- (24)
seits Anspruch und Wirklichkeit. (24)
A: Ja. (12)
Es geht mir aber auch um die Frage, darf ich von (14)

einer Beziehung denn überhaupt nichts erwarten, (14)
das heißt keine Ansprüche haben? Ich merke, (14)
wie sich bei mir innerlich etwas dagegen sträubt. (13)

B: Ich glaube schon, daß man von einer Beziehung etwas (26)
erwarten darf, allerdings auch irgendwo offen bleiben (26)
muß und nicht enttäuscht sein darf, wenn die (26)
Erwartungen nicht erfüllt werden. (26)

A: Ich habe auch tatsächlich schon erlebt, daß wenn ich (15)
ganz locker war und offen, die schönsten Erlebnisse (15)
möglich waren, meistens ganz unerwartet. Ich hatte (13)
dann oft den Eindruck, als wären wir durch irgend- (13)
einen Zufall – mir fällt kein besseres Wort ein – auf (13)
der selben Wellenlänge. Und dann habe ich das Gefühl (13)
von vollkommener Harmonie. (13)

B: Mhm. (22)

A: Wie wenn ein Funke überspringt. (13)
Und das kann man nicht wollen. (17)
Man kann höchstens dafür bereit sein – und das (17)
heißt offen sein. Ich glaube, mir ist jetzt schon (17)
manches klarergeworden. (17)
Es ist jetzt nur noch die Frage, wie ich das alles (14)
umsetzen kann. (14)

B: Mit dem Kopf ist dir das schon klar, aber wie du auch (23)
gefühlsmäßig dahinterstehen kannst, das ist dir noch (23)
nicht klar. (23)

A: Ich muß das Ganze halt auch noch leben, das ist das (17)
Problem. Obwohl ich mich jetzt eher zuversichtlich (13)
fühle. Ich fühle mich eigentlich ziemlich stark, so (13)
wie: Das werd ich schon packen. (13)

Dieses Gespräch eignet sich sehr gut zur Analyse. Wir wollen Ihnen dazu im folgenden einige Anregungen geben, möchten aber zugleich betonen, daß es noch wesentlich mehr Möglichkeiten gibt, dieses Gespräch auszuwerten, als wir hier aufgeführt haben.

18 5×, das entspricht 4,4 % seiner eigenen Gesprächszeit.
17 26×, das entspricht 23,2 % seiner eigenen Gesprächszeit.
16 8×, das entspricht 7,1 % seiner eigenen Gesprächszeit.
15 18×, das entspricht 16,0 % seiner eigenen Gesprächszeit.
14 17×, das entspricht 15,1 % seiner eigenen Gesprächszeit.
13 36×, das entspricht 32,1 % seiner eigenen Gesprächszeit.
12 2×, das entspricht 1,7 % seiner eigenen Gesprächszeit.
22 5×, das entspricht 15,1 % seiner eigenen Gesprächszeit.
23 8×, das entspricht 24,2 % seiner eigenen Gesprächszeit.
24 3×, das entspricht 9,0 % seiner eigenen Gesprächszeit.
25 3×, desgleichen
26 11×, das entspricht 33,3 % seiner eigenen Gesprächszeit.
27 – ,–
28 3×, das entspricht der Verwendung von Kat. 24 und Kat. 25.

Vielleicht halten Sie das alles für Zahlenspielerei. Nun, halten wir uns einmal vor Augen, daß B als zuhörender Partner immerhin ein Drittel seiner Äußerungen darauf verwendet, seinem Gesprächspartner A seine Meinung mitzuteilen.

Oder folgende Gegenüberstellung: Von den 145 Kategorienvermerken insgesamt entfallen auf A 112, das entspricht 77 Prozent, und auf B 33, das entspricht 22 Prozent. Wir erfahren also sehr genau, wie stark sich B im Gespräch zurückgehalten hat und A dadurch die Möglichkeit gegeben hat, über sich zu sprechen. Dies drückt sich nicht nur im sehr hohen Anteil an der gesamten Gesprächszeit aus, sondern auch an der gehäuften Verwendung der Kategorie 13, Selbstempfinden, die mit fast einem Drittel an der Sprechzeit von A den größten Anteil einnimmt. Allein diese zahlenmäßige Aufstellung läßt erkennen, wie stark dieses Gespräch auf die Gefühle von A abgestimmt war und ihm Möglichkeit gab, darüber zu sprechen.

Auf der anderen Seite stehen Sie selbst als Gesprächspartner. Vielleicht fällt es Ihnen am Anfang schwer, Ihr eigenes Gesprächsverhalten zu beobachten, zu erkennen, was Sie für

Verhaltensweisen an den Tag legen. In diesen Situationen möchten wir Ihnen empfehlen, einmal ein Gespräch (es kann ruhig «gestellt», also ein Übungsgespräch sein) auf Tonband aufzunehmen. Wenn Sie sich anschließend das Band nochmals anhören und jedesmal anhalten, sobald Sie selbst gesprochen haben, können Sie sehr schnell erfassen, wozu Sie in diesem Gespräch besonders geneigt haben. Vielleicht hilft es Ihnen noch mehr, wenn Sie jedesmal aufschreiben, welche Kategorie gerade vorgelegen hat. So werden Sie möglicherweise in einem Gespräch von etwa zehn Minuten Dauer zu ca. zwanzig Eintragungen kommen. Die Frage ist dann, gibt es eine Kategorie, die besonders häufig auftaucht? Wenn ja, welche?

Ganz besonders spannend haben wir immer Situationen erlebt, in denen beide am Gespräch Beteiligten eine derartige Tonbandaufzeichnung zusammen ausgewertet haben. Auf diese Weise wurden die Unterschiede in der eigenen Wahrnehmung sehr deutlich. So ergaben sich beispielsweise folgende Situationen:

A: Hier finde ich, daß du gar nicht mehr über dich sprichst, sondern über die anderen. Was dir das selbst bedeutet, habe ich im Gespräch gar nicht mitbekommen.
B: Ist das wahr? Ich dachte, daß ich ganz deutlich zum Ausdruck gebracht habe, was ich dabei empfinde . . .

Nun können wir in einem nächsten Schritt wieder zum Text dieses Gesprächs zurückkehren. Die zahlenmäßige Aufstellung hat ergeben, daß B sehr häufig die Kategorie 26, Meinung zum Problem des Gesprächspartners, verwendet. Schauen wir uns einmal an, wie sein Partner darauf reagiert, erhalten wir folgendes Bild: A erwidert entweder mit Abwehr bzw. einer Frage an seinen Gesprächspartner B, oder aber er teilt sehr ichfern, ganz allgemein seine Ansichten mit. Dies wird an den vielen Man-Sätzen deutlich. Diese Sätze sind eine direkte Reaktion auf die Meinungsäußerungen von B.

Sie können sich einmal den Spaß machen und diese Äußerungen von A laut lesen. Im ersten Durchgang lesen Sie die Sätze so, wie sie hier stehen, im zweiten Durchgang formulieren Sie einmal jedes «man» in ein «ich» um und lesen ebenfalls laut. Sie werden sofort merken, wie unterschiedlich diese Sätze dann klingen.

A sagt im Text: «Die Freundin dient einem dann nur noch dazu, die Ansprüche zu erfüllen. Man nimmt sie dann aber nicht mehr als Person wahr.»

Umformuliert liest sich das dann so: «Meine Freundin dient mir dann nur noch dazu, meine Ansprüche zu erfüllen. Ich nehme sie dann aber nicht mehr als Person wahr.»

Merken Sie den drastischen Unterschied?! Sie können auch einmal versuchen, diesen Text mit einem Partner zusammen zu lesen; sozusagen mit verteilten Rollen. Beim Lautlesen werden Sie noch deutlicher nachempfinden können, wie diese Man-Sätze wirken. Sie werden aber auch nachfühlen können, was es bedeutet, nicht unterbrochen zu werden, und umgekehrt, an bestimmten Stellen doch unterbrochen zu werden, um sich «irgendwelche» Ansichten Ihres Gesprächspartners anhören zu müssen.

Auch derjenige, der die Rolle von B liest, wird möglicherweise merken, wie es ist, nicht zu sprechen, sondern zuzuhören.

Einige weitere Übungen bestehen darin, daß Sie, ähnlich den Übungen zu den «gängigen Gesprächsstörern» und den «Gesprächsförderern», bestimmte Verhaltensweisen, so wie sie in den Kategorien beschrieben sind, einmal bewußt einsetzen. Ihr Gesprächspartner beginnt irgendein Gespräch. Ihre Aufgabe besteht dann darin, mit einer bestimmten Kategorie, zum Beispiel Kategorie 23 (Feststellende Äußerungen), darauf einzugehen.

Sind Sie zu mehreren, also eine größere Gruppe, so können Sie auch folgende Abwandlung ausprobieren, die in einer unserer Trainingsgruppen letzthin entwickelt worden ist: Ein

Teilnehmer beginnt mit seinem linken Nachbarn ein Gespräch. Dieser hat die Aufgabe, nur mit irgendeiner Form von Kategorie 23 (Feststellende Äußerung) darauf einzugehen. Sein linker Gesprächspartner wiederum hat die Aufgabe, auf dieselbe Äußerung mit Kategorie 24 (Vertiefende Äußerung) einzugehen. Und so weiter, das heißt, nacheinander kommen die Kategorien 25, 26, 27, 28 dran. Beispiel:

Teilnehmer 1 sagt: «Ich mach mir Sorgen, weil meine Tochter in letzter Zeit abends so lange wegbleibt!»
Linker Nachbar: (23) «Du sorgst dich wegen des abendlichen Fernbleibens deiner Tochter.»
Nächster Nachbar: (24) «Kannst du sagen, wie du das erlebst, was dir das bedeutet?»
Nächster: (25) «Wie lange bleibt sie denn weg?»
Nächster: (26) «Na, das würde ich ihr aber verbieten.»
Nächster: (27) «Trotz deiner Sorgen wirkst du auf mich aber ganz fröhlich und ausgelassen.»
Nächster: (28) «Gut, daß ich keine Töchter habe. Aber meine Söhne . . .»

In der nächsten Runde beginnt ein anderer das Gespräch. Wir haben dieses Spiel immer als sehr abwechslungsreich und in vielen Fällen als ausgesprochen erheiternd erlebt.

Zum Schluß

Unser geschichtlicher und theoretischer Hintergrund sowie die Einordnung unseres Buches

Sie haben nun das ganze Buch gelesen und mögen sich vielleicht fragen, ob denn das nun so neu und so weltbewegend ist, was wir hier dargestellt haben. Ist Zuhören und Verstehen nicht eine Allerweltsangelegenheit, die es schon immer gegeben hat?

Ganz genau! Wir wollen in keinem Fall so tun, als ob das, was wir Ihnen hier aufgeschrieben haben, auf unserem Mist gewachsen ist. Mit dem Zuhören und dem Sprechen haben sich schon immer die Menschen befaßt und viele Bücher darüber geschrieben. Um Ihnen zum Schluß dieses Buches einen kleinen Überblick zu geben, haben wir einige Aussagen von Autoren zusammengestellt, die über ihre Zeit hinaus Bedeutung behalten haben. Mit anderen Worten, wir haben aus der Geschichte der letzten zweieinhalbtausend Jahre einige berühmte Denker hier aufgeführt. Sie werden dabei erkennen, daß einige Übungen bzw. einige Abschnitte so, oder mit ähnlichen Worten, schon vor Hunderten von Jahren bestanden haben.

Im zweiten Teil dieses Kapitels erläutern wir Ihnen einige neuere Theorien. Es handelt sich dabei um Gedanken aus den letzten dreißig Jahren, die uns in unserem Denken und Handeln stark beeinflußt haben und denen wir uns tief verpflichtet fühlen.

Dies teilen wir Ihnen nicht mit, um nun in die Schublade gesteckt werden zu können im Sinne von: «Nun weiß ich, in welche wissenschaftliche Ecke ich die drei stellen kann», sondern vielmehr, um Ihnen die Möglichkeit zu geben, den Weg, den wir gegangen sind, nachzuvollziehen.

Im dritten Teil erfahren Sie, wie wir unser Buch in den gesellschaftlichen Rahmen eingeordnet haben und welchen Stellenwert wir ihm zumessen.

Die hochgestellten Ziffern verweisen auf die Bemerkungen im Anschluß an dieses Kapitel. Dort finden Sie auch die von uns angeführte Literatur.

Von dem griechischen Philosophen *Sokrates* (469 bis 399 v. Chr.) ist uns überliefert, daß er ein hervorragender Meister des genauen Zuhörens war. Sein Schüler *Platon* (427 bis 347 v. Chr.) läßt ihn in einem Streitgespräch (über die Unsterblichkeit: «Phaidon») zum Beispiel folgendes sagen: «Dies ist, glaube ich, ungefähr deine Meinung, Kebes. Mit Absicht wiederhole ich sie öfters, damit uns ja nichts davon entgeht und damit du das, was du etwa willst, noch hinzusetzen oder abstreichen kannst.»[1] Hier wird deutlich, daß nicht so sehr die «wunden Punkte» einer Gegenmeinung gesucht werden, als vielmehr zunächst ein genaues Verstehen der Ansichten des Gesprächspartners angestrebt wird. Diese Form des Miteinandersprechens, des Streitens im Sinne eines Meinungsaustausches, erreichte ihren Höhepunkt im 13. Jahrhundert, in den sogenannten scholastischen Disputationen. Für diese Streitgespräche gab es damals eine Spielregel, die das Zuhören erzwungen hat: «Niemandem war gestattet, auf einen Einwurf des Gesprächspartners unmittelbar zu antworten; vielmehr mußte er vorher den gegnerischen Einwand mit eigenen Worten wiederholen und sich ausdrücklich vergewissern, daß der andere genau das gleiche meine.»[2] Erinnern Sie sich? Fast den gleichen Wortlaut haben Sie im ersten Kapitel bei der Übung «Kontrolliertes Zuhören» schon gelesen.

In diesen mittelalterlichen Streitgesprächen wurde dem Gesprächspartner ausdrücklich das Recht zugestanden, nicht nur das zu verstehen, was gesagt wurde, sondern es auch kritisch auf Wahr und Falsch zu befragen.[3] Damals war es verpönt, den Gesprächspartner zu bluffen, zu überreden, ihn lediglich zu «bearbeiten» oder gar «fertigzumachen». Alles Verhaltensweisen, wie sie im zweiten Kapitel «gängige Gesprächsstörer» benannt wurden. In erster Linie wurden damals schon Verhaltensweisen an den Tag gelegt wie: Nachfragen, Gegenüberstellen, Weiterführen usw., wie wir im Kapitel «Gesprächsförderer» ausgeführt haben. Diese Haltung im Streitgespräch wird aus einem Satz des deutschen Philosophen *Immanuel Kant* (1724 bis 1804) deutlich: «Widerlegt zu werden ist ... keine Gefahr, wohl aber, nicht verstanden zu werden.»[4]

Die innere Einstellung zum Gesprächspartner war im mittelalterlichen Streitgespräch eine vollkommen andere als heute. *Thomas von Aquin* (1225 bis 1274) macht diese Einstellung deutlich mit den Worten: «Man muß beide lieben, sowohl die, deren Meinung wir teilen, als auch die, deren Meinung wir ablehnen. Beide nämlich haben sich bemüht um der Erforschung der Wahrheit willen, und beide haben uns hierin Hilfe geleistet.»[5]

Unsere kurzen Ausführungen im Kapitel «Nichtsprachliche Reaktionen» sind in viel deutlicherer und ausführlicherer Form schon vor zweitausend Jahren behandelt worden. Der römische Lehrer *Quintilian* (35 bis 86 n. Chr.) hat ein noch heute vielbeachtetes Buch über die Redekunst geschrieben. Darin äußert er sich über die Stimme, die «Anmut der Gesten», die Haltung usw.[6]

In dem Kirchenlehrer *Augustinus* (354 bis 430) finden wir nicht nur ein Musterbeispiel für die Verbindung von Zuhören und Meinungen-Darstellen, sondern zugleich auch einen Revolutionär. Vor immerhin tausendfünfhundert Jahren bezweifelt dieser Mann, daß es möglich ist, allein durch Sprache einen anderen Menschen zu belehren. In seinem berühmt gewordenen Buch «Der Lehrer»[7] kommt er zu dem Schluß, daß die Anschauung und die eigene Erfahrung die einzige Quelle der Belehrung darstellen können. Erst im vergangenen Jahrhundert wurden diese Gedanken zu einer eigenen pädagogischen Richtung geformt. Der Schweizer Pädagoge *Pestalozzi* (1746 bis 1827) fordert einen Schulunterricht, der von der direkten Anschauung und nicht vom Lehrbuch ausgeht.[8] Wir müssen Erfahrungen sammeln können; dies ist nicht möglich durch das ausschließliche Lesen aus Büchern. In diesem Sinne kann unser Buch «Zuhören und Verstehen» auch niemals Sie belehren. Wir können uns nur ganz vermessen an den schon erwähnten *Augustinus* halten und Ihnen durch das Mitteilen unserer Erfahrungen und das Aufzeigen von Übungen einen Weg anbieten, der es Ihnen ermöglicht, eigene Erfahrungen zu machen. Und diese, Ihre eigenen Erfahrungen, sind allein ausschlaggebend für Ihr zukünftiges Verhalten in Gesprächssituationen.

Die Betonung der eigenen Erfahrung können wir auch in unserem Jahrhundert wiederfinden. Mitte der fünfziger Jahre kam unter den Psychologen eine neue Richtung auf, die «Humanistische Psychologie»[9]. Man bezeichnet diese auch als dritte Kraft in der Psychologie, neben Behaviorismus[10] und Psychoanalyse.[11]

Für Behavioristen war nur sichtbares Verhalten eindeutig meßbar und deshalb wissenschaftlich interessant. Innere Vorgänge wie Gefühle usw. wurden als subjektiv und unwissenschaftlich abgetan.

Ausgangspunkt der Forschung in der humanistischen Psychologie ist dagegen der gesamte Mensch mit der für ihn bedeutungsvollen Umgebung.

Eine weitere grundlegende Annahme besteht darin, an den Menschen zu glauben, an seine Fähigkeit, das Leben eigenverantwortlich zu gestalten (= Selbstverwirklichung). Dieses positive Menschenbild verdeutlicht *Carl Rogers*, ein Hauptvertreter dieser humanistischen Psychologie. (Er ist der Begründer der *klientenzentrierten* Gesprächstherapie.) Dies schildert er im Rahmen seiner Lernerfahrungen:

«Auf lange Zeit hilft es nicht, so zu tun, als wäre ich jemand, der ich nicht bin.
Ich habe es als wertvoll erlebt, einen anderen Menschen zu verstehen und zu akzeptieren.
Ich kann meinen Erfahrungen trauen.
Erfahrung ist für mich die höchste Autorität.
Der Mensch hat eine im Grunde positive Entwicklungsrichtung.»[12]

Diese Erkenntnisse wendet *Rogers* auf die Gespräche mit Ratsuchenden, sogenannten Klienten, an. Der Ratsuchende soll dabei eine Chance haben, sich selber zu verwirklichen und einen eigenen Weg zur Lösung seiner Konflikte einzuschlagen (daher auch der Name *«klientenzentriert»*).[13]

Damit der Klient seine eigenen Gefühle, Wünsche und Wertvorstellungen erkennen und klären kann, muß der Gesprächstherapeut bestimmte Verhaltensregeln beherzigen. Als «hilfreicher Gesprächspartner» soll der Therapeut

dem Klienten gegenüber grundlegend positiv eingestellt sein,
echt sein, das heißt keine Rolle spielen; dies gilt vor allem für das Verhalten auf nichtsprachlicher Ebene,
die persönlichen, wichtigen, gefühlsmäßigen Erlebnisse des Klienten aufgreifen, das heißt Umschreiben gefühlsmäßiger Erlebnisinhalte[14],
die Eigenaktivität des Klienten fördern, indem er selbst möglichst wenig das Gespräch inhaltlich lenkt; ebenso sollte er Deutungen und Ratschläge vermeiden und den Klienten beim Bemühen, etwas Neues zu versuchen, ermutigen.

Sie werden sicher bemerkt haben, daß diese Erkenntnisse von *Rogers* an vielen Stellen unseres Buches wiederzufinden sind. *Rogers* betont, daß diese Erkenntnisse aus der Gesprächstherapie auch außerhalb der Therapiesitzungen angewendet werden können; überall dort, wo Spannungen und Konflikte bearbeitet und Beziehungen zwischen Menschen verbessert werden sollen. So können diese Verhaltensanweisungen von Lehrern, Eltern usw. hilfreich eingesetzt werden.[15]

Diese konkrete Arbeit mit Alltagssituationen steht vor allem im Mittelpunkt einer von *Ruth Cohn* Mitte der sechziger Jahre begründeten Methode.[16] Es handelt sich dabei nicht nur um eine therapeutische Methode, da sie sich immer an Lebens- oder Arbeitsgruppen wendet, die irgendein Thema zu bewältigen haben. Das Grundprinzip dieser Methode ist die sogenannte «Dynamische Balance». Das heißt:

Ich, meine Gefühle, meine Bedürfnisse, Gedanken und Schwierigkeiten,
Wir, die Gruppe, die Gefühle und Gedanken der Teilnehmer und
Es, das Thema oder die Aufgabe, die die Teilnehmer und mich beschäftigt,

müssen immer im Gleichgewicht zueinander stehen; sie sind immer gleich wichtig. Erst so kann die Arbeit und die Beziehung in der Gruppe befriedigend und sinnvoll sein. Gleichzeitig muß dabei die Außenwelt, das heißt die soziale, geschichtliche und politische Umgebung im Auge behalten werden.[17]

Um dieses Gleichgewicht herstellen zu können, müssen zwei Forderungen beachtet und befolgt werden:

«Sei dein eigener Chairman. Das heißt, sei dir deiner inneren Gegebenheiten und Umwelt bewußt; übe, dich selbst und andere wahrzunehmen, schenke dir und anderen die gleiche menschliche Achtung; nimm dich selbst, diese Umgebung und diese Aufgabe ernst; nimm und gib, so wie du es für dich und andere verantworten willst.

Beachte Hindernisse auf deinem Weg, deine eigenen und die von anderen. Störungen haben Vorrang, ohne ihre Lösung wird Wachstum erschwert oder verhindert. Störungen sind da, die Frage ist nur, wie man sie bewältigt; werden sie unterdrückt, bestimmen sie die Vorgänge in einer Gruppe.»[18]

Vielleicht haben Sie entdeckt, daß es sich hier fast um die gleichen Formulierungen wie im Kapitel «Gespräche in Gruppen» handelt. Auch im Kapitel «Konflikte und ihre Bewältigung» haben wir uns an diese Methode angelehnt.

Die Selbsterfahrungsgruppen (Encounter-Gruppen) gehen in erster Linie auf *Carl Rogers* und *Ruth Cohn* zurück[19], die auf ihrem gedanklichen Weg von *Fritz Perls* beeinflußt wurde. «Selbstverwirklichung» als Ziel zieht sich wie ein roter Faden durch die verschiedenen Therapieansätze in der humanistischen Psychologie. *Fritz Perls* leitet aus dieser Selbstverwirklichung folgende Ziele für die von ihm gegründete Gestalttherapie ab[20]:

«Sich seiner selbst bewußter zu werden.» Das heißt, sich selber genau zu kennen und als Ganzes wahrzunehmen. Dieses Ziel geht auf ein Gesetz der Gestalttheorie zurück. Diese Gestalttheorie wurde in den zwanziger Jahren von verschiedenen Wahrnehmungspsychologen[21] aufgestellt und vertreten. Die Prinzipien der Gestalttheorie gaben dieser Therapieform von *Perls* ihren Namen. «Gestalt», das heißt, das Ganze ist etwas anderes, als die Summe seiner Teile.

«Selbstverantwortlicher zu werden.» Das bedeutet, jeder hat die Wahl, dies oder das zu tun, so oder so zu sein. Dies wird auch in dem sogenannten «Gestaltgebet» deutlich:
«Ich tu, was ich tu; und Du tust, was Du tust.
Ich bin nicht auf dieser Welt, um nach Deinen
Erwartungen zu leben.
Und Du nicht, um meine zu erfüllen.
Ich bin Ich, und Du bist Du.
Und wenn es der Zufall will, daß wir uns treffen,
ist's wunderbar, wenn nicht, läßt sich nichts machen.»[22]

Vor allem durch dieses «Gebet» ergaben sich Mißverständnisse. Allzuoft wurde Selbstverwirklichung mit blankem Egoismus verwechselt. Selbstverwirklichung, die nicht auf Kosten anderer geht, ist nur durch ein Gleichgewicht zwischen mir, den anderen und der Sache möglich; worauf *Ruth Cohn* in ihrem Ansatz schon hingewiesen hat. Inwieweit jedoch unsere Gesellschaft, die vor allem durch Konkurrenzkampf gekennzeichnet ist, eine Gleichgewichtung zwischen mir und den anderen überhaupt zuläßt, soll im weiteren besprochen werden.

Mit Hilfe eines Bildbeispiels wollen wir verdeutlichen, wie wir dieses Buch aufgefaßt wissen möchten und wir unsere Arbeit sehen. Dieses Bildbeispiel ist nach dem Figur-Hintergrund-Konzept gestaltet; ein Prinzip, das der erwähnten Gestaltpsychologie der zwanziger Jahre entstammt.

Beim ersten Hinschauen werden Sie wahrscheinlich eine junge Frau im Profil sehen, vielleicht gehören Sie aber auch zu den wenigen Menschen, die das Gesicht einer alten Frau er-

kennen. Wenn es Ihnen nach einiger Zeit nicht gelingt «umzuschalten», das heißt, das erkannte Bild aufzugeben, um ein neues zu bauen, gibt es Möglichkeiten, Ihnen dabei zu helfen. «Der lange Hügel, der die Nase der Alten ist, ist die gesamte Wangen- und Kieferlinie der jungen Frau. Das linke Auge der Alten ist das linke Ohr der Jungen. Ihr Mund das Samthalsband der jungen Frau, ihr rechtes Auge ein kleines Stück der Nase der jungen Frau usw. Wahrscheinlich haben Sie jetzt das andere Bild erkannt. Es wird plötzlich gekommen sein, vielleicht mit einem Ausruf der Überraschung. Gestaltpsychologen nennen dies ‹Aha-Erlebnis›, also Einsicht.»[23]

Sie werden sicher fragen, was hat das eigentlich mit diesem Buch hier zu tun? Nun, hätten wir Ihnen nicht gesagt, daß in diesem Bild zwei Frauen zu sehen sind, hätten Sie sicher nicht nach einer zweiten Frau gesucht. Sie wären mit dem zufrieden gewesen, was Sie gerade sehen und hätten es für vollständig und richtig gehalten. Egal, welche Figur Sie zuerst gesehen haben, sie war auf alle Fälle richtig, aber es war gleichzeitig nicht die einzige richtige Figur, die es auf diesem Bild zu erkennen gab. Übertragen auf den Alltag können wir sagen, daß unsere alltäglichen Wahrnehmungen zwar immer richtig sind, aber das, was wir zu erkennen glauben, nicht immer das einzig richtige und mögliche sein muß. Wie häufig können wir im Alltag erleben, daß sich Wahrnehmungen zweier Menschen von ein und derselben Sache unterscheiden. In derartigen Situationen geschieht es häufig, daß wir entweder den anderen für nicht ganz richtig im Kopf halten, oder uns der Ansicht des anderen anpassen. Wie an dem Bildbeispiel deutlich wurde, sind beide Verhaltensweisen nicht notwendig oder sinnvoll, da es verschiedene Wahrnehmungen über eine Sache gibt, die alle prinzipiell die gleiche Berechtigung haben. Welcher Wahrnehmung wir den Vorzug geben, ist unsere persönliche Entscheidung. Welche Figur war es bei Ihnen im Bildbeispiel? Diese Entscheidung hat aber nichts mit der Anzahl der möglichen Figuren in diesem Bild zu tun.

Dieses Buch kann somit nur die Absicht haben, Ihnen unsere Wahrnehmung von Situationen mitzuteilen. Dadurch können Sie unter Umständen, wie bei diesem Bild, verschiedene Wahrnehmungen über ein und dieselbe Sache erkennen, vielleicht verbunden mit einem «Aha!» Diese Erweiterung der Wahrnehmung soll zum Ziel haben, Ihnen aufzuzeigen, daß Sie in einer Situation verschiedene Möglichkeiten haben, sich zu verhalten. Wie Sie sich jedoch entscheiden, können wir nicht bestimmen. Wir können Ihnen nur unsere Wahrnehmung und die damit verbundenen Verhaltensmöglichkeiten aufzeigen. Welcher Sie den Vorzug geben, ist Ihre Entscheidung. Daraus ergibt sich folgende Frage: Erlaubt uns unsere Gesellschaft überhaupt eine freie Entscheidung?

Wir leben in einer Leistungsgesellschaft, das heißt, Leistung wird als höchster Wert betrachtet. Daraus muß sich ergeben, daß wir zu unseren Mitmenschen ununterbrochen im Konkurrenzkampf stehen. In allen Situationen taucht diese Kampfhaltung auf: besser, klüger, schneller, mächtiger, anerkannter, erfolgreicher, schöner, reicher, potenter zu sein . . .

Der Wert «Leistung» übt auf uns alle so starken Druck aus, daß er unser Verhalten eindeutig bestimmt.

Können wir überhaupt zwischen zwei Verhaltensweisen entscheiden? Sind dieses Buch und das Springbild auf Seite 279 nicht lauter schöne Spielereien? Leistung ist so zu einem Teil von uns selbst geworden, daß sie unser Handeln bestimmt und uns daran hindert, anderes zu überlegen und weitere Möglichkeiten auszuprobieren:

Ist es auf dem Betriebsausflug wirklich mein oberstes Ziel, beim Kegeln erster zu werden.

Bleibt meine Freundin wirklich nur bei mir, weil ich ein so erfolgreicher «Typ» bin?

Werde ich in meiner Familie wirklich nur dann geachtet, wenn ich mit der Faust auf den Tisch schlage?

Oder wir fragen uns, warum ist es denn so wichtig, daß ich

immer die erste bin, die vor allen anderen die neueste Mode trägt? Daß ich immer eine Autonummer größer fahre als meine Untergebenen? Daß ich vor allen anderen Nachbarinnen als erste den Frühjahrsputz erledigt habe?

Um Entscheidungsfreiheit erreichen zu können, müssen wir uns in jeder Situation aufs neue fragen:

Was ist mir im Moment am wichtigsten?

Welche anderen Möglichkeiten des Erlebens und Verhaltens gibt es?

Warum verhalte ich mich im Moment so und nicht anders?

Um einmal ganz deutlich zu werden: Wer glaubt, daß alles so ist bzw. so sein muß, wie er es sieht, verschließt sich vor der Wirklichkeit. Wer nicht bereit ist, eine andere Sichtweise zuzulassen, ist eigentlich blind. (Denken Sie auch an das Umspringbild.) Weitere Sichtweisen zuzulassen, heißt, bereit zu sein, die Einzigartigkeit seiner Sichtweise in Frage zu stellen. Unsere Freiheit besteht darin, mehr als nur eine Möglichkeit zu denken. Uns für eine zu entscheiden und sie in die Tat umzusetzen, hängt von unserer Risikobereitschaft ab. Eine niedrige Risikobereitschaft beinhaltet Entscheidungen für Verhaltensweisen, bei denen die negativen Folgen von vornherein vermieden werden; zum Beispiel: «Ich hänge die Wäsche am Sonntag nicht im Garten auf, damit die Nachbarn nicht über mich reden.»

Eine hohe Risikobereitschaft bedeutet, bereit zu sein, mögliche negative Folgen aus meinem Verhalten auf mich zu nehmen; zum Beispiel: «Ich sage meinem Chef unverblümt meine Meinung, riskiere aber dabei, entlassen zu werden.»

In keinem Fall wollen wir so tun, als ob der Mensch allein auf der Welt ist und tun und lassen kann, was er will. In seinem Tun und Handeln, sowie seinem Denken und Fühlen ist er, wie wir zuvor ausgeführt haben, dem Druck der Gesellschaft ausgesetzt. Dies geschieht je nach Situation unterschiedlich stark. In den meisten Fällen widerstehen wir diesem Druck nicht und lassen unser Verhalten durch die Gesellschaft bestimmen (denken Sie nur daran, wie stark wir beim Einkaufen durch die Werbung beeinflußt sind).

Denken Sie an Ihre eigene Berufswahl und die Ihrer Eltern. Wie stark wurden Sie von außen bestimmt? Wie viele Schüler gibt es, die heute noch ihren Traumberuf ergreifen können? Die meisten werden dabei zu einer Entscheidung gezwungen, die eigentlich keine ist; denn zwischen Arbeitslosigkeit und ungeliebtem Beruf zu wählen, ist keine Entscheidung. Bewußtseins- und Verhaltensänderungen sollten wir deshalb da ausprobieren, wo wir uns noch am ehesten dem gesellschaftlichen Druck entziehen können. Das ist überall dort, wo wir noch eine persönliche Beziehung aufnehmen können: bei Gesprächen mit Freunden, mit dem Ehepartner, mit Arbeitskollegen oder anderen. Hier Neues auszuprobieren, heißt, mit einem geringen Risiko anzufangen. Haben wir hier positive Erfahrungen gesammelt und zunehmend Sicherheit gewonnen, wird der Mut zum Risiko wachsen, und wir werden auch in der Lage sein, in anderen Bereichen Veränderungen herbeizuführen.

Wir wollen mit unserem Buch lediglich einen Anstoß für diese mögliche Entwicklung geben.

> «Aus den zwei entgegengesetzten Kräften, dem Drang nach einem persönlichen Leben und der Forderung der Umwelt nach Anpassung entsteht die Persönlichkeit. Keine entsteht ohne revolutionäre Erlebnisse.»
>
> Hermann Hesse

Bemerkungen

1 Platon: Phaidon 95c. Meisterdialoge. Artemis-Verlag. Zürich 1958. S. 67.

2 Josef Pieper: Hinführung zu Thomas von Aquin – Zwölf Vorlesungen. Kösel Verlag. München 1958. S. 118.
Vgl. auch hierzu die Fußnote von Günther Schwarz, in: Hayakawa, S.I.: Vom Umgang mit sich und anderen. Verlag Darmstädter Blätter. Darmstadt 1969. S. 40–41.

3 Vgl. die Ausführungen von Josef Pieper: Hinführung zu Thomas von Aquin, (Bemerkung 2) S. 123. Hierzu auch Paul Wilpert: Das Problem der Wahrheitsfindung bei Thomas von Aquin. In: Beiträge zur Geschichte der Philosophie und Theologie des Mittelalters. Band 30. Aschendorffsche Verlagsbuchhandlung. Münster 1930. Heft 3.

4 Immanuel Kant: Kritik der reinen Vernunft. Vorrede zur zweiten Ausgabe von 1787. Herausgegeben von Albert Görland. Verlegt bei Bruno Cassirer. Berlin 1923. S. 32.

5 Thomas von Aquin: Kommentar zu Aristoteles, Metaphysik 12/9; Nr. 2566. Zitiert nach Pieper, (Bemerkung 2) S. 120.

6 Quintilian: Über Pädagogik und Rhetorik. Goldman Verlag. München 1974. S. 117f sowie: Quintilian: Institutio oratoria. Lehrbuch der Redekunst, 10. Buch. Reclam Verlag. Stuttgart 1974.

7 Aurelius Augustinus: De magistro liber unus. Deutsche Augustinus Ausgabe – Der Lehrer. In der Übertragung von Carl Johann Perl. Verlag Ferdinand Schöningh. Paderborn 1974. Hierzu auch der Aufsatz von Joseph Geyer: Die Theorie Augustinus von der Selbsterkenntnis der menschlichen Seele. In: Aus der Geisteswelt des Mittelalters (Festschrift für Martin Grabmann) herausgegeben von: Lang, A.; Lechner, J.; Schmaus, M. Supplementband

III, 1. Halbband der Beiträge zur Geschichte der Philosophie und Theologie des Mittelalters. Aschendorffsche Verlagsbuchhandlung. Münster 1935. S. 169–188.

8 Pestalozzi über seine Arbeit in Stans. Beltz Verlag. Weinheim 1971. Außerdem: Pestalozzi's sämtliche Werke, darin die Aufsätze zur Methode. Verlag Carl Seyffarth. Liegnitz 1899. Band 8, S. 425–498.
In diesem Sinne auch die interessanten Schriften des Philantropen Christian Gotthilf Salzmann, vor allem: Ameisenbüchlein, oder Anweisung zu einer vernünftigen Erziehung der Erzieher. Langensalza 1805; sowie die Nachrichten aus Schnepfenthal für Eltern und Erzieher, enthalten in Chr. G. Salzmanns pädagogischen Schriften, herausgegegen von Richard Bosse und Johannes Meyer. Leipzig 1888.

9 Begründer der «Humanistischen Psychologie» war Abraham Maslow. Besonders: Motivation and Personality, New York 1954, deutsch: Psychologie des Seins. Kindler Verlag. München 1973
Diese humanistische Psychologie steht dem Zen-Buddhismus sehr nahe. Folgendes Zitat verdeutlicht das Zen: «Die Geburt ist nicht ein augenblickliches Ereignis, sondern ein dauernder Vorgang. Das Ziel des Lebens ist, ganz geboren zu werden, und seine Tragödie, daß die meisten von uns sterben, bevor sie ganz geboren sind. Zu leben bedeutet, jede Minute geboren zu werden. Der Tod tritt ein, wenn die Geburt aufhört.» Fromm, E.; Suzuki, D. T.; Martino de, R.: Zen-Buddhismus und Psychoanalyse. Suhrkamp Verlag. Frankfurt 1963[VI].

10 Behaviorismus: «Lehre vom Verhalten» (ab 1912), d. h., sie beschreibt und erklärt Verhalten ohne seelische Deutungen. Tierexperimente stehen bei der Forschung im Vordergrund. Hauptvertreter waren Watson, Thorndike, Skinner und andere. Vgl.: Skinner, B. F.: Futurum Zwei – Die Vision einer aggressionsfreien Gesellschaft. Rowohlt Verlag. Reinbek 1973. Sowie: Fünfzig Jahre Behaviorismus (1963) und: Die Wissenschaft vom Lernen und die Kunst des Lehrens (1954) beide in: Correll, W. (Hg.): Programmiertes Lernen und Lehrmaschinen. Westermann Verlag. Braunschweig 1970.

11 Psychoanalyse: Bezeichnung für Theorie und Behandlungsmethoden von psychischen Störungen nach Sigmund Freud und seinen Nachfolgern. Die psychoanalytische Theorie nimmt an, daß

alle Vorgänge durch andere bestimmt werden (im Sinne eines Ursache-Wirkungs-Zusammenhangs). Freud unterscheidet dabei drei Schichten: ES (unbewußte Triebhaftigkeit), vorbewußtes und bewußtes ICH und ÜBER-ICH (Gewissen, Werte). Das ÜBER-ICH verlangt häufig einen Verzicht auf Triebbefriedigung, vor allem im Bereich der Sexualität. Diese unerledigten Erlebnisse werden aus dem Bewußtsein verdrängt und setzen einer Wiedererinnerung Widerstände entgegen, bleiben aber im Unterbewußtsein wirksam. Die Psychoanalyse versucht, diese Verdrängungen rückgängig zu machen, indem sie diese Widerstände überwindet, unter mehr oder weniger direktiver Mithilfe des Psychoanalytikers. Hilfen in der Psychoanalyse sind dabei Erinnern der Lebensgeschichte, freier Gedankeneinfall, Traumdeutung, Übertragung des Analytikers und Gegenübertragung. Eine analytische Grundregel besagt, daß der Patient ohne Einschränkung alles berichtet, was in ihm vorgeht. Ausgehend von Freud ergaben sich im Laufe der Zeit zahlreiche Abwandlungen dieser Theorie. Zum Beispiel C. G. Jung, A. Adler bis hin zu den Neoanalytikern wie E. Fromm, K. Horney, H. Schulz-Hencke, die auch die sozialen und kulturellen Aspekte des Menschen berücksichtigen. Vgl.: Bergold, J. B.: Psychotherapie – Zwischen Selbstentfaltung und Kontrolle. Urban und Schwarzenberg. München 1973.

12 Vgl. Rogers, C.: Entwicklung der Persönlichkeit. Klett-Verlag. Stuttgart 1973. S. 31–43.

13 Vgl. zu diesen Ausführungen: Rogers, C.: Die nicht-direktive Beratung (1942), deutsch: Kindler-Verlag. München 1972. Sowie: Die klientenzentrierte Gesprächstherapie (1951), deutsch: Kindler-Verlag. München 1972. Und: Therapeut und Klient (1975), Kindler-Verlag. München 1976.

14 Statt dessen können hier auch folgende gesprächstherapeutische Begriffe auftreten: Empathie (Einfühlung), Selbst-Kongruenz (Echtheit, im Sinne von Übereinstimmung mit sich selbst), sowie «Verbalisieren emotionaler Erlebnisinhalte» (VEE).
Vgl. dazu auch: Tausch, R.; Tausch, A.: Gesprächspsychotherapie, Hogrefe-Verlag. Göttingen 1979. Außerdem: Minsel, R.: Praxis der Gesprächspsychotherapie, Graz 1974.

15 Dazu: Rogers, C.: Lernen in Freiheit. Kösel-Verlag. München 1974. Sowie: Die Kraft des Guten. Kindler-Verlag. München 1978.

16 Vgl. dazu: Cohn, R.: Zur Grundlage des themenzentrierten interaktionellen Systems. In: Gruppendynamik-Forschung-Praxis, 5. Jg. 1974. Heft 3.

17 Dazu: Cohn, R.: Von der Psychoanalyse zur themenzentrierten Interaktion. Klett-Verlag. Stuttgart 1975.

18 Aus: Cohn, R.: Ich bin ich – ein Aberglaube. Interview mit Ruth Cohn. In: Psychologie heute 1979. Heft 3. S. 32.

19 Encounter-Gruppen: Wir unterscheiden zwischen zwei Gruppenarten. Open-Encounter, d. h. handlungszentrierte Selbsterfahrungsgruppen: Die persönliche Entwicklung der Teilnehmer wird unter Einsatz verschiedener Methoden, vor allem durch Übungen und dramatische Erlebnisse zu fördern versucht. Die Betonung liegt auf dem körperlichen Ausdruck von Gefühlen. Wichtigstes Lernziel: Eigenverantwortung für das Leben bewußt machen und verschüttete Erlebnisfähigkeit beleben.

Basic-Encounter, d. h. gesprächszentrierte Selbsterfahrungsgruppen: Übungen und dramatische Erlebnisse treten hier zugunsten von Gesprächen in der Gruppe zurück. Die persönliche Entwicklung wird gefördert, indem die Teilnehmer den einzelnen bei seiner Selbsterforschung unterstützen, ihn verstehen und akzeptieren und ihm gefühlsmäßige Wärme entgegenbringen.

Literatur dazu: Rogers, C.: Encounter-Gruppen. Kindler-Verlag. München 1974. Sowie: Schmidbauer, W.: Selbsterfahrung in der Gruppe. List Verlag. München 1974. Auch: Schwäbisch, L.; Siems, M.: Anleitung zum sozialen Lernen. Rowohlt Verlag. Reinbek 1974.

20 Aus: Stevens, J., O.: Die Kunst der Wahrnehmung – Übungen der Gestalttherapie. Chr. Kaiser Verlag. München 1975^{III}. Seite 5/6.

21 Wahrnehmungspsychologen beschäftigen sich mit den verschiedenen Arten der Wahrnehmung, wie Gesichtswahrnehmung (Sehen), Gehörswahrnehmung (Ohren), Geruchs-, Geschmackswahrnehmung (Riechen und Schmecken), Hautwahrnehmung und anderes mehr; zusammengefaßt werden diese als «äußere Wahrnehmungen» bezeichnet; daneben gibt es noch die «innere Wahrnehmung», d. h. Wahrnehmung psychischer Vorgänge durch Selbstbeobachtung. Literatur dazu: Köhler, W.: Gestaltprobleme und Anfänge einer Gestalttheorie. 1932. Sowie: Wertheimer, M.: Drei Abhandlungen zur Gestalttheorie. 1925. Metzger, W. (Hg.): Handbuch der Psychologie Bd. I, 1: Wahrneh-

mung und Bewußtsein. Hogrefe Verlag. Göttingen 1967. Auch: Lewin, K.: Feldtheorie in den Sozialwissenschaften, Stuttgart 1963.

22 Aus: Perls, F.: Gestalttherapie in Aktion. Klett Verlag. Stuttgart 1976, S. 13.

23 Aus: Perls, F.: Hefferline, R. F.; Goodman, P.: Gestalttherapie – Wiederbelebung des Selbst. Klett Verlag. Stuttgart 1979, S. 40/41.

Weiterführende Literatur

«Do-it-yourself»-Lektüre

Gordon, T.: Familienkonferenz, Die Lösung von Konflikten zwischen Eltern und Kind, Hoffmann & Campe-Verlag. Hamburg 1972.
An einer Vielzahl von Beispielen aus dem täglichen Familienleben werden die verschiedenen Möglichkeiten, miteinander umzugehen, erläutert. Ein breiter Raum wird der Konfliktbewältigung durch «Ich-Botschaften» gewidmet. Das Buch möchte Eltern dazu bewegen, mit ihren Kindern auf diese Weise zusammenzuleben. Es will Eltern von Schuldgefühlen und dem Druck befreien, Kinder ständig erziehen zu müssen.

James, M.; Jongeward, D.: Spontan leben – Übungen zur Selbstverwirklichung. Rowohlt Verlag. Reinbek 1974.
Die 300 Seiten dieses Buches sind angefüllt mit Übungen zum Sofortmachen. Das Buch fordert Sie auf, mit sich selbst zu experimentieren, das heißt sich auf bestimmte Übungen einzulassen und einfach einmal auszuprobieren, wie Sie sich dabei erleben.

Schwäbisch, L.; Siems, M.: Anleitung zum sozialen Lernen für Gruppen, Paare und Erzieher. Rowohlt Verlag. Reinbek 1974.
Sie finden hier ein umfassendes Trainingsprogramm mit einer Vielzahl von praktischen Übungen für die Bereiche Lernen, Angst, Gefühlsausdruck, Rückmeldung, Konflikte usw. Paare, aber auch Gruppen können mit Hilfe dieses Buches ein Dutzend «Sitzungen» programmgemäß durchführen.

Stevens, J. S.: Die Kunst der Wahrnehmung, Übungen der Gestalttherapie. Chr. Kaiser-Verlag. München 1975. Eine Vielzahl von Übungen zu folgenden Bereichen: Wahrnehmung; Kommunikation mit sich selber; Kommunikation mit anderen; für den Gruppenleiter oder Lehrer: Phantasie-Reise; Zu Zweit; Paare; Gruppentraining; Bild, Bewegung und Klang. Diese mehr als hundert Übungen sind in verschiedenen Gruppen erprobt worden, können aber auch alleine durchgeführt werden.

Eberlein, G.: Gesund durch Autogenes Training. Rowohlt Verlag. Reinbek 1974.
Dieses Buch enthält konkrete Anleitungen, wie autogenes Training von jedermann sinnvoll angewendet werden kann. An vielen Beispielen aus ihrer Praxis schildert die Autorin, wie Herz-, Kreislauf-, Magenbeschwerden, Schlafstörungen, despressive Verstimmungen und Angstzustände mit Hilfe dieser Entspannungsübungen gemindert bzw. behoben werden können.

Lindemann, H.: Überleben im Streß – autogenes Training. Heyne-Verlag. München 1977.
Mit Hilfe dieses Selbststudienmaterials können Sie das autogene Training erlernen. Der Autor schildert zusätzlich eine Reihe eigener Erfahrungen von seiner Atlantik-Überquerung im Faltboot.

Capra, F.: Der kosmische Reigen, Physik und östliche Mystik – ein zeitgemäßes Weltbild. Scherz-Verlag für Otto W. Barth-Verlag. München 1977.
Der Autor erbringt in diesem Buch den Nachweis, daß die modernsten Erkenntnisse aus der Atomphysik zu den gleichen Erkenntnissen führen, die der jahrtausendalten östlichen Mystik zugrunde liegen. Er zieht aus den Parallelen der Physik und der östlichen Mystik Konsequenzen, die uns alle angehen. Jeder Teil des Universums ist zugleich das Ganze, und das Ganze ist zugleich jeder Teil – alles Sein durchdringt sich gegenseitig.

Dürckheim, K.: Wunderbare Katze und andere Zen-Texte. Barth-Verlag. München 1964.
Die Erzählungen und kurzen Geschichten in diesem Buch vermitteln Ihnen einen Einblick in die Denkweise des Zen.

Schwäbisch, L.; Siems, M.: Selbstentfaltung durch Meditation – eine praktische Anleitung. Rowohlt Verlag. Reinbek 1976.
Dieses Buch vermittelt Ihnen einen leicht faßbaren Einstieg in das Meditieren. Neben dieser praktischen Anleitung finden Sie wichtige Ausführungen über Selbstentfaltung und -verwirklichung.

Shunryu Suzuku: Zen-Feist/Anfänger-Geist. Unterweisungen in Zen-Meditation. Theseus Verlag. Zürich 1975.
Der Autor führt Sie in die Meditation nach Zen ein. Zu Beginn erfahren Sie die Praxis des Meditierens im Zen. Anschließend fol-

gen Ausführungen über die «richtige Einstellung» und zum Schluß das «rechte Begreifen». Eine sehr übersichtliche und leicht nachzuvollziehende Anleitung.

Trungpa, T.: Aktive Meditation. S. Fischer Verlag. Frankfurt 1977.
Ein junger tibetanischer Lama, der in der Zwischenzeit ein Meditationszentrum in Amerika ins Leben gerufen hat, spricht hier so einfach und direkt über seine Grunderfahrungen in der Meditation, daß ihn jeder verstehen kann. Er schildert vor allem die Schwierigkeiten auf dem Weg, zu sich selbst zu finden.

Romanhafte Darstellungen

Axline, V. M.: Dibs, Scherz-Verlag. München 1971.
In diesem Buch schildert die Autorin ausführlich die Behandlung eines fünfjährigen Jungen durch Spieltherapie, die verschiedenen Etappen dieser Behandlung, die eine Entwicklung des Kindes zu sich selbst bedeutet. Der Leser, der selber Kinder hat, kann an vielen Stellen immer wieder Parallelen zu sich selbst finden. Dieses Buch setzt Maßstäbe für den Umgang der Erwachsenen mit Kindern.

Castaneda, C.: Die Lehren des Don Juan – Ein Yaqui-Weg des Wissens. S. Fischer Verlag. Frankfurt 1973.
Dieses Buch beschreibt auf spannende Weise die Erlebnisse des C. Castaneda als «Lehrling» eines indianischen Zauberers. Es soll uns einen Denkanstoß geben, über uns und unsere Welt nachzudenken. So spricht Don Juan von sogenannten «nicht-alltäglichen Wirklichkeiten», das heißt, wir müssen uns von gewohnten Wahrnehmungsweisen befreien und müssen den Mut haben, andere Wahrnehmungen und damit andere Wirklichkeiten zuzulassen. Der erste Teil ist sehr spannend geschrieben, während der zweite Teil, «eine strukturelle Analyse», sicher nicht jedermanns Sache ist, da es den theoretischen Hintergrund der Lehren des Don Juan beschreibt.

Castaneda, C.: Reise nach Ixtlan. Die Lehren des Don Juan. S. Fischer Verlag. Frankfurt 1976.
In diesem Buch erzählt der Autor die Geschichte seiner langjährigen Beziehung zu einem alten Indianer; sein Hineinwachsen und Sich-Hineinfühlen in eine ihm völlig fremde und gänzlich anders geartete Welt. Dabei erlebt Castaneda eine Reihe von Entdek-

kungen über sich selbst, lernt, auf dieser Reise zu sich, sich selbst besser zu verstehen. Das Buch ist spannend und leicht verständlich.

D'Ambrosio, R.: Der stumme Mund. Scherz Verlag. München 1971
Der Leser kann die Entwicklung eines Menschen aus totaler Isolation und seelischer Erstarrung bis hin zu einem sich selbst erfüllenden Wesen mitverfolgen. Der Autor hat sich in endloser, jahrelanger Geduld, mit nie versiegender Hoffnung, in das Schweigen eines anderen Menschen hineingehört und ihm dadurch die Möglichkeit zum Sprechen gegeben.

Gibran, K.: Der Prophet. Wegweiser zu einem sinnvollen Leben. Walter-Verlag. Olten 1977.
Der «Prophet» ist ein einfaches Buch – poetisch und praktisch zugleich. Es spricht das innere und äußere Leben des Menschen an und handelt von den aktuellen Dingen des Daseins.

Green, H.: Ich hab dir nie einen Rosengarten versprochen, Bericht einer Heilung. Rowohlt Verlag. Reinbek 1978.
Die Autorin schildert in diesem autobiographischen Roman den mühsamen Kampf eines Mädchens um ihre Heilung, nachdem sie in der geschlossenen Abteilung einer psychiatrischen Klinik «gelandet» ist. Dieses Buch gewährt uns einen Einblik in das psychotische Fühlen und in die Art der Patientenbeziehungen untereinander.

Laing, D. L.: Knoten. Rowohlt Verlag. Reinbek 1972.
Der Autor hat mit exakter Kenntnis aller Verhaltensmechanismen versucht, die verschiedenen und vielfältigen Formen menschlicher Interaktion durchsichtig zu machen.

Lindbergh, A. M.: Muscheln in meiner Hand. Piper Verlag. München 1967.
Weitab von den Belastungen des Alltags findet die Autorin in den Ferien Zeit zu langen Strandspaziergängen. Die vielfältigen Formen der Muscheln, die sie bei dieser Gelegenheit sammelt, bringen sie zum Nachdenken über sich, das Leben und die Werte des Daseins. Dabei verliert sie jedoch nicht den Boden der Wirklichkeit. Ein schönes Buch, das etwas von Meer und Strand zu vermitteln vermag und es leicht macht, die Gedanken nachzuvollziehen.

Dauber, H.; Verne, E. (Hg.): Freiheit zum Lernen. Alternativen zur lebenslänglichen Verschulung. Die Einheit von Leben, Lernen und Arbeiten. Rowohlt Verlag. Reinbek 1976.
Diese Aufsatzsammlung enthält eine Vielzahl von Anregungen und Ideen für das Leben und Lernen von Erwachsenen.

ders.; Weber, H.: Eltern aktiv. Handbuch für eine humane Schule. Rowohlt Verlag. Reinbek 1976.
In deutlicher, handhabbarer Form äußern sich die Autoren zum Umgang von Eltern und Kindern im Schulalter. Kinder haben nur dann eine Chance, wenn ihre Eltern sich solidarisch verhalten. Eltern müssen anfangen, miteinander zu reden und gemeinsame Wege finden, aus der Schulmisere herauszukommen. Eine Streitschrift als praktische Anleitung, als Handbuch.

Leonhard, G. B.: Erziehung durch Faszination. Lehren und Lernen für die Welt von morgen. Piper Verlag. München 1971.
In einer spannenden Darstellung entwickelt der Autor verschiedene Möglichkeiten einer zukünftigen Schulerziehung. Lernen durch Begeisterung ist das Anliegen dieses Buches.

Mannoni, M.: Scheißerziehung. Von der Antipsychiatrie zur Antipädagogik. Verlagsgesellschaft Syndikat. Frankfurt 1976.
Das Buch ist eine leidenschaftliche Streitschrift gegen die institutionalisierte Kindererziehung, wie sie in Kindergarten und Schule existiert. Die Autorin schildert ihre Erfahrungen mit der «Kinderschule» von Bonneuil, die von den Kindern gestaltet und entwikkelt wird.

Rogers, R.: Lernen in Freiheit. Zur Bildungsreform in Schule und Universität. Kösel-Verlag. München 1974.
Ein Buch, das sich in erster Linie an Lehrer wendet. Rogers legt in eindringlicher Form die Bedeutung der Lehrer–Schüler-Beziehung dar und weist auf die Möglichkeiten hin, die zu nutzen wir alle in der Lage sind, wenn wir endlich den Mut aufbringen, anderen Menschen (in erster Linie Schülern und Studenten) die Freiheit einzuräumen, die sie brauchen, um zu lernen.

Bergold, J. B.: Psychotherapie zwischen Selbstentfaltung und Kontrolle. Urban und Schwarzenberg 1003. München 1973.
Dieses Buch kann den Laien über die verschiedenen Behandlungsmöglichkeiten bei psychischen Störungen informieren. Vertreter der verschiedenen Behandlungsmethoden stellen ihren Therapieansatz in einer für den Laien verständlichen Form dar.

Harris, T. A.: Ich bin o. k. Du bist o. k.. Rowohlt Verlag. Reinbek 1975.
Eine praktische, leichtverständliche Einleitung in die Transaktionsanalyse. Die Lektüre dieses Buches kann dazu verhelfen, uns selbst besser zu verstehen; eine notwendige Voraussetzung, um unsere Einstellung zu anderen ändern zu können. Harris erklärt an anschaulichen, alltäglichen Beispielen, wie unser Verhalten durch bestimmte Grundeinstellungen beeinflußt wird.

Moeller, M. L.: Selbsthilfegruppen. Rowohlt Verlag. Reinbek 1978.
Dieses Buch bietet eine umfassende Analyse und eine konkrete Grundlage für die Arbeit von Selbsthilfegruppen. Sie werden als eine Therapieform dargestellt, bei der die Gruppe selbst, ohne Therapeut, gemeinsame Probleme, wie Ängste, Beziehungskonflikte u. ä., lösen kann.

Perls, F. S.: Gestalttherapie in Aktion. Klett-Verlag. Stuttgart 1976.
Auf Grund von Tonbandprotokollen erfahren Sie etwas über diese Art der Psychotherapie, wodurch diese leichtverständlich wird. Die Protokolle entstammen der Arbeit von Perls mit Gruppen im Esalen-Institut, das bedeutendste der neuen Gruppen-Therapiezentren in Kalifornien.

Perls, F. S., Hefferline, R. F., Goodman, P.: Gestalttherapie – Wiederbelebung des Selbst. Klett-Verlag. Stuttgart 1979.
Sie können in diesem Buch eine Einführung in die Prinzipien der Gestaltpsychologie finden. Gleichzeitig wird deren Anwendung in der Psychotherapie auf Grund vieler Übungen, die der Leser nachvollziehen kann, deutlich. Ein zweiter Band dazu beschäftigt sich allein mit der Theorie, die der Gestalttherapie zugrunde liegt. Dieser Band heißt «Gestalttherapie – Lebensfreude und Persönlichkeitsentfaltung» (im gleichen Verlag, von den gleichen Autoren).

Rogers, C. R.: Die Nicht-Direktive Beratung. Kindler-Verlag. München 1972.

ders.: Die klientenzentrierte Gesprächstherapie. Kindler-Verlag. München 1972.

Rogers, C. R.: Encounter-Gruppen. Das Erlebnis der menschlichen Begegnung. Kindler-Verlag. München 1974.
An Hand einer großen Zahl von Beispielen schildert Rogers die Möglichkeiten von Begegnungs-Gruppen: Erweiterung und Vertiefung zwischenmenschlicher Beziehungen, Selbstverwirklichung und Selbstbefreiung, Kreativität und Spontaneität. Durch die vielen Beispiele, (die ab und zu sehr amerikanisch wirken) liest sich dieses Buch spannend und kann beim Lesen einige Betroffenheit auslösen.

ders.: Therapeut und Klient. Kindler-Verlag. München 1977.
In diesen drei Bänden schildert Rogers die von ihm begründete Gesprächstherapie. Alle drei Bücher richten sich mehr an den in diesem Fachgebiet Tätigen, als an den interessierten Leser, der nur einmal einen Einblick haben möchte, da Stil und Aufmachung stellenweise den geschulten «Fachmann» voraussetzen.

Gesprächsführung

Harsch, H.: Theorie und Praxis des beratenden Gesprächs. Chr. Kaiser-Verlag. München 1973.
Bei diesem klar aufgebauten und übersichtlich gestalteten Buch handelt es sich um den Ausbildungskurs der evangelischen Telefonseelsorge München. Wer im Beratungsbereich zu tun hat, wird hier eine Fundgrube der verschiedensten Lebensprobleme vorfinden, die so besprochen sind, daß sich dem Leser neue Handlungsmöglichkeiten eröffnen. Durch eine Vielzahl von wörtlichen Protokollen und Rollenspielen ist dieses Buch als Trainingsmaterial ausgesprochen empfehlenswert.

Kelber, M.: Fibel der Gesprächsführung, Opladen 1968.
Die Autorin legt in diesem kleinen Bändchen eine Reihe von in der Praxis bewährten Gesprächsregeln und Arbeitsformen dar, die einer intensiven Gesprächsschulung förderlich sind. Oberstes Ziel ist dabei das genaue Zuhören und Beobachten.

Weber, W.: Wege zum helfenden Gespräch. Gesprächspsychotherapie in der Praxis. Ernst Reinhard Verlag. München 1974.
Das Buch stellt ein klar gegliedertes Lernprogramm dar, das neben Impulsen zum Nachdenken und Lernen eine Reihe von prakti-

schen Hinweisen und Ratschlägen enthält. Eine Vielzahl von Übungen rundet jedes Kapitel ab. Weniger zur Einzellektüre denn als Trainingsprogramm für Gruppen gedacht.
Weisbach, C. R.: Gesprächsanalyse. Einführung in die Interaktionsanalyse von Beratungsgesprächen in Verbindung mit Übungsmaterial zum Training der Beobachterfertigkeiten. Unveröffentlichte Dissertation. Tübingen 1979. Als Buch in Vorbereitung.
Sie enthält die ausführliche Darstellung von Kapitel 13. Es ist so angelegt, daß Sie nach dem Durcharbeiten in der Lage sind, selbständig mit diesem Beobachtungsverfahren zu arbeiten. Als ein Beobachtertraining zielt es darauf ab, Ihre Wahrnehmung durch Übungen zu erweitern und auf die Zielsetzungen dieses Verfahrens zu vereinheitlichen.

Zum Schluß: Mehr theoretische Literatur

Buber, M.: Das dialogische Prinzip. Lambert Schneider-Verlag. Heidelberg 1973.
Martin Buber entwickelt in diesem Buch seine Vorstellungen über mitmenschliches Miteinanderumgehen. Der Einzelne und sein Gegenüber im Gespräch, im Schweigen, im Zusammensein sind die Hauptpunkte dieser Schrift. Weniger die Fremdwörter, als der etwas ungewohnte, leicht altertümliche Stil machen das Buch nicht ganz leicht zu lesen.
Cohn, R. C.: Von der Psychoanalyse zur themenzentrierten Interaktion. Von der Behandlung einzelner zu einer Pädagogik für alle. Klett-Verlag. Stuttgart 1975.
Bei der vorliegenden Sammlung von bisher verstreut und fast ausschließlich in englischer Sprache erschienenen Arbeiten läßt Sie daran teilhaben, wie sich aus den persönlichen Erfahrungen der Autorin eine psychotherapeutische und pädagogische Methode entwickelt hat: Das «themenzentrierte interaktionelle System».
Rogers, C. R.: Entwicklung der Persönlichkeit. Klett-Verlag. Stuttgart 1976.
Der Begründer der Gesprächstherapie Carl Rogers läßt den Leser an seinen eigenen Erfahrungen im Umgang mit anderen Menschen teilnehmen. Das Buch ist verständlich geschrieben und bietet dem Leser immer wieder die Möglichkeit, Vergleiche zu seinem eigenen Leben zu ziehen.

Duhm, D.: Warenstruktur und zerstörte Zwischenmenschlichkeit. Verlag Rolf Horst. Köln 1975.
Duhm versucht in diesem Buch, eine Verbindung zwischen Psychoanalyse und Marxismus zu entwickeln. Er verwendet dabei psychoanalytische und marxistische Begriffe, soweit sie für einen solchen Versuch notwendig sind und setzt deswegen einiges Vorwissen voraus.

Ottomeyer, K.: Ökonomische Zwänge und menschliche Beziehungen. Rowohlt Verlag. Reinbek 1977.
Der Autor versucht, die Entwicklung menschlichen Verhaltens durch die Ökonomie der gegenwärtigen Gesellschaft zu erklären. In allgemeinverständlicher Weise werden verschiedenste Arbeits- und Freizeitbereiche vorgestellt und analysiert.

Watzlawick, P., Beavin, J., Jackson, J. H.: Menschliche Kommunikation, Formen, Störungen, Paradoxien. Hans Huber-Verlag. Stuttgart 1969.
Das Buch handelt vom Verhalten und seinen Wirkungen auf die menschliche Kommunikation. Besondere Berücksichtigung räumen die Autoren der gestörten Kommunikation ein. Dieses sehr wissenschaftlich geschriebene Werk stellt den Versuch dar, das menschliche Miteinanderumgehen, die Kommunikation, in einem neuen Denkmodell zu veranschaulichen.

Watzlawick, P., Weakland, J. H., Fisch, R.: Lösungen. Zur Theorie und Praxis menschlichen Wandels. Hans Huber-Verlag. Stuttgart 1975.
Dieses Buch ist die Weiterentwicklung des 1969 erschienenen Bandes: Menschliche Kommunikation. Es geht der Frage nach, wie Lebensprobleme entstehen und wie einige überraschend gelöst werden können, während andere sich im Laufe der versuchten Lösung bis hin zur Unlösbarkeit komplizieren. So spannend einzelne Kapitel zu lesen sind, so anspruchsvoll ist zugleich aber auch der Stil. Leider!

Claudia Schmölders (Hg.): Die Kunst des Gesprächs. Texte zur Geschichte der europäischen Konversationstheorie. München 1979.
Die vorliegende Auswahl bietet Texte zur abendländischen Theorie des sprachlichen Umgangs, zum Gespräch als sozialem Selbstzweck, zur «Konversation». Leitgedanke des Buches ist es, die historische Ausbildung von «Konversation» zu einem Ideal sozialen Verhaltens samt seiner Degeneration zu präsentieren.

Warum ich «Zuhören und Verstehen» illustriert habe

Es ist nicht mein Beruf, Bücher zu illustrieren.
Ich zeichne in den Ferien oder am Wochenende, in der Straßenbahn, in der Mensa, im Café und manchmal in langweiligen Vorlesungen. Daß ich Theologie und Germanistik studiere – zur Zeit in Zürich – betrachte ich durchaus nicht als Nebensache. Ich bin gern Studentin.

Für eine Freizeitzeichnerin ist die Möglichkeit, ein Buch zu illustrieren, etwas Außergewöhnliches. Es ist verlockend, das Hobby zeitweise in den Mittelpunkt zu stellen und «etwas damit anzufangen».

Trotzdem: Nicht für jedes Buch hätte ich Figuren entworfen. Es ist mir wichtig, daß ich mit dem, was in «unserem» Buch steht, einverstanden bin. Einverstanden sein heißt nicht: *Alles* gelten lassen. Es gibt Stellen in *«Zuhören und Verstehen»*, hinter die ich ein Fragezeichen setzen würde: Ist es zum Beispiel sinnvoll, die eigene Körpersprache vor dem Spiegel zu üben? Lassen sich Gesprächsbeiträge in Kategorien fassen? Besteht nicht die Gefahr, daß man ein Gespräch als Ganzes aus den Augen verliert, wenn man es so stark in seine Einzelteile zerlegt? – Moni, Mecki und Christian, mit denen ich über solche Fragen gesprochen habe, sind offen für Kritik. Sie wollen gerade nicht, daß man ihr Buch als Rezeptbuch liest. Sie wollen schreiben und nicht vorschreiben – und *damit* bin ich einverstanden.

Trotz mancher Kritik halte ich unser Buch für sinnvoll. Meine eigenen Erfahrungen sprechen dafür: Noch nach Jahren denke ich in den verschiedensten Situationen an meine «Aha-Erlebnisse» in einem Gesprächsleiterkurs bei Christian. Natürlich halte ich mich nicht streng an Gesprächsregeln, aber ich habe die Erfahrung gemacht, daß es sehr hilfreich ist, für «ganz normale» Gesprächsabläufe sensibel zu werden. Und warum sollen die Anstöße für eine solche Sensibilisierung nicht in einem Buch zugänglich gemacht werden?

Ich habe also fröhliche, traurige, wütende, müde, ungeduldige, freche Murkse und Schnipsels gezeichnet und bin gespannt, ob sie sich zwischen Buchdeckeln wohl fühlen.

Ina

Zu unseren Erfahrungen haben beigetragen

Annelott und Fiete. Vater. Uli und Barbara. Martin. Stefan. TS. Marion B. Die Gartenstraße mit Peter, Regina, Moni sowie Baltes. Rita und Otto. Annette und Meike. Die Sophienpflege. Roland. Böl. Frau Zifreund. Leuko. Mein Doktorvater. Dorothee. Ingrid, Gisela. Ernst Bloch. Hermann Gieselbusch. Claire. Eike. Sabine. Gottfried. Gustav Mahler. Die Wermsdorfer. Anke. Bernd und Gini. Elisabeth. Anne Frommann. Agnes. Großmutter. Klinzing. Heidi und Nils. Paul. FES. Thomy. Das ZNL. Volker und Gela. Makö. Win. Günther. Uwe. Gomy. Uli und Jürgen samt Krümels. Cord. Dicki. Gustav. Edda. Carola. A. B.

Eva-Maria und Kurt. Anna. Meine Schwester Gaby und Wolfgang. Uwe, Christa und die Kinder. Die Hohe Steige, Petzi, Sammy, Stefanie, Florian, Norbert und Cleff. Ute und Hans. Klaus Schulze. Herbert und Brigitte mit Anhang. Babs und Jogi. Berliner Moni. Die Ammergäßler/Thommie und Moni. Uschi und Jörg Sch. Herbert und Jochen. Herr Dr. Schmidt. Das Psychologische Institut. Keith Jarrett. Fritz P. und Heinrich H. Martin. Leute vom Arsenal und Stern. Claudia und Cornelia. Toni. Der Typ mit seiner 1000er BMW. Robert. Wolfgang Ambros. Bewohner von Isny und Tübingen. Matthias und Jul.

Meine Eltern. Josch. Sabine. Peter. Asa. Henrik. Frederik. Theo und Rösi. Sabine und Albrecht. Felix. Fritz und Anka. Nanni. Dieter. Gisela. Lothar. Günther. Viktoria. Alois. Meine Kollegen. Irmela und Wolfgang. Domnik. Arne. Sigmund Freud. Meine Schüler. Gudrun und Rüdiger. Katinka. Franz-Josef Degenhardt. Ulrich. Die Tübinger Mensa. Meine Lehrer. Jutta und Motteck. Karl Marx. Das DIFF. Gabi. Uli und Ottmar. Heidrun. Tante Frieda. Christel. Hans. Heidi. Das Institut für Erziehungswissenschaft. Wolfgang. Karl Valentin. Annegret. Carl. Axel. Das Annette-Kade-Heim. Clemens. Meine Segelgruppe. Viele Tübinger Kneipen. Elisabeth. Uni-Feste.